FASZINIERENDES 3D ZEICHNEN

SCHRITT FÜR SCHRITT ZUM REALISTISCHEN BILD

STEFAN PABST

Impressum

Titel der Originalausgabe:
The Art of 3D Drawing
An illustrated and photographic guide to creating art with three-dimensional realism

Artwork © Stefan Pabst
Page Layout: Ian Thomas Miller
Translation: Jessica West

Ausgewählte Bilder auf Seite 6–7 © Shutterstock
»Negativer Raum« auf Seite 13 © Jim Dowdalls
Abbildungen auf Seite 8–11 sowie »Verdünnte Farbe« und »Lasur« auf Seite 16 © WFP

Übersetzung: Wiebke Krabbe
Produktmanagement und Lektorat: Nicole Mering
Umschlaggestaltung: Lina König
Satz: Arnold & Domnick, Leipzig

2. Auflage 2022

ISBN 978-3-7724-4728-0
Best.-Nr. 4728
Gedruckt in China

MIX
Papier aus verantwortungsvollen Quellen
FSC® C016973

INHALT

DIE GRUNDLAGEN

Warum sehen wir dreidimensional? Wie funktioniert eine anamorphe optische Täuschung? Es gibt verschiedene Tricks und Techniken, die bewirken, dass uns ein Bild dreidimensional erscheint, obwohl es auf einem zweidimensionalen Stück Papier oder Leinwand gemalt ist. Indem man Motive auf einem strukturierten Untergrund zeichnet und mit der Trockenpinseltechnik ausarbeitet, lassen sich faszinierende 3D-Bilder gestalten. Perfekt wird die Illusion, wenn man dann noch einen Teil des Malgrunds wegschneidet.

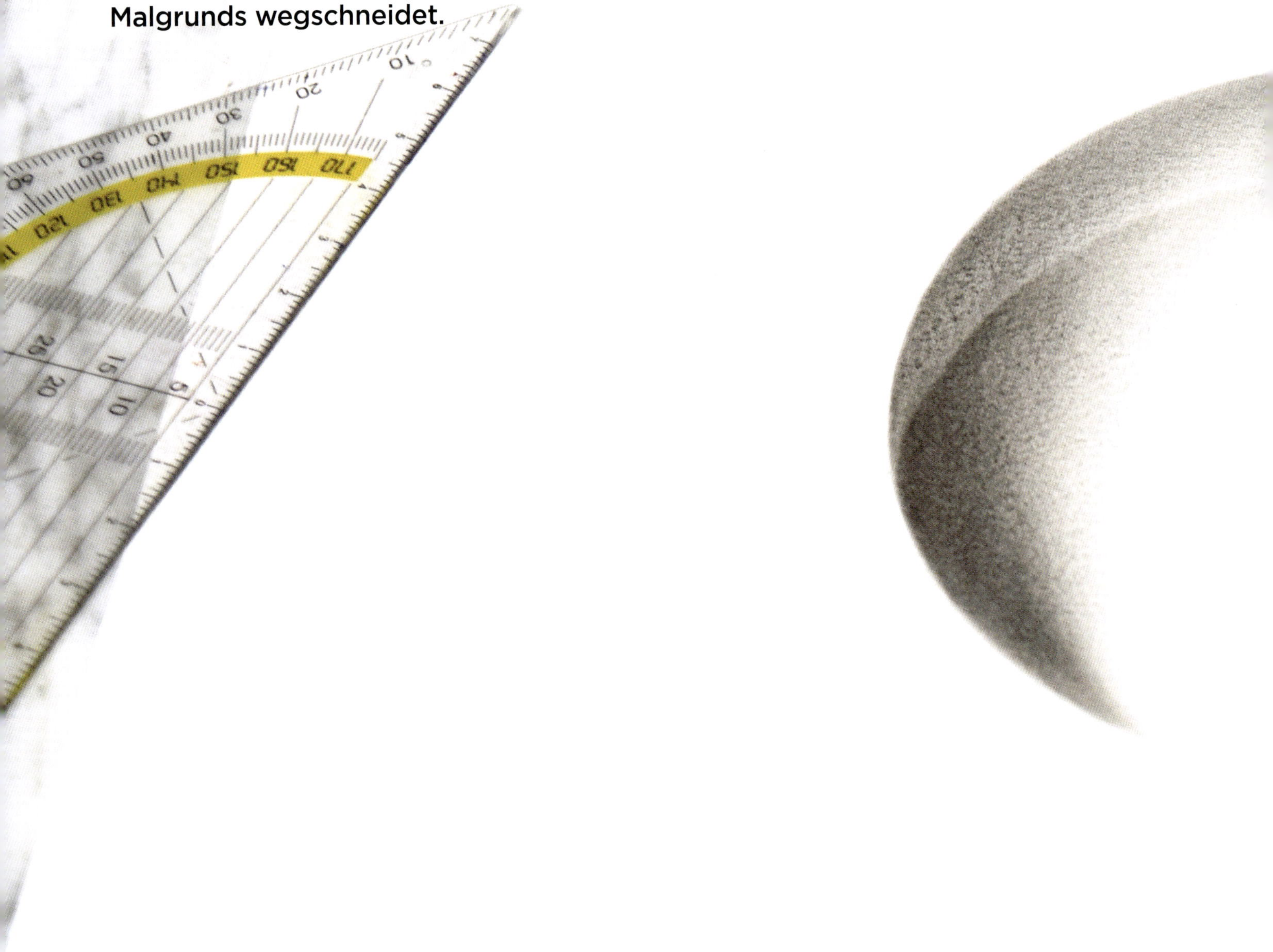

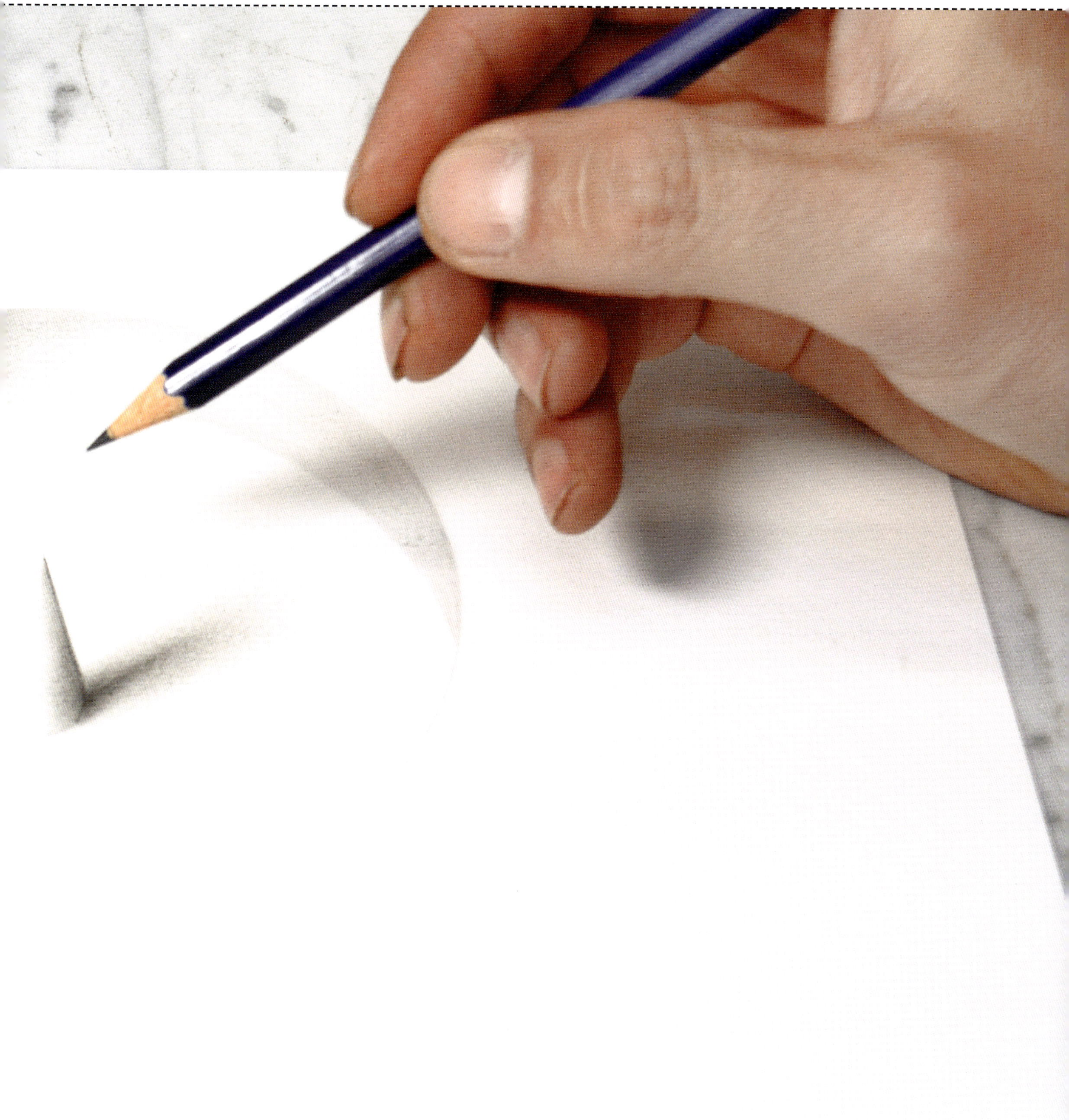

WERKZEUGE & MATERIALIEN

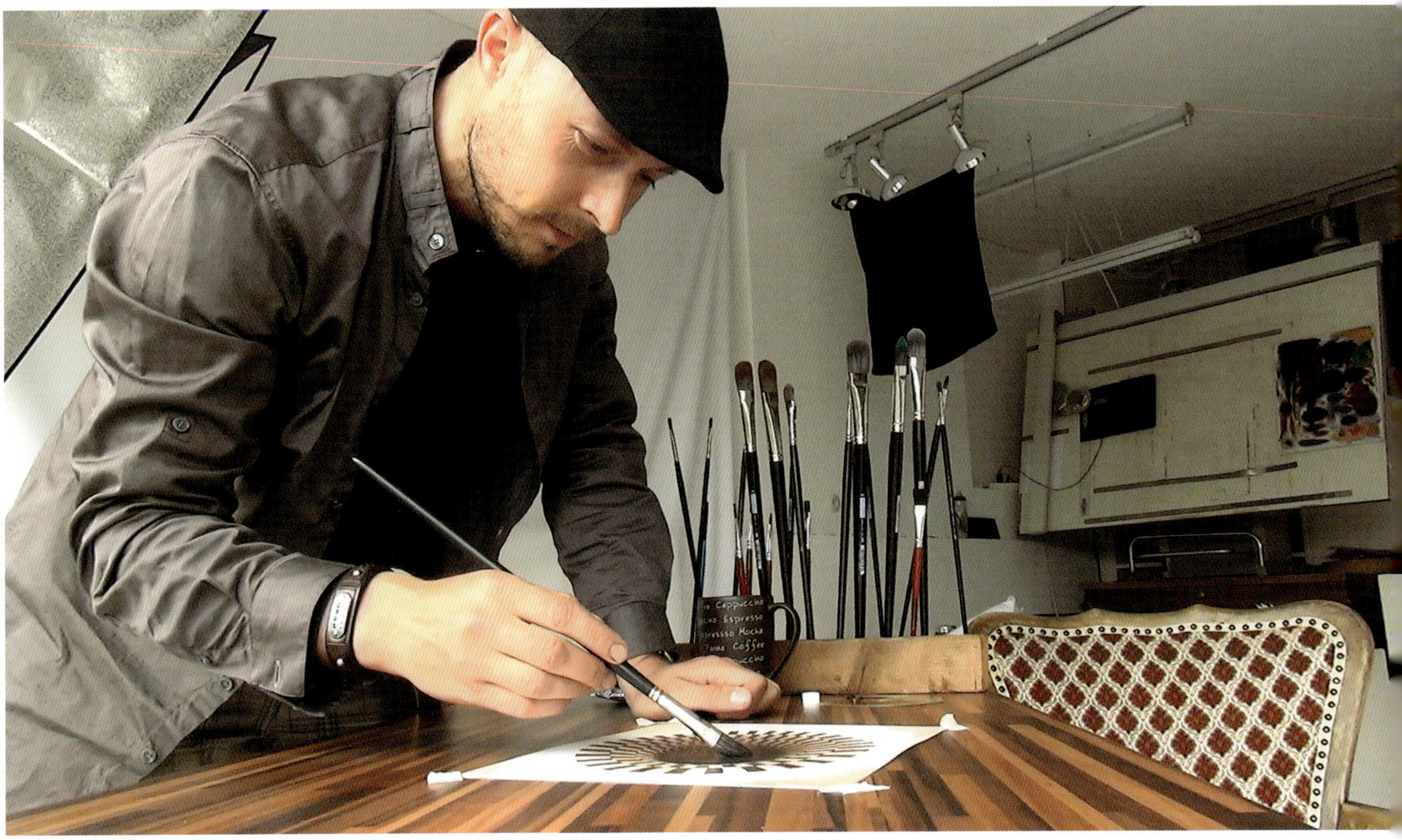

ARBEITSPLATZ

Der Arbeitsplatz muss gut ausgeleuchtet und groß genug für alle Utensilien sein. Arbeiten Sie möglichst bei Tageslicht. Abends können Sie eine matte Glühlampe und eine Leuchtstofflampe verwenden, um sowohl warmes (gelbliches) als auch kühles (bläuliches) Licht zu haben.

ZEICHNEN

Bleistift HB: Ich verwende zum Zeichnen einen Bleistift HB. Ist er gut gespitzt, gelingen damit feine, akkurate Striche. Ist seine Spitze etwas abgerundet, fallen die Striche dicker aus – gut zum Schattieren kleiner Bereiche.

Radiergummi: Zum Zeichnen ist es unerlässlich. Ein Knetradiergummi lässt sich spitz formen, um selbst winzige Fehler zu beheben. Mit einem Vinylradiergummi lassen sich Bleistiftstriche großflächig restlos entfernen, und es beschädigt das Papier nicht, wenn man behutsam aufdrückt.

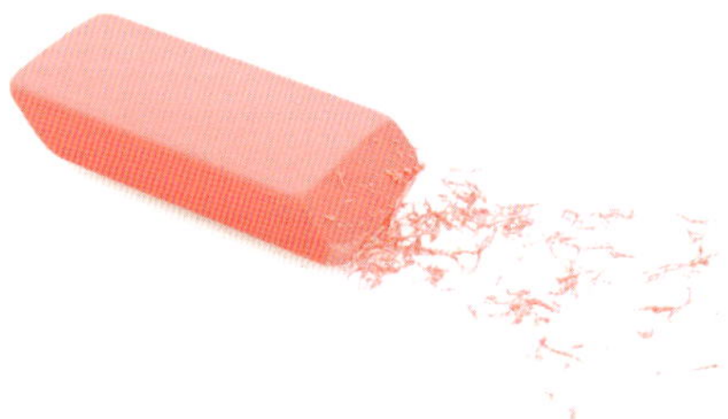

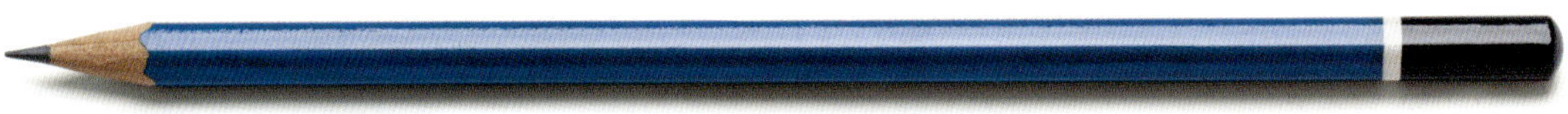

Papier: Am besten eignen sich einzelne Bögen. Der Fachhandel bietet Künstlerpapier mit verschiedenen Oberflächen an, von glatt (heiß gepresst) über matt (kalt gepresst) bis rau. Ich arbeite auf rauem Papier mit der Trockenpinseltechnik (siehe Seite 16).

FARBE

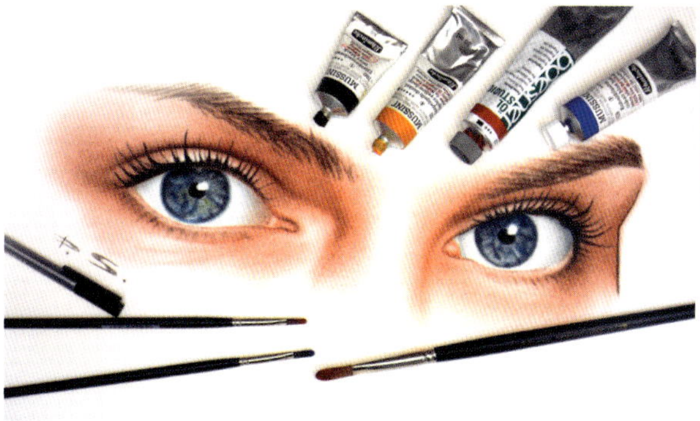

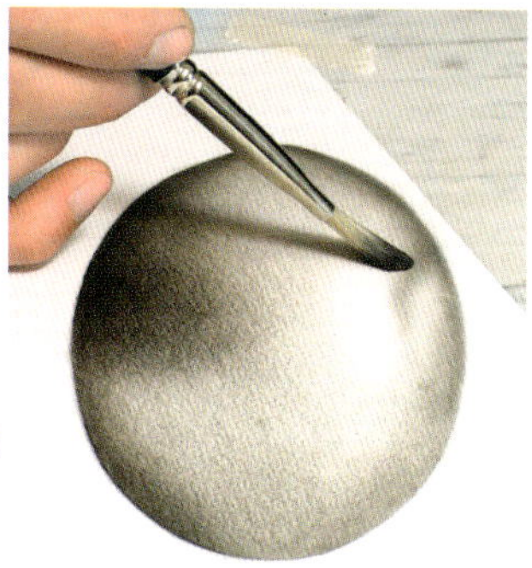

Ölfarben: Ölfarben bestehen aus Pigmenten, einem Öl als Bindemittel (z. B. Leinöl) und Zusatzstoffen, die ihre Konsistenz oder Lichtbeständigkeit verbessern. Farbtöne und Konsistenzen können von Hersteller zu Hersteller variieren, außerdem gibt es Farben in verschiedenen Qualitäten. Probieren Sie mehrere aus, um Ihre Favoriten zu finden. Für jedes Projekt in diesem Buch werden die benötigten Farben genannt.

Pinsel: Pinsel gibt es in vielen Farben, Größen und Qualitäten. Die Größen werden teilweise in Nummern angegeben, teilweise auch in Millimetern oder Zentimetern. Die wichtigsten Formen sind Rund-, Flach- und Katzenzungenpinsel. Rundpinsel laufen in einer Spitze aus und eignen sich für feine Detailarbeiten. Katzenzungenpinsel sind flach und haben lange Borsten mit abgerundetem Zuschnitt. Sie können zum Ausfüllen von Flächen und zum Abrunden von Formen verwendet werden. Flachpinsel mit langen Borsten nehmen viel Farbe auf und eignen sich gut für exakte Ecken. Sind die Borsten kurz, lässt sich die Pinselführung genauer kontrollieren, was beispielsweise für Konturen und andere dünne Striche nützlich ist. Auch mit Flachpinseln, deren Borsten spitz zugeschnitten sind, gelingen präzise Striche und saubere Kanten gut.

Damit Pinsel lange halten, müssen sie nach der Arbeit gereinigt werden. Möglichst viel Farbe mit Terpentin entfernen, dann die Borsten von der Zwinge zur Spitze mit einem Papiertuch abwischen. Zuletzt mit warmem Wasser und mildem Geschirrspülmittel auswaschen.

Arbeitsfläche: Zum Zeichnen empfiehlt sich eine waagerechte oder leicht schräge Arbeitsfläche. Für die Ölmalerei wird traditionell eine Staffelei verwendet.

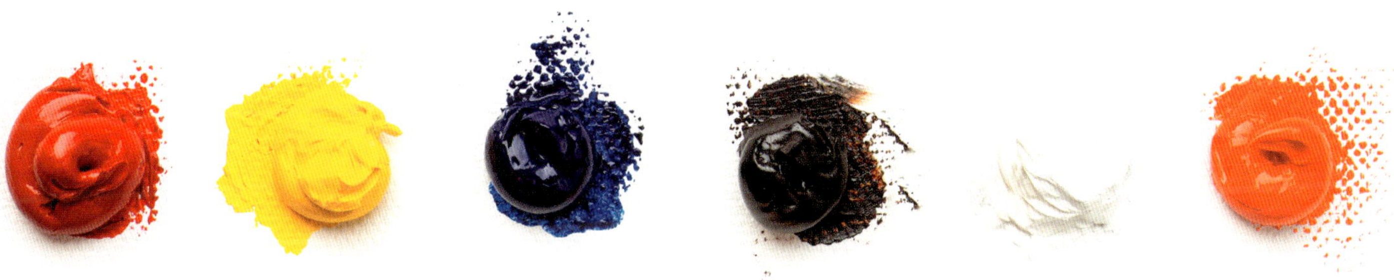

FARBENLEHRE & MISCHEN

Am Farbkreis lässt sich mithilfe der Anordnung der Farben gut veranschaulichen, wie verschiedene Farben miteinander in Beziehung stehen und reagieren.

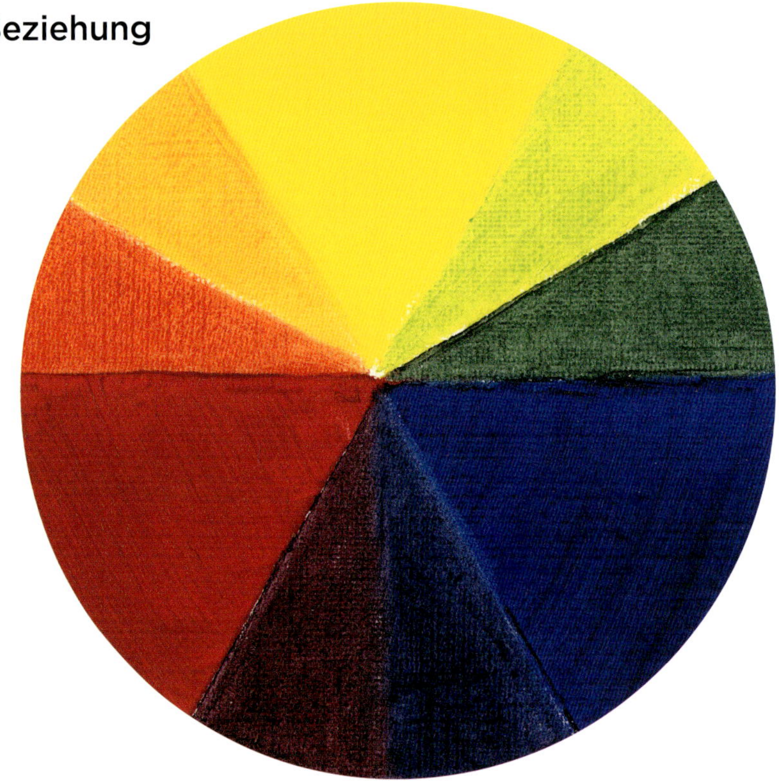

FARBEN MISCHEN

Die Grundlage aller Farben bilden die drei Primärfarben Rot, Gelb und Blau. Sie lassen sich nicht aus anderen Farben mischen. Sekundärfarben (Orange, Grün und Violett) entstehen, wenn man zwei Primärfarben mischt. Tertiärfarben (Rotorange, Gelborange, Gelbgrün, Blaugrün, Blauviolett und Rotviolett) sind Mischungen aus einer Primär- und einer Sekundärfarbe.

KOMPLEMENTÄRFARBEN & ANALOGE FARBEN

Komplementärfarben stehen einander auf dem Farbkreis gegenüber, z. B. Violett und Gelb. Analoge Farben stehen auf dem Farbkreis nebeneinander, z. B. Gelb, Gelborange und Orange. Analoge Farben ähneln einander und wirken darum harmonisch. Um die Intensität einer Farbe zu dämpfen, kann man sie mit einer kleinen Menge ihrer Komplementärfarbe mischen.

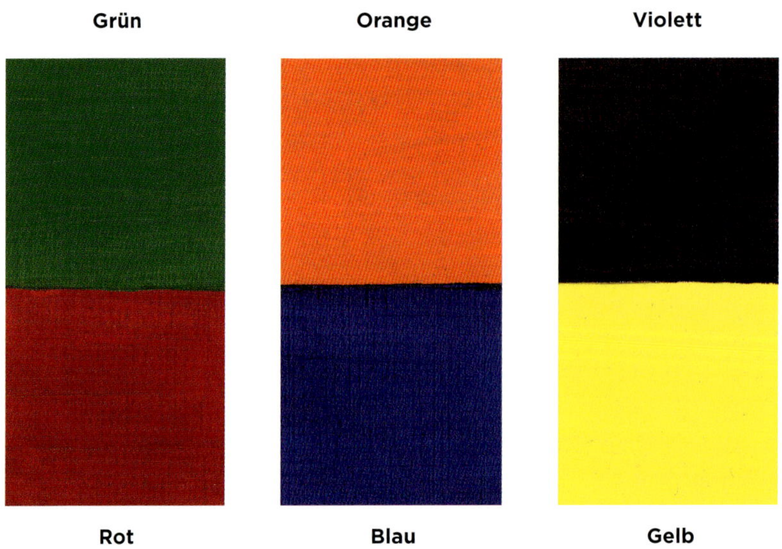

FARBTEMPERATUR

Um das Prinzip der Farbtemperatur zu verstehen, teilt man den Farbkreis am besten in zwei Hälften: eine warme, in deren Mitte Rot liegt, und eine kühle, deren Zentrum Blau bildet. Grundsätzlich empfinden wir Farben, die einen Rot- oder Gelbanteil haben, als wärmer.

FARBKREIS MIT WARMEN FARBEN

Diesem Farbkreis liegen warme Nuancen der Primärfarben zugrunde. Kadmiumgelb hell und Coelinblau beispielsweise haben einen Rotanteil, Kadmiumrot enthält einen kleinen Anteil Gelb. Diese Farben wirken wärmer als die Beispiele im unteren Farbkreis.

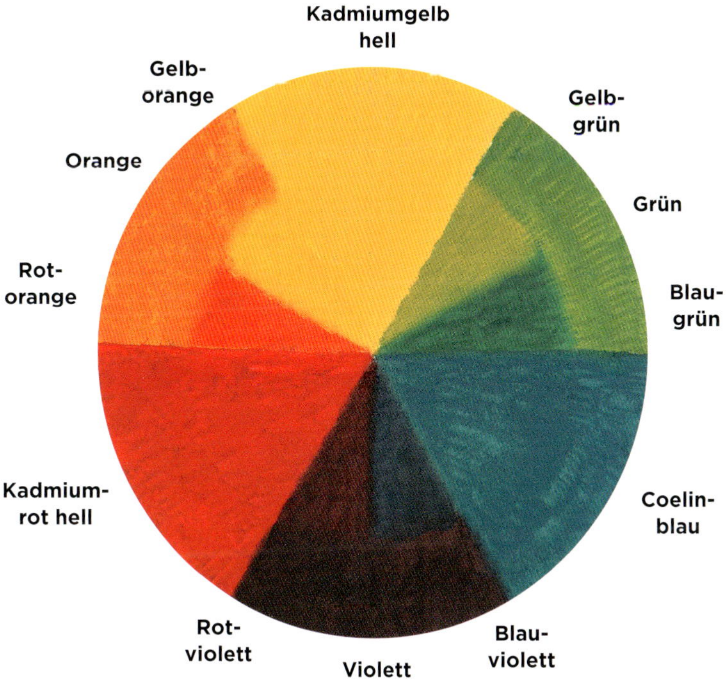

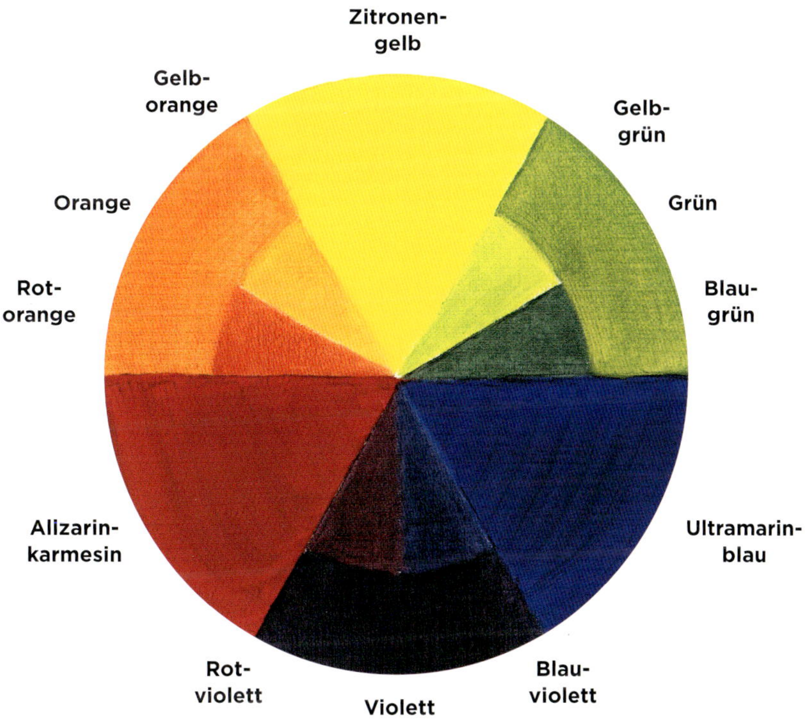

FARBKREIS MIT KÜHLEN FARBEN

Die Grundlage dieses Farbkreises bilden kühle Nuancen der drei Primärfarben. Sie bewirken, dass auch die Sekundär- und Tertiärfarben kühler erscheinen.

NEUTRALFARBEN MISCHEN

Reine Farben kommen in der Natur selten vor, darum ist es wichtig, Neutralfarben mischen zu lernen. Komplementärfarben »neutralisieren« sich gegenseitig. Mischt man zwei Komplementärfarben in gleichen Mengen, entstehen natürliche, neutrale Grautöne. Die Übersicht unten zeigt, wie andere Grau- und Brauntöne gemischt werden können.

1 Teil Ultramarinblau + 1 Teil Umbra gebrannt

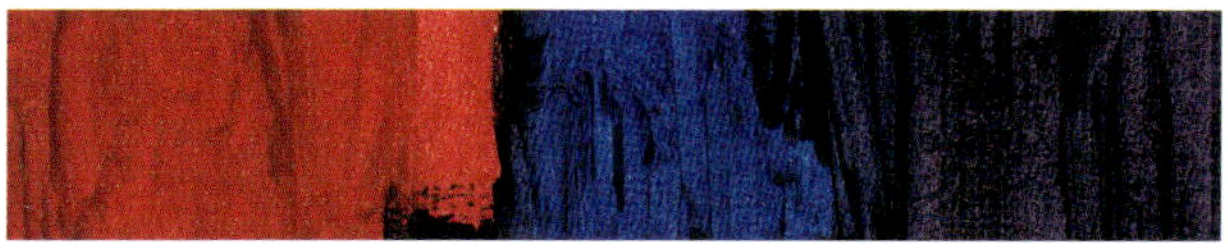

1 Teil Alizarinkarmesin + 1 Teil Ultramarinblau = Violett

3 Teile Ultramarinblau 1 Teil Umbra gebrannt

+ 2 Teile Weiß

1 Teil Ultramarinblau 2 Teile Umbra gebrannt

+ 1½ Teile Weiß

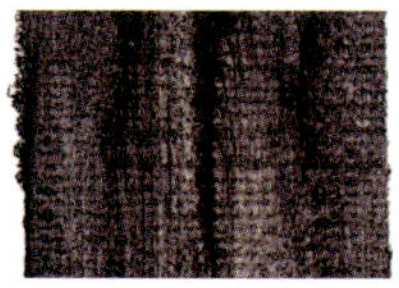

3 Teile Ultramarinblau 1 Teil Umbra gebrannt 2 Teile Kadmiumrot hell

1 Teil Ultramarinblau 1 Teil Umbra gebrannt 2 Teile Kadmiumrot hell 2½ Teile Weiß

1½ Teile Alizarinkarmesin 1 Teil Ultramarinblau 1 Teil Kadmiumgelb hell

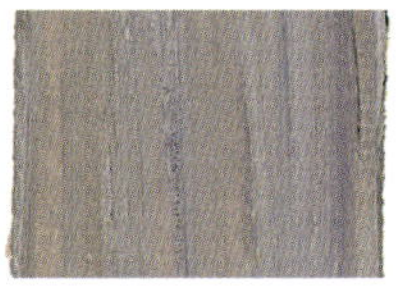

+ 1½ Teile Weiß

1 Teil Alizarinkarmesin 1 Teil Ultramarinblau 1 Teil Kadmiumgelb hell

+ 1½ Teile Weiß

1 Teil Alizarinkarmesin 1 Teil Umbra gebrannt 2 Teile Kadmiumgelb hell

2 Teile Alizarinkarmesin 1 Teil Umbra gebrannt 1 Teil Kadmiumgelb hell

AUFHELLEN & ABDUNKELN

Weitere Nuancen entstehen, wenn man eine Farbe mit Weiß mischt, also aufhellt, oder mit Schwarz mischt, um sie abzudunkeln. Auf der gegenüberliegenden Seite sind einige Mischergebnisse zu sehen, die sich durch Hinzufügen unterschiedlicher Anteile Weiß oder Schwarz ergeben.

UM EINE FARBE AUFZUHELLEN, KANN SIE AUCH VERDÜNNT WERDEN, BEISPIELSWEISE MIT TERPENTIN. UM SIE ZU DÄMPFEN, KANN MAN SIE MIT ETWAS GRAU MISCHEN.

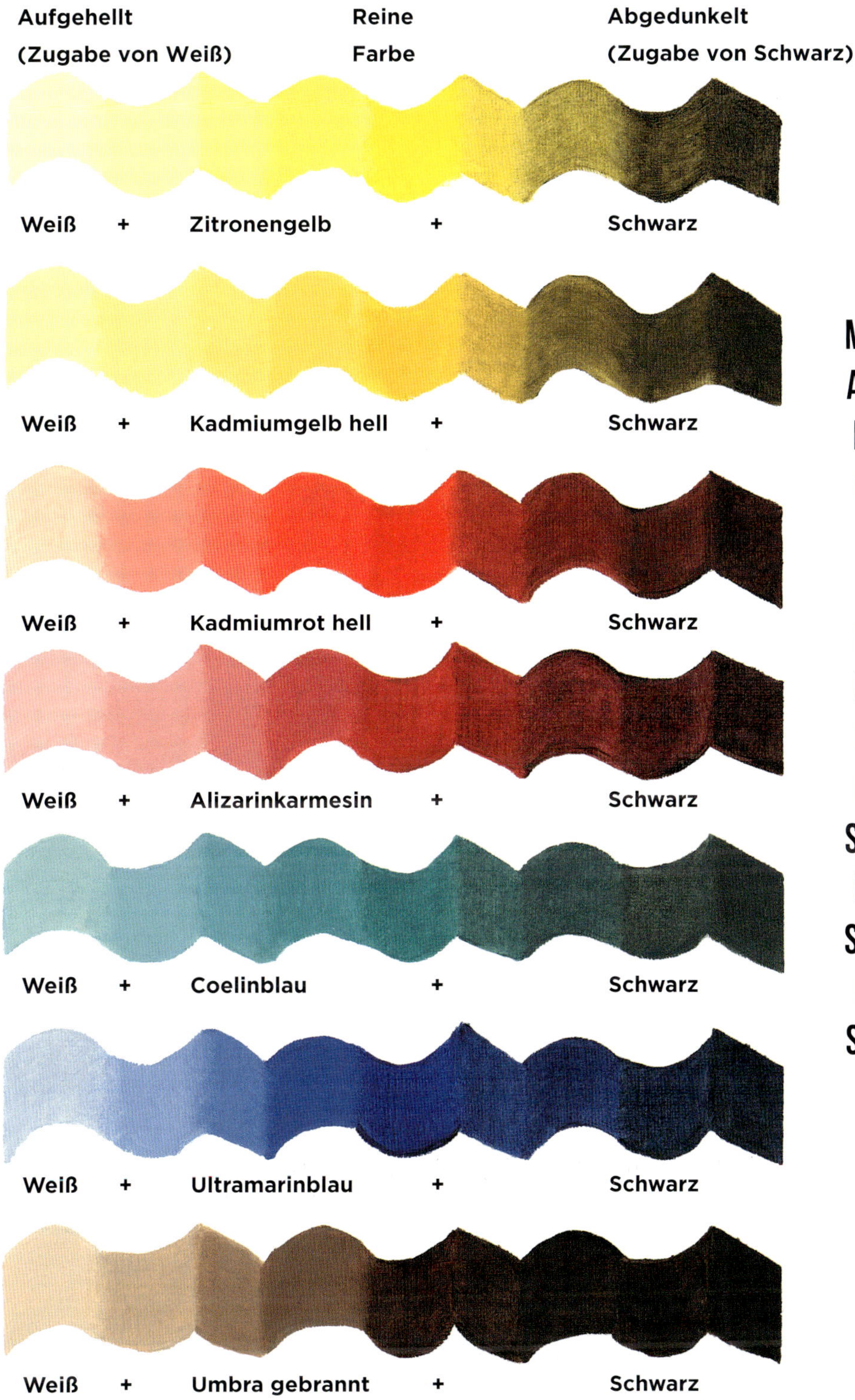

ES GIBT EINIGE TRICKS, UM ZU VERMEIDEN, DASS MISCHFARBEN SCHMUDDELIG AUSSEHEN. BEIM AUFHELLEN MIT WEISS EMPFIEHLT SICH, EINE KLEINE MENGE DER IM UHRZEIGERSINN BENACHBARTEN FARBE HINZUZUFÜGEN (Z. B. ROT + WEISS + EIN WENIG ORANGE), DAMIT EIN FRISCHER, LEBENDIGER MISCHTON ENTSTEHT. DASSELBE GILT BEIM ABDUNKELN MIT SCHWARZ (Z. B. GRÜN + SCHWARZ + EIN WENIG BLAUGRÜN). SO WIRD DAFÜR GESORGT, DASS DIE FARBE BEIM ABDUNKELN IHRE LEUCHTKRAFT NICHT EINBÜSST.

ZEICHENTECHNIKEN

Jeder Maler muss auch zeichnen können, damit es ihm gelingt, seine Motive realistisch darzustellen. Es ist sehr hilfreich, Auge und Hand an Grundformen wie Kugel, Würfel, Zylinder oder Ei zu trainieren, denn die meisten Objekte lassen sich auf diese reduzieren.

TONWERTE

Auf der Oberfläche von Objekten zeigen sich fünf Phänomene: Licht, Schatten, Übergangsbereich, reflektiertes Licht und Lichtreflex. Außerdem wirft jede Form einen Schlagschatten auf eine benachbarte Fläche. All diese Phänomene werden durch verschiedene Tonwerte oder Graustufen dargestellt.

ALS TONWERT BEZEICHNET MAN DIE RELATIVE HELLIGKEIT EINER FARBE. DURCH VARIATIONEN DES TONWERTS ENTSTEHT AUF DEM ZWEIDIMENSIONALEN MALGRUND EINE DREIDIMENSIONALE WIRKUNG. REALISTISCHE BILDER GELINGEN NUR DURCH AKKURATE WIEDERGABE DER TONWERTE.

Schlagschatten: Der Schatten, den ein Objekt auf eine andere Fläche (z. B. einen Tisch) wirft.

Formschatten: Der dunkelste Tonwert auf der Objektoberfläche. Er liegt auf der vom Licht abgewandten Seite.

Mittelton: Der Tonwert im Übergangsbereich zwischen Licht und Schatten.

Reflektiertes Licht: Hellerer Bereich auf der im Schatten liegenden Seite, verursacht durch Licht, das von benachbarten Flächen auf das Objekt reflektiert wird. Der Tonwert dieses Bereichs hängt von der allgemeinen Lichtstärke und den Tonwerten beider Oberflächen ab, er ist aber immer dunkler als der Mittelton.

Lichtreflex: Der hellste Bereich auf der Oberfläche, der direkt vom Licht angestrahlt wird.

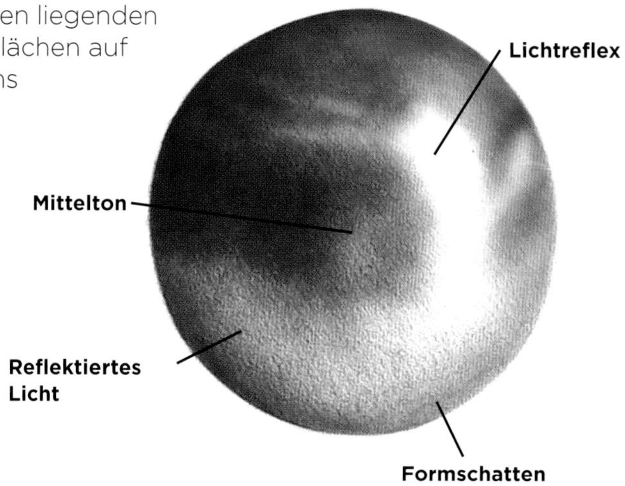

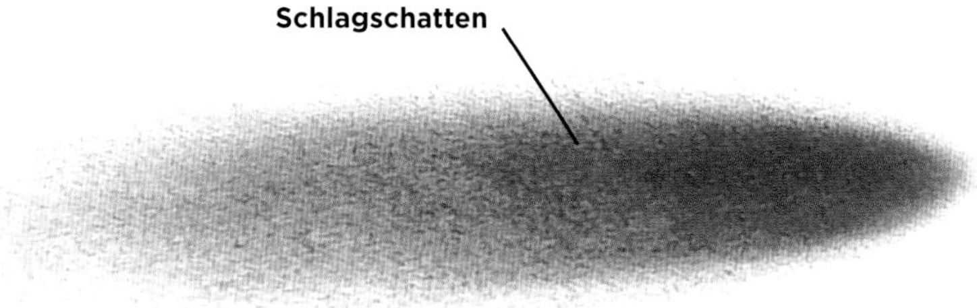

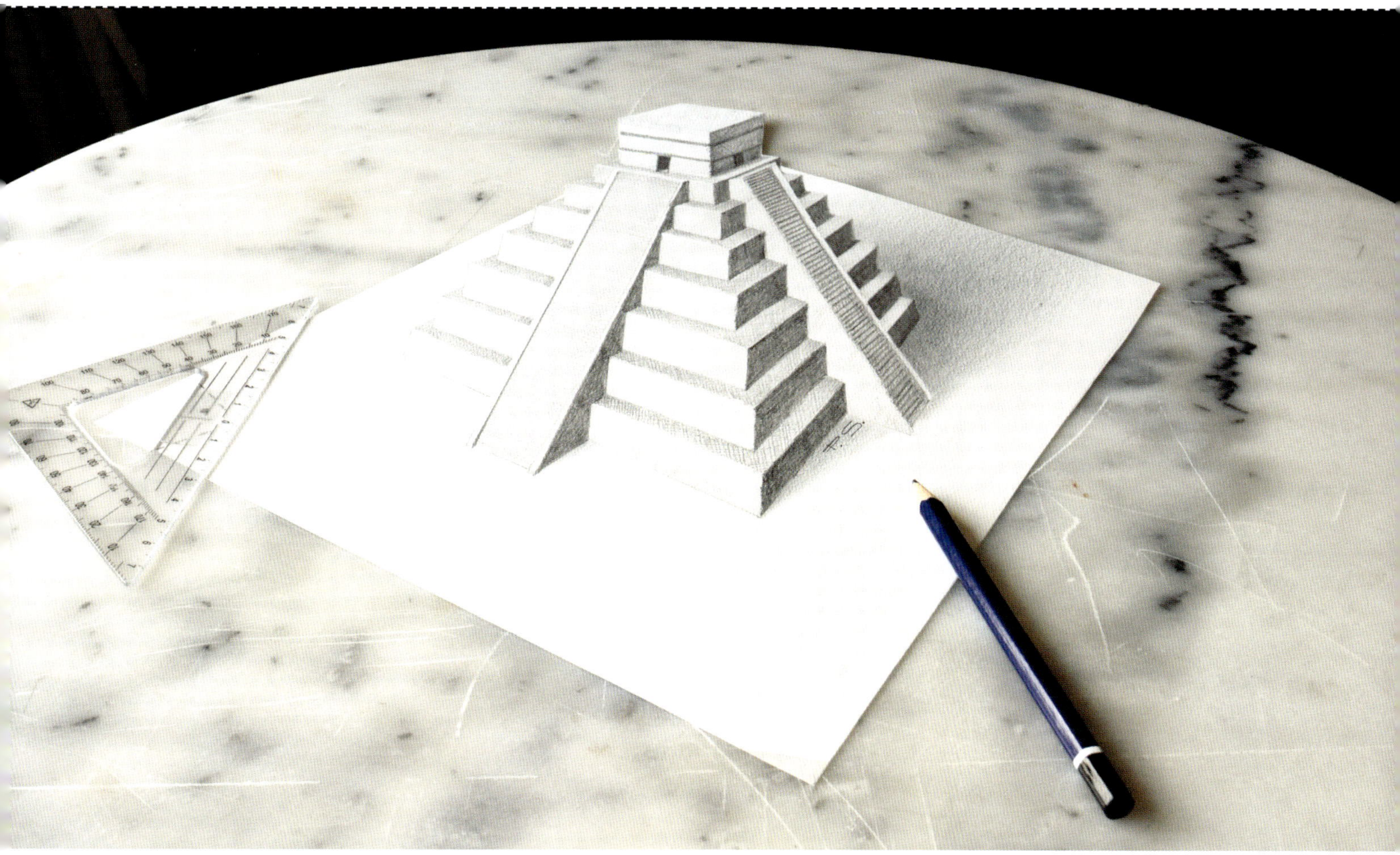

NUR DAS SICHTBARE ZEICHNEN

Wir Menschen haben Vorstellungen darüber, wie Objekte aussehen »sollten«, und diese fließen oft in Zeichnungen ein. Wichtig ist, jedes Objekt genau zu studieren und sich nicht von diesen Vorstellungen beeinflussen zu lassen, sondern nur das zu zeichnen, was tatsächlich zu sehen ist. Die folgenden Übungen sind ein gutes Training.

NEGATIVEN RAUM ZEICHNEN

Zeichnen Sie nur den negativen Raum, der sich zwischen den Motivelementen befindet. Dabei konzentriert man sich automatisch stärker auf die Formen und lässt vorgefasste Ideen über das Aussehen der Objekte außer Acht.

KOPFÜBER ZEICHNEN

Zeichnen Sie eine kopfüber gedrehte Vorlage ab. Auch dadurch sind Sie gezwungen, sich auf die tatsächlichen Formen zu konzentrieren und sich nicht von gelernten Vorstellungen ablenken zu lassen.

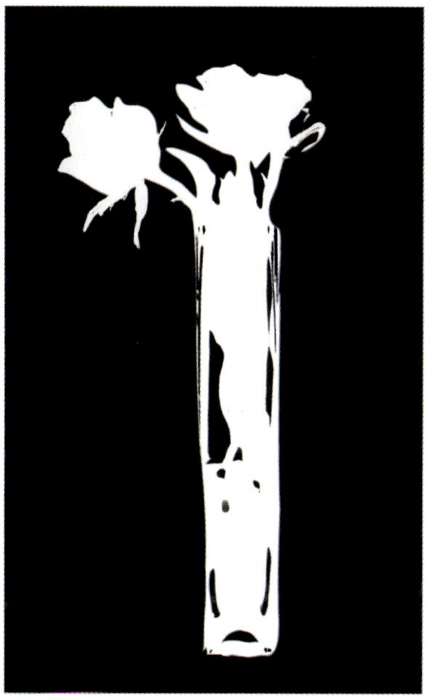

Negativen Raum zeichnen

Vielleicht möchten Sie für Ihre ersten 3D-Bilder Motive aus diesem Buch auf Ihr Papier übertragen und dann mit Farbe und Schattierungen weiter ausarbeiten. Dabei kommt es darauf an, das Motiv korrekt vorzuzeichnen. Dafür gibt es verschiedene Methoden, die Sie hier kennenlernen.

DURCHPAUSEN

Ein Leuchtpult ist ein Kasten mit einer glatten, transparenten Oberfläche und einer Innenbeleuchtung. Die Vorlage in der gewünschten Größe ausdrucken oder fotokopieren und auf das Leuchtpult legen. Da Zeichenpapier auflegen und beides mit Kreppklebeband fixieren. Wenn Sie nun das Licht einschalten, scheint es durch beide Papiere. Alle dunklen Linien sind gut zu erkennen und können leicht durchgepaust werden. Sie können auch einen Glastisch umfunktionieren, indem Sie eine Lampe darunter platzieren oder Vorlage und Zeichenpapier an eine Fensterscheibe kleben und das Tageslicht nutzen.

DURCHDRÜCKEN

Auch mit dieser Technik ist es einfach, die wichtigsten Motivlinien auf das Zeichenpapier zu übertragen. Zuerst wieder das Motiv in der gewünschten Größe ausdrucken oder fotokopieren. Einen Bogen Transparentpapier auf das Motiv legen und alle Linien durchpausen. Nun das Transparentpapier umdrehen und seine Rückseite mit einer gleichmäßigen Schicht Graphit bedecken. Das Transparentpapier mit der Graphitseite nach unten auf das Zeichenpapier legen und beide Papiere mit Kreppklebeband fixieren, damit sie nicht verrutschen. Nun die Linien wieder mit Bleistift nachzeichnen, um sie zu übertragen. Einfacher geht es mit fertig beschichtetem Transferpapier aus dem Künstlerfachhandel.

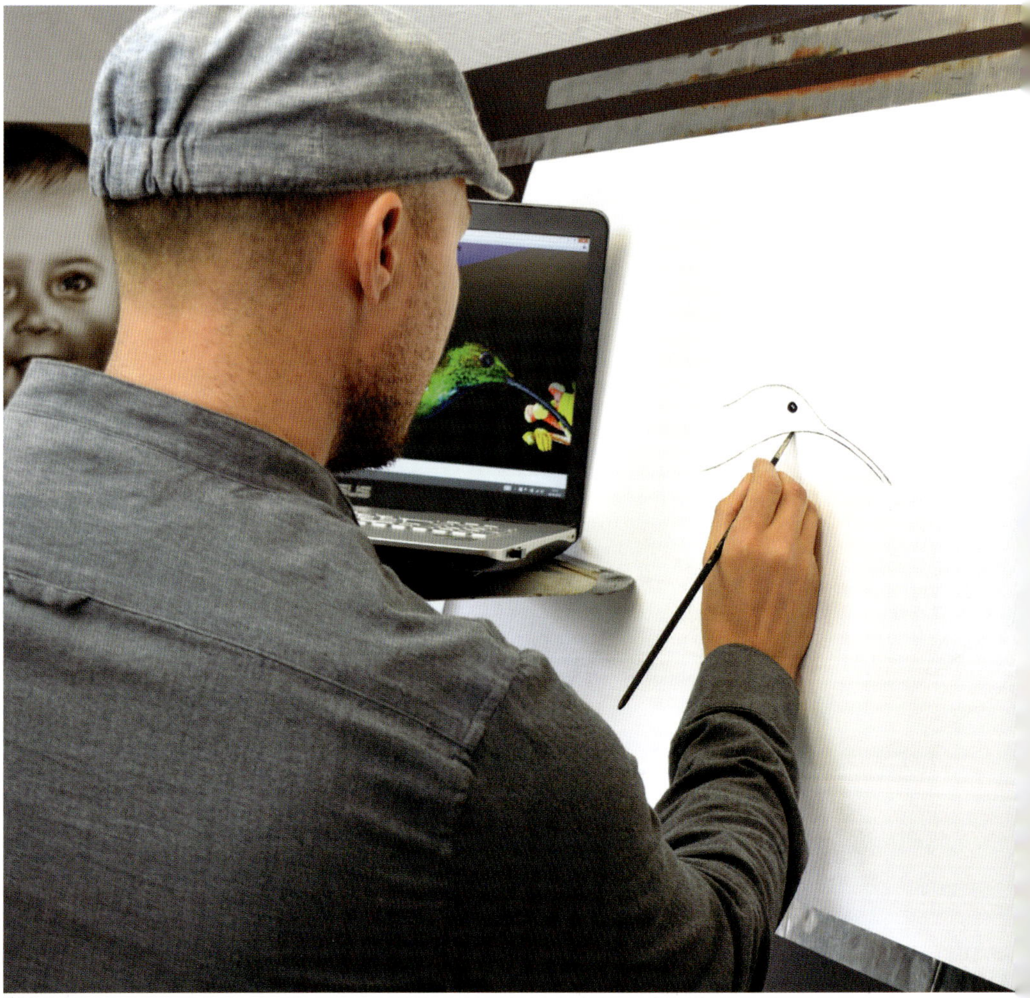

PERSPEKTIVE

Die künstlerische Perspektive ist eine Technik, die dabei hilft, gezeichnete und gemalte Objekte dreidimensional erscheinen zu lassen. Dabei spielt der richtige Einsatz von Farben und Tonwerten oder Graustufen eine Rolle, außerdem sind verschiedene zeichnerische Konstruktionsregeln zu beachten.

Wie immer ist es wichtig, das Motiv genau zu betrachten. Die Formen, die auf dem zweidimensionalen Papier gezeichnet werden, sind in Wirklichkeit ja dreidimensional. Versuchen Sie, Ihre Formen und Größen genauso auf das Papier zu bannen, wie Sie sie sehen. Nur dann erscheinen die Motive realistisch.

Der Blickwinkel beeinflusst, wie ein Objekt aussieht. Darum sollten Sie sich früh für einen Blickwinkel oder eine Augenhöhe entscheiden und konsequent einhalten. Um eine perspektivische Wirkung zu erzielen, ist es wichtig, nur das tatsächlich Sichtbare zu zeichnen.

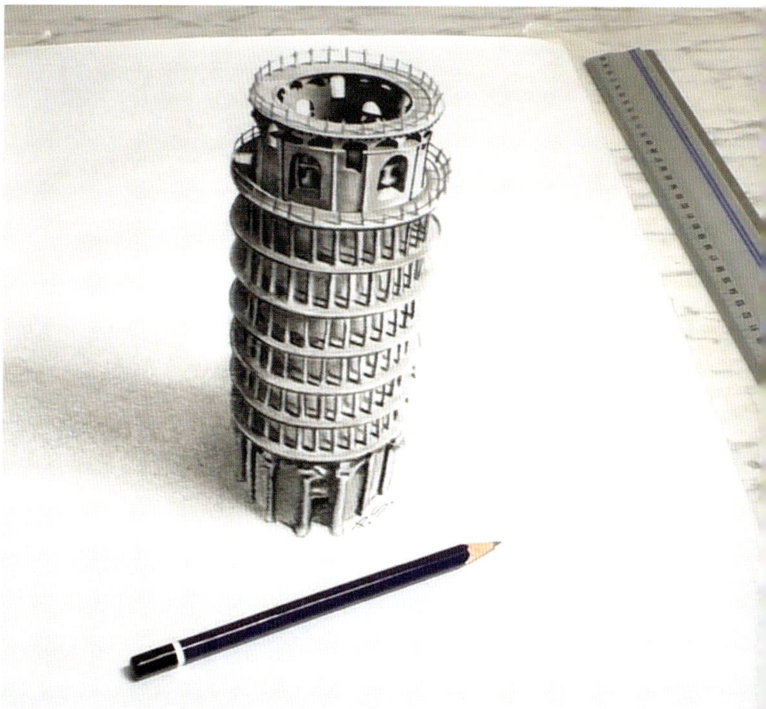

SCHLÜSSELLOCH-METHODE

Diese Methode ist hilfreich, um das realistische perspektivische Zeichnen zu üben. Stellen Sie das Objekt, das Sie malen oder zeichnen möchten, auf ein Blatt Papier. Wählen Sie dann einen Blickwinkel, beispielsweise frontal oder von der Seite.

Um den gewählten Blickwinkel konsequent einzuhalten, kann es hilfreich sein, das Kinn aufzustützen, beispielsweise direkt auf der Arbeitsfläche oder – für einen erhöhten Blickwinkel – auf einem Stapel Bücher. Möglich wäre sogar, eine noch tiefere Position zu wählen, um das Objekt schräg von unten zu betrachten und zu zeichnen.

KREUZSCHRAFFUR

Durch parallele Striche in verschiedenen Richtungen lassen sich Texturen darstellen. Wenn sie sich an den Rundungen der Objektoberfläche orientieren, tragen sie zur dreidimensionalen Wirkung bei.

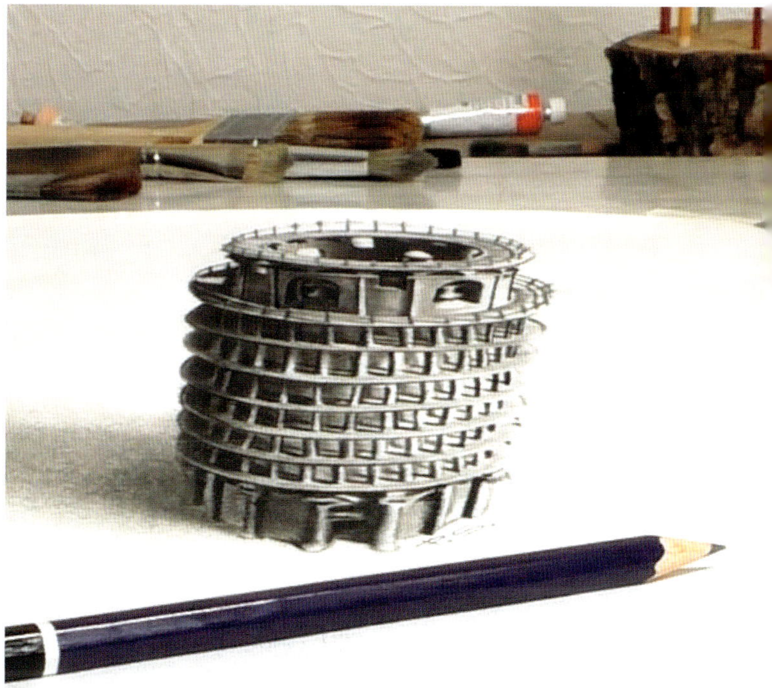

Je nach Blickwinkel sieht diese Zeichnung des Schiefen Turms von Pisa (Seite 98) ganz unterschiedlich aus.

MALTECHNIKEN

Die meisten Maler tragen Ölfarben mit Pinseln auf. Dabei lassen sich – abhängig von der Wahl der Pinseltypen und Techniken – viele verschiedene Effekte erzielen. Probieren Sie einfach aus, was Ihnen am besten zusagt. Hier werden einige Grundtechniken der Ölmalerei kurz vorgestellt.

Gleichmäßiger Auftrag: Die Farbe verdünnen und mit einem Pinsel gleichmäßig auf den Malgrund auftragen. Auf großen Flächen die Pinselstriche so führen, dass sie einander überlappen. Falls nötig, nochmals über diese Überlappungen streichen, um die Farbe gleichmäßig zu verteilen.

Lasur: Trägt man stark verdünnte Farbe auf einer anderen, bereits getrockneten auf, schimmert die erste Farbe durch und es entsteht eine optische Mischung.

Trockenpinseltechnik: Etwas Farbe mit dem Pinsel aufnehmen, dann die Borsten auf Küchenpapier oder rauem Zeichenpapier abstreifen. Streicht man mit diesem fast trockenen Pinsel über das Papier, haftet die Farbe nur an den höchsten Bereichen der Oberflächenstruktur, der Auftrag wirkt durchbrochen und unregelmäßig. Diese Technik eignet sich gut für Schatten, die später weiter ausgearbeitet werden.

Nass in nass: Auftragen von Farbe auf eine andere, die noch nass ist.

Vorkolorieren: Beim Malen werden meist frühzeitig die wichtigsten Tonwerte festgelegt. Dabei beginnt man mit den Mitteltönen. Sie orientieren sich an den Eigenfarben des Objekts (z. B. Gelb bei Zitronen), werden aber zunächst noch nicht durch Schatten und Lichtreflexe weiter differenziert.

Farbe verdünnen: Verdünnte Farbe, mit gleichmäßigen Strichen aufgetragen, ergibt eine transparente Farbschicht.

Abwischen: Für weiche Lichtreflexe die Farbe mit einem Stück Küchenpapier abwischen.

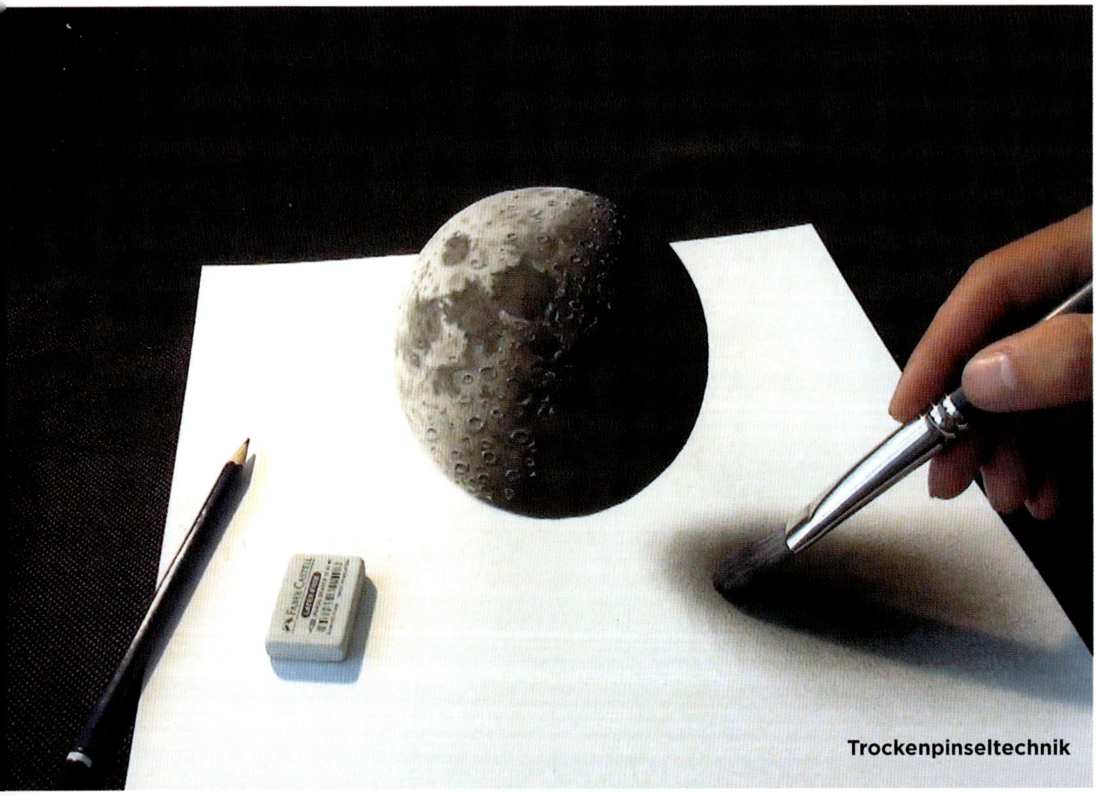

Trockenpinseltechnik

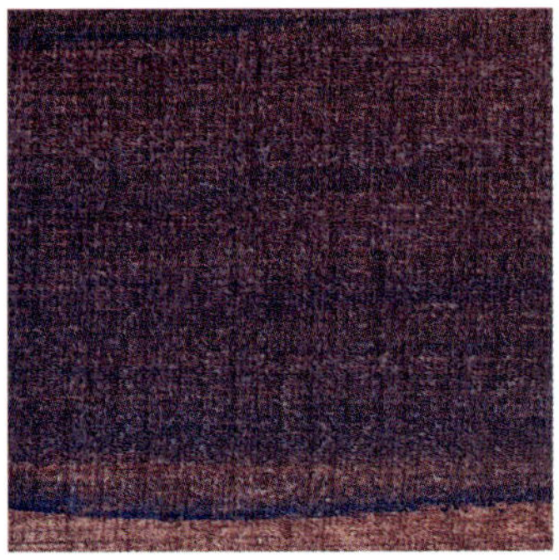

Verdünnte Farbe

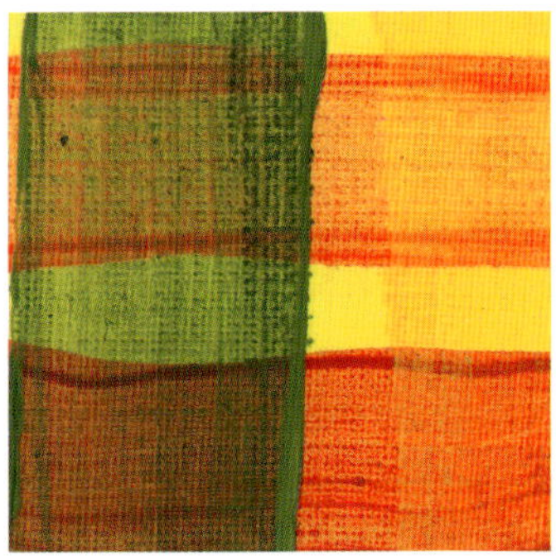

Lasurtechnik

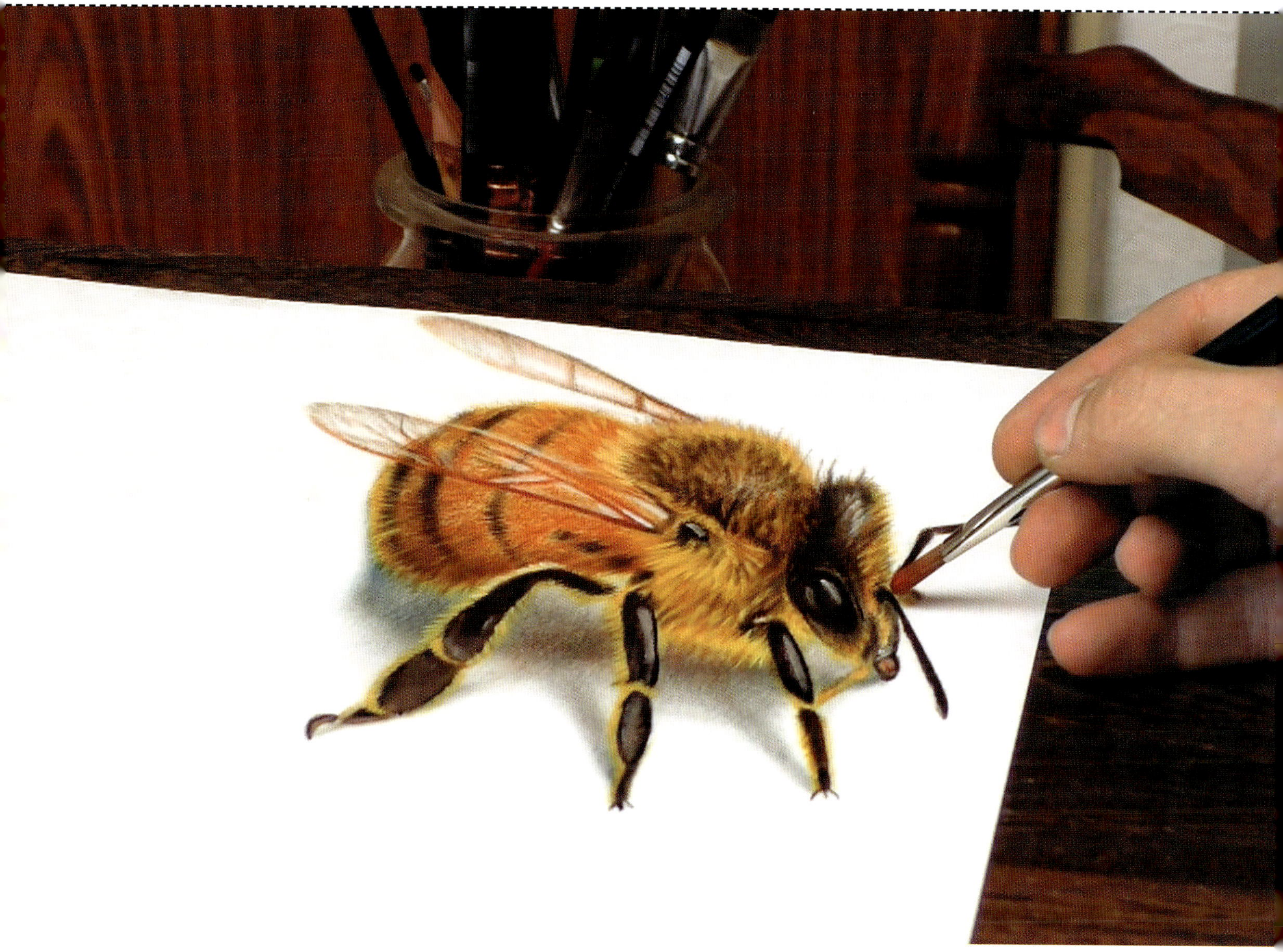

ÖLFARBE TROCKNET SEHR LANGSAM. ES KANN MEHRERE TAGE DAUERN, BIS SICH EINE FARBSCHICHT TROCKEN ANFÜHLT. NASSE ÖLBILDER SOLLTEN SO GELAGERT WERDEN, DASS DIE FARBE NICHT BESCHÄDIGT WERDEN KANN – AM BESTEN IN EINEM DUNKLEN RAUM.

PROJEKT EINS

WÜRFEL

Beginnen wir mit einem Würfel. An dieser einfachen geometrischen Figur lassen sich die Prinzipien des 3D-Malens und 3D-Zeichnens gut veranschaulichen.

MATERIAL

- Zeichenpapier (DIN A3)
- Bleistift
- Lineal
- Ölfarbe in Schwarz
- Pinsel, verschiedene Größen
- Radiergummi

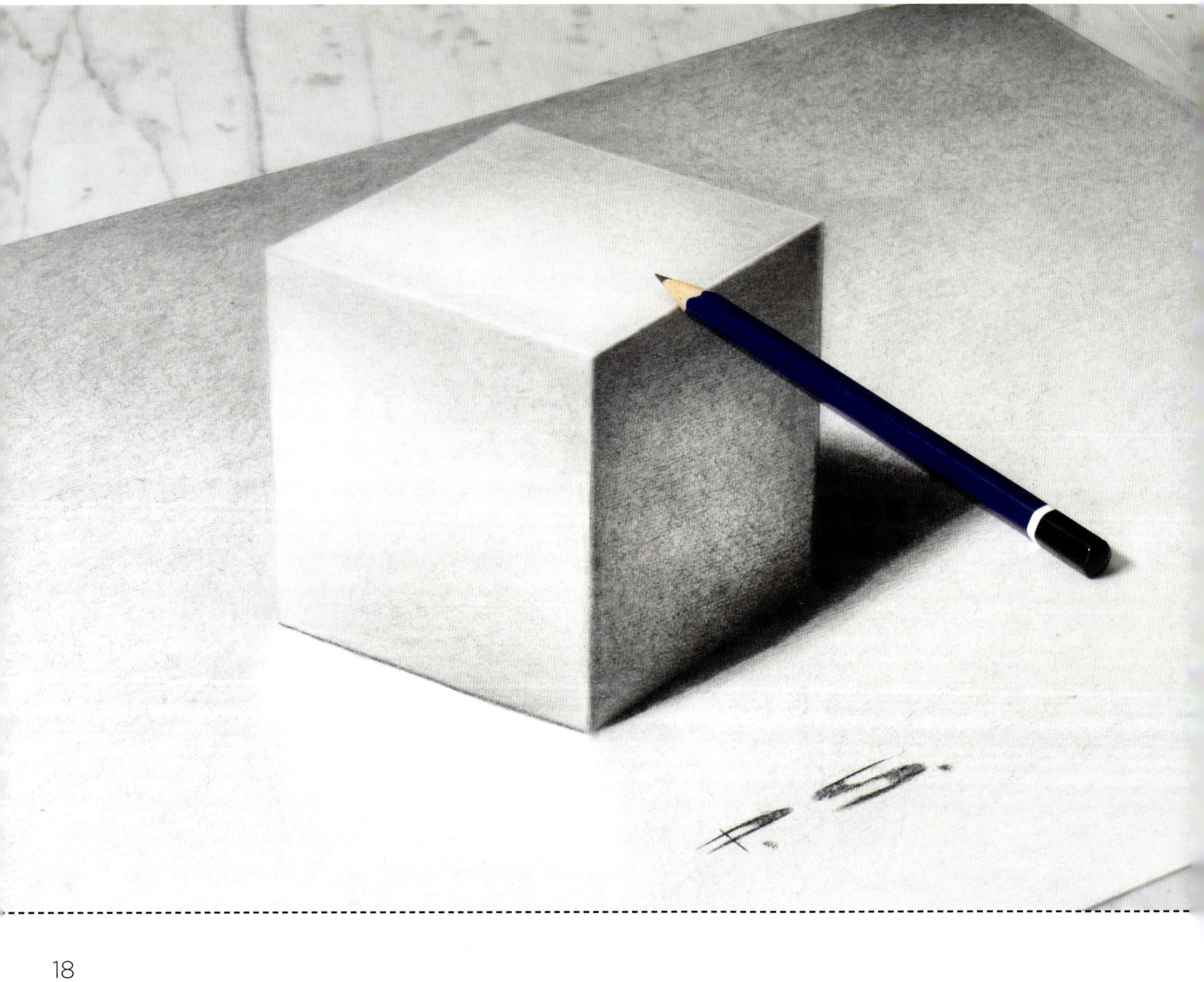

ALS ANAMORPH BEZEICHNET MAN EINEN VERZERRTEN ZUSTAND, DER AUS DEM RICHTIGEN BLICKWINKEL BETRACHTET, ÜBERZEUGEND DREIDIMENSIONAL WIRKT.

1

KONTUREN

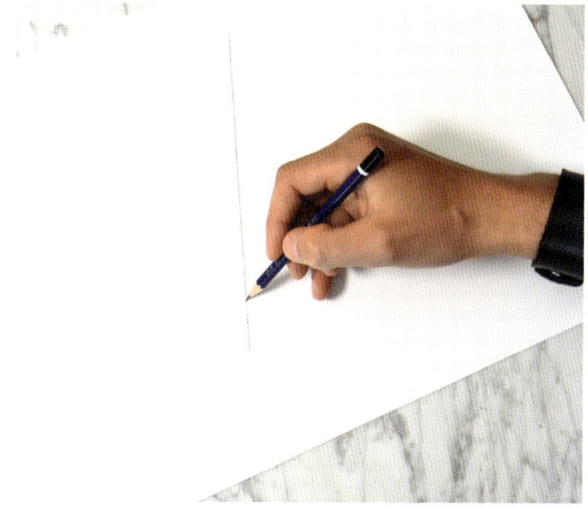

Das Papier schräg legen und mit Lineal und Bleistift eine 22 cm lange senkrechte Linie zeichnen. Das untere Ende der Linie mit einem Punkt markieren. Es bildet die untere Ecke des Würfels. Nun 3,2 cm über diesem Punkt einen zweiten Punkt anzeichnen.

Ein weiterer Punkt wird 5 cm links davon gezeichnet.

Auf der senkrechten Linie einen Punkt 4 cm über dem unteren anzeichnen, einen weiteren 3,4 cm rechts davon.

Nun werden die seitlichen Punkte mit dem unteren Punkt verbunden.

Auf der mittleren (senkrechten) Linie 11,5 cm über dem unteren Ende einen Punkt anzeichnen, einen weiteren 4 cm höher und einen dritten 1,3 cm über dem zweiten.

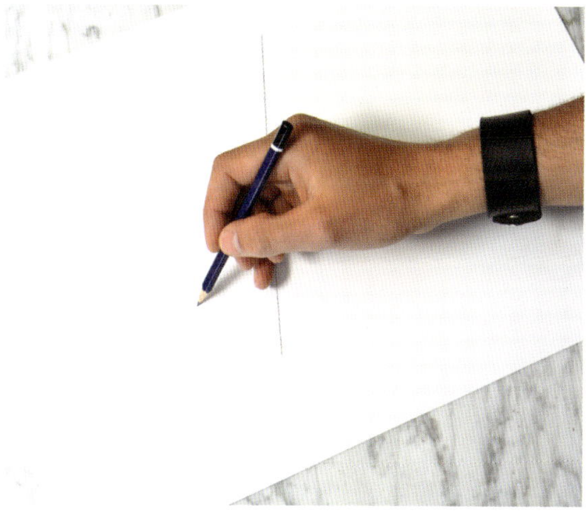

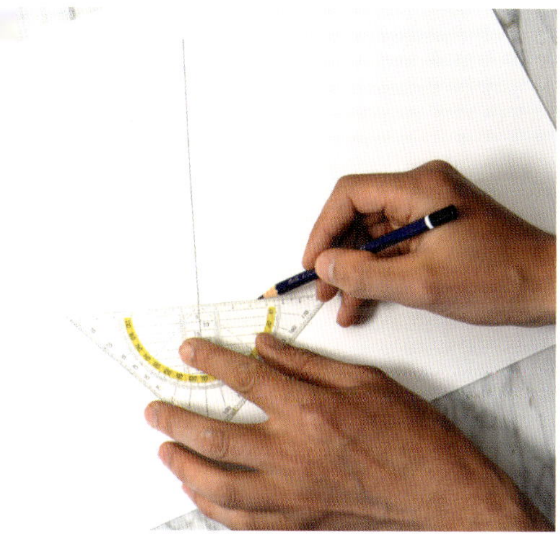

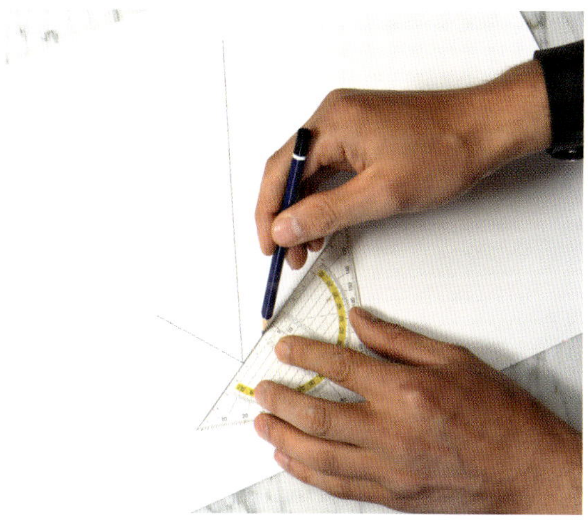

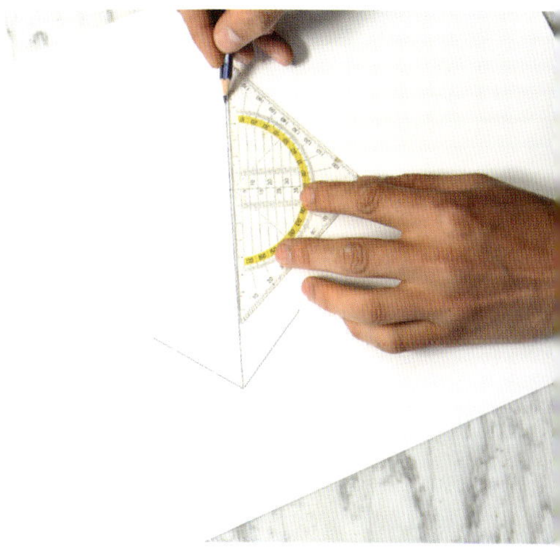

WÜRFEL

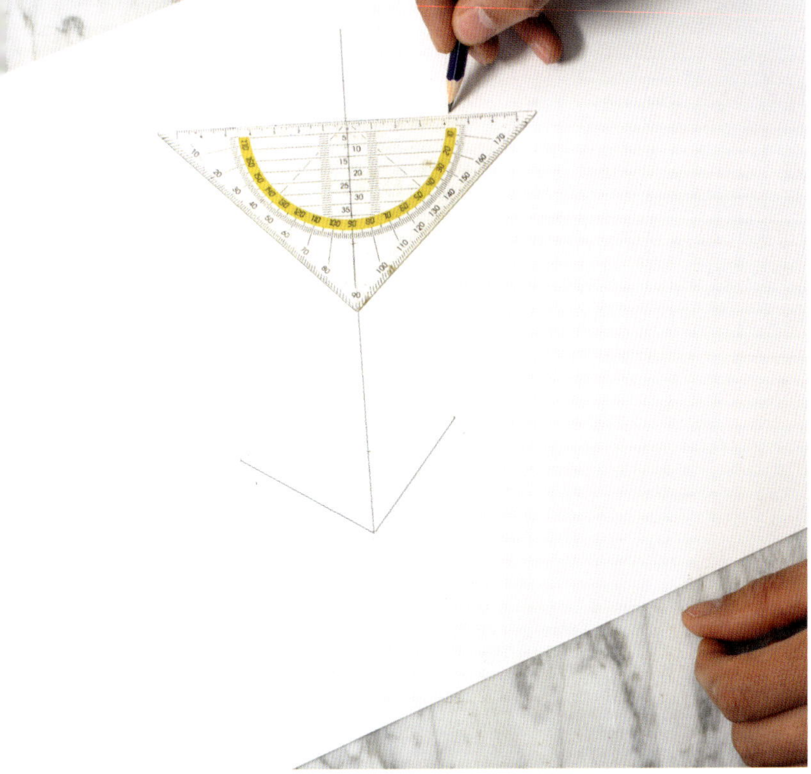

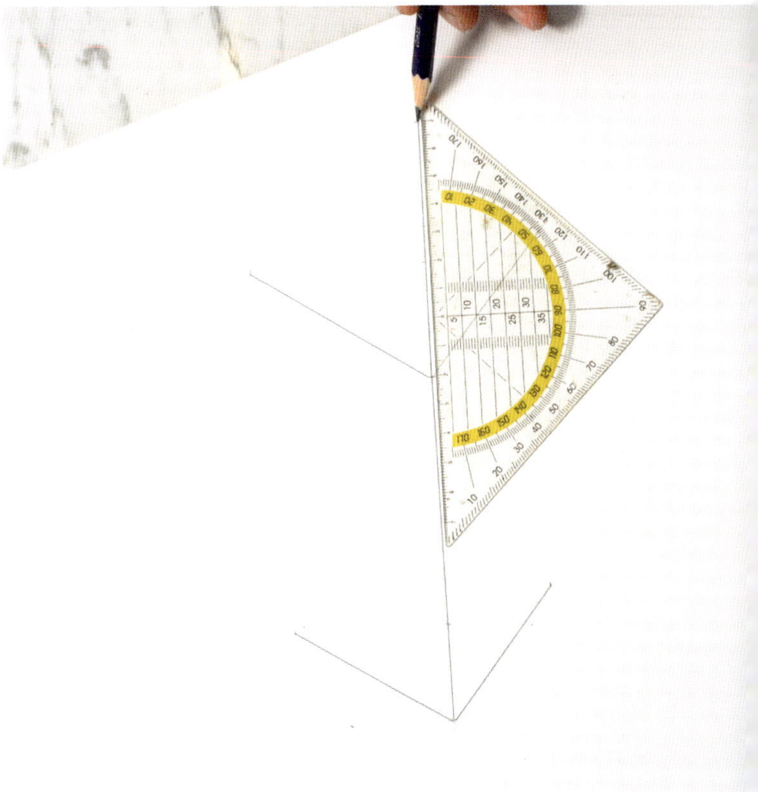

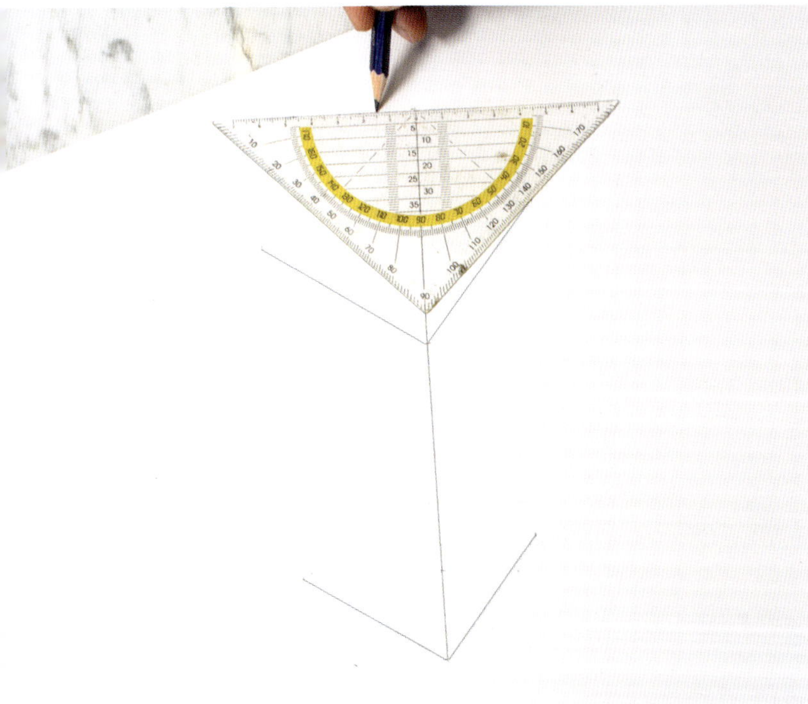

Vom ersten unteren Punkt 6 cm nach links messen und diese Stelle markieren. Vom zweiten oberen Punkt 4,3 cm nach rechts messen und ebenfalls markieren.

Die seitlichen Punkte mit dem unteren Punkt auf der Mittellinie verbinden.

Von diesem unteren Punkt auf der Mittellinie 9 cm nach oben messen und eine Markierung setzen. Von dort aus 1,4 cm nach links gehen und erneut markieren. Dies ist die obere Spitze des Würfels.

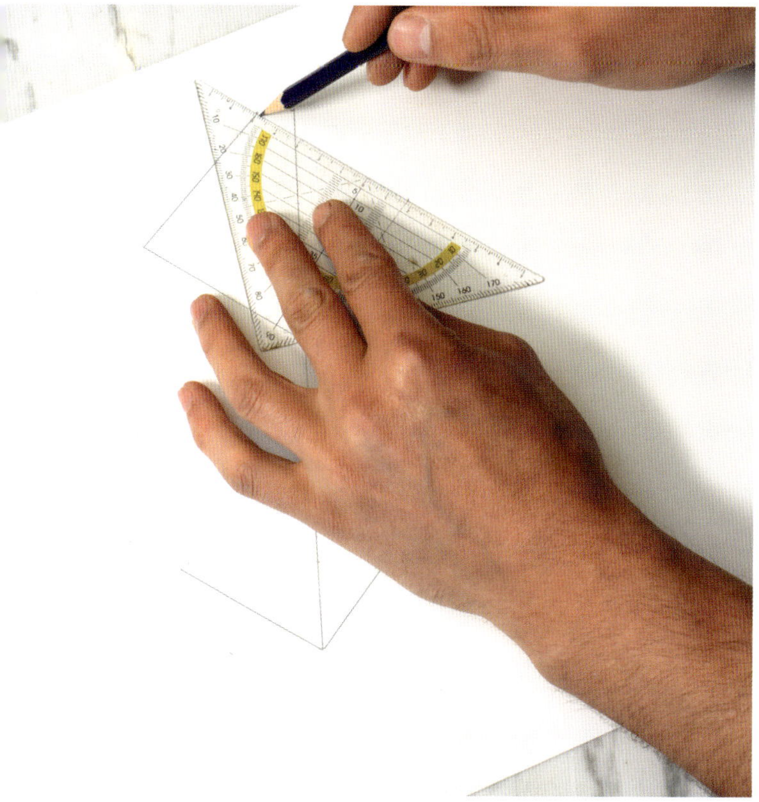

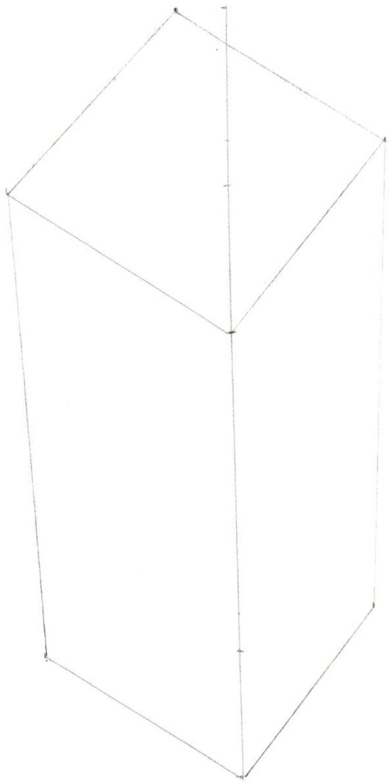

Nun die beiden oberen seitlichen Punkte mit den unteren seitlichen Punkten verbinden. Damit ist das Gerüst des anamorphen Würfels fertig.

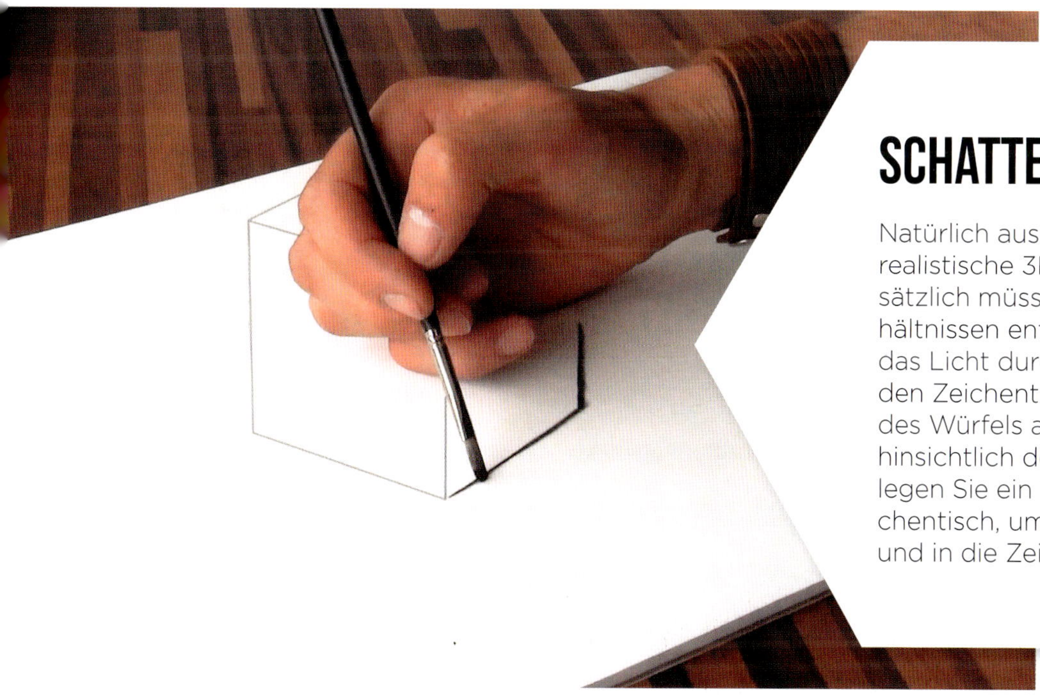

SCHATTEN

Natürlich aussehende Schatten sind für eine realistische 3D-Wirkung unerlässlich. Grundsätzlich müssen die Schatten den Lichtverhältnissen entsprechen. Wenn beispielsweise das Licht durch ein Fenster von links auf den Zeichentisch fällt, muss die rechte Seite des Würfels abgedunkelt werden. Falls Sie hinsichtlich der Lichtrichtung unsicher sind, legen Sie ein viereckiges Objekt auf den Zeichentisch, um die Schatten zu beobachten und in die Zeichnung zu übertragen.

WÜRFEL

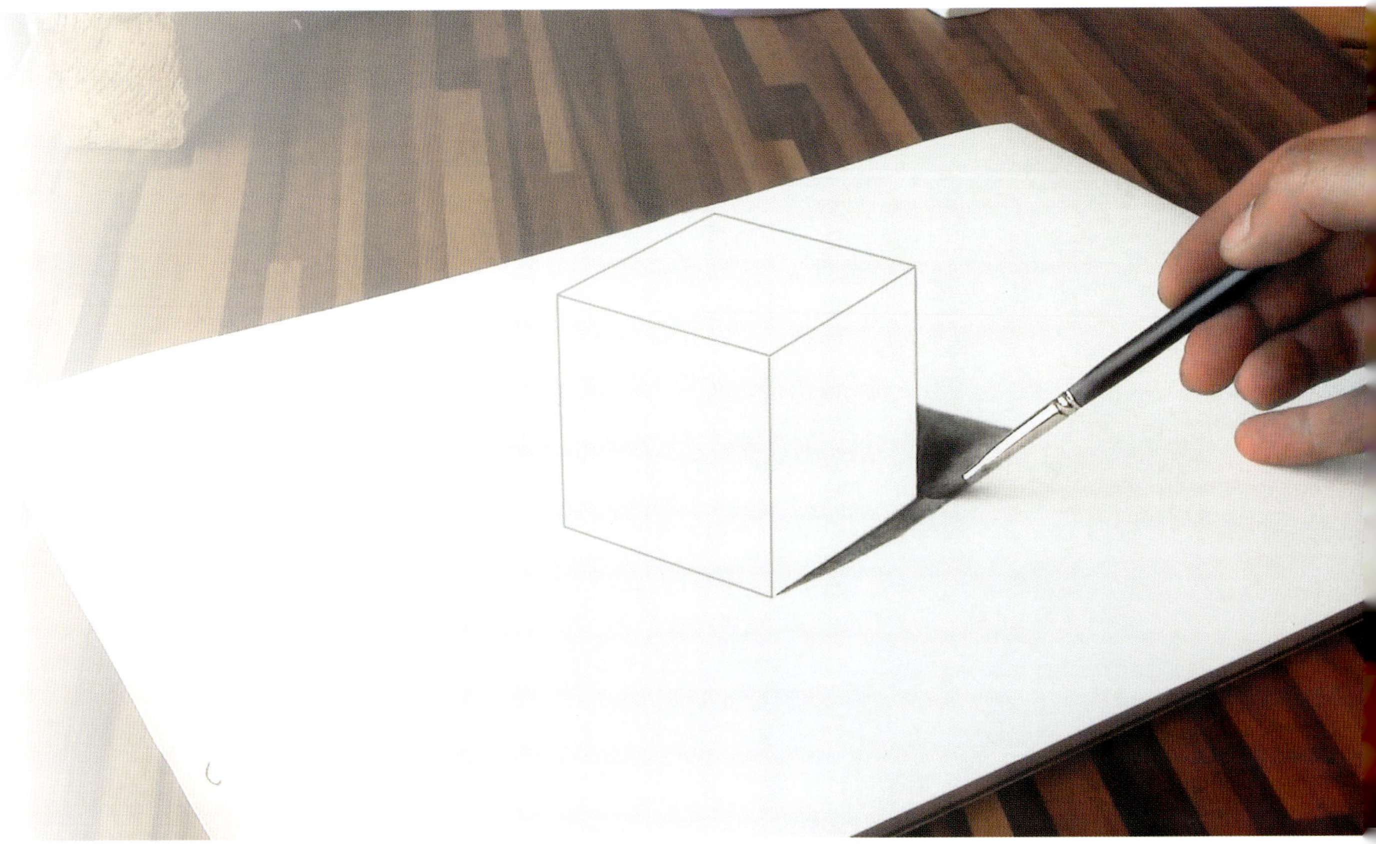

SCHLAGSCHATTEN MIT TROCKENEM PINSEL MALEN. DABEI BLEIBT WENIG FARBE AM PAPIER HAFTEN, DER AUFTRAG SIEHT UNREGELMÄSSIGER AUS ALS MIT VERDÜNNTER FARBE.

2

TROCKENPINSELTECHNIK

Beginnen Sie beim Schattieren mit dem dunkelsten Teil der Zeichnung, dem Schlagschatten. In meinem Atelier fällt das Licht von links auf die Arbeitsfläche, darum beginne ich mit den beiden Seiten, die vom Licht abgewandt sind.

Einen dünnen Pinsel in schwarze Ölfarbe tauchen und die untere Kontur des Würfels nachziehen. Dann über ein Reststück raues Papier streichen, bis nur noch wenig Farbe im Pinsel zurückbleibt. Er soll sich relativ trocken anfühlen.

DURCH FLIESSENDE HELL-DUNKEL-ÜBERGÄNGE WIRKEN SCHATTEN ÜBERZEUGEND.

Mit einem dickeren Pinsel etwas Farbe aufnehmen und wieder am Papier abwischen, bis nur noch wenig Farbe in den Borsten haftet.

Gleichmäßig vom dunklen zum hellen Bereich über die dunkelste Seite des Würfels streichen. Für Ecken einen dünneren Pinsel verwenden. Die Seiten des Würfels gleichmäßig eintönen. Sie sollen nicht fleckig aussehen.

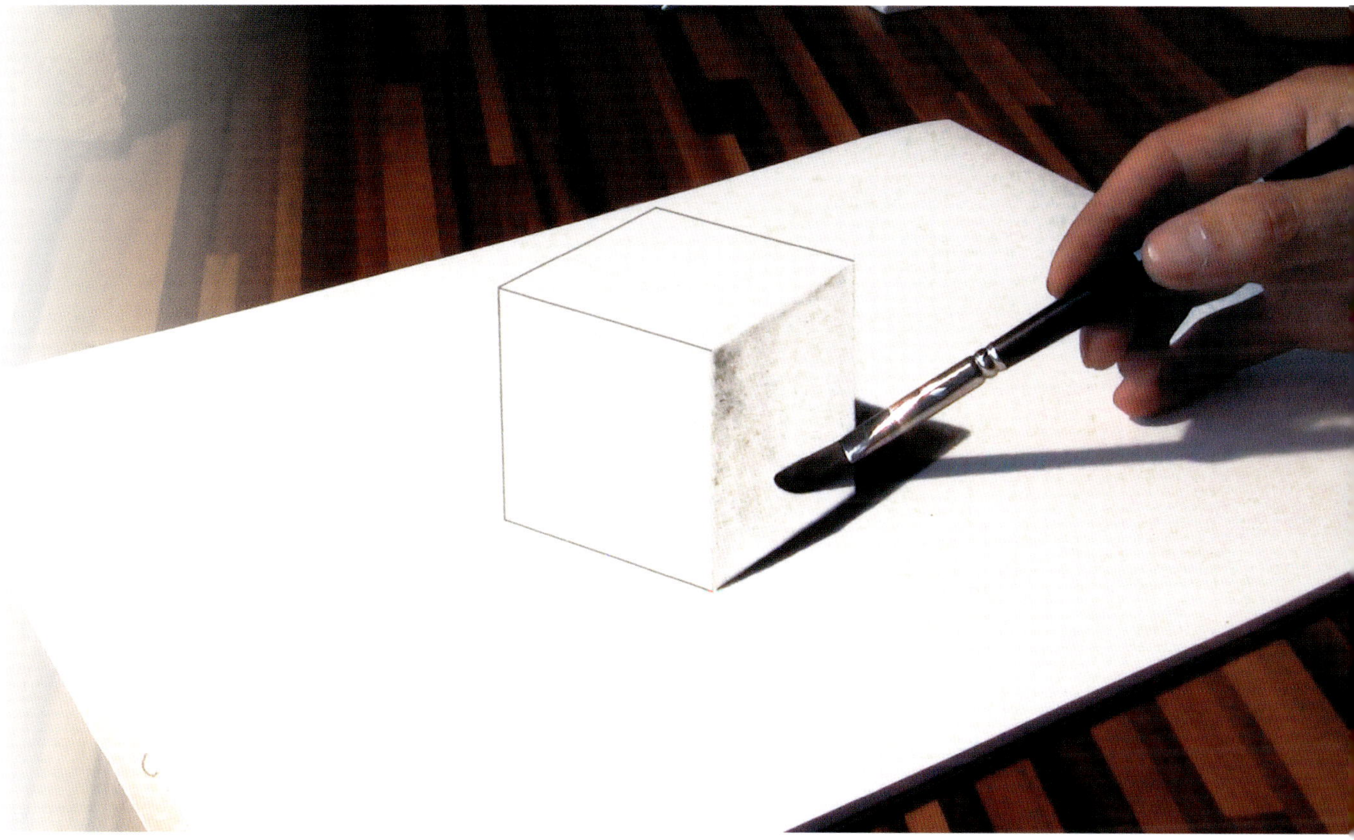

WÜRFEL

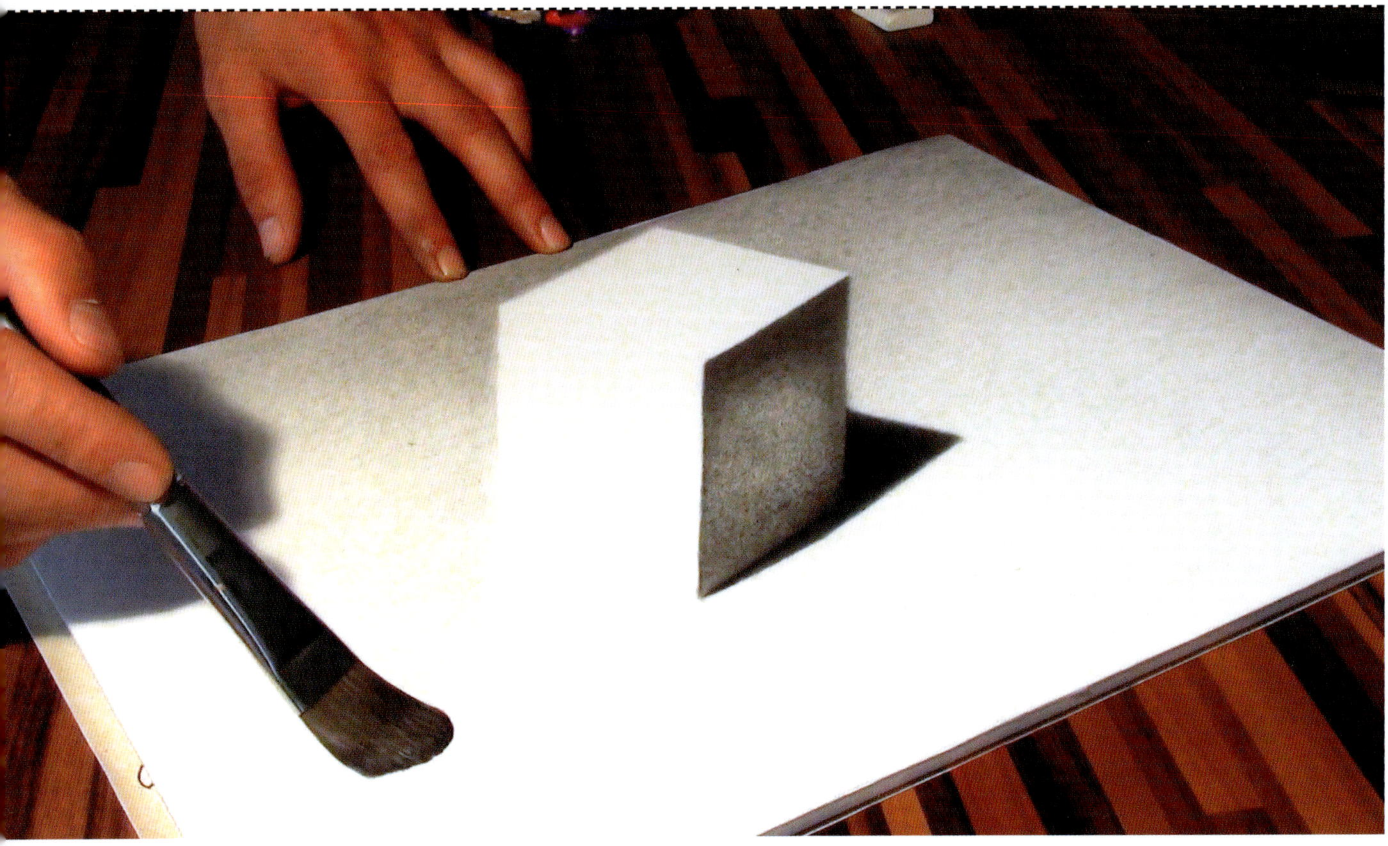

3 HINTERGRUND + REFLEXION

Um den Eindruck zu erwecken, dass der Würfel auf dem Papier steht, muss der Hintergrund dunkler als das Objekt sein. Der hintere Teil des Papiers tritt dadurch optisch zurück und der Würfel hebt sich plastisch hervor. Mit dem dicksten verfügbaren Pinsel in der Trockenpinseltechnik etwas Farbe um den Würfel herum und an den Papierrändern auftragen. Direkt vor dem Würfel bleibt das Papier weiß, denn hierher fällt Licht, das von seiner Vorderseite reflektiert wird.

Für Feinheiten, beispielsweise akkurate Ecken, einen dünnen Pinsel verwenden. Die Seiten des Würfels im oberen Bereich etwas dunkler schattieren als im unteren.

Nun mit einem Radiergummi über die »trocken« aufgetragene Farbe streichen. An der oberen Kante des Würfels entlangfahren, um dem Bild etwas Glanz zu geben.

4 FERTIGSTELLUNG

Betrachten Sie das Motiv nun aus größerem Abstand, um den Gesamteindruck zu beurteilen. So erkennt man Schwächen besser, als wenn man sich auf einzelne Bildbereiche konzentriert. Wenn Sie eine fehlerlose optische Täuschung sehen, haben Sie es geschafft!

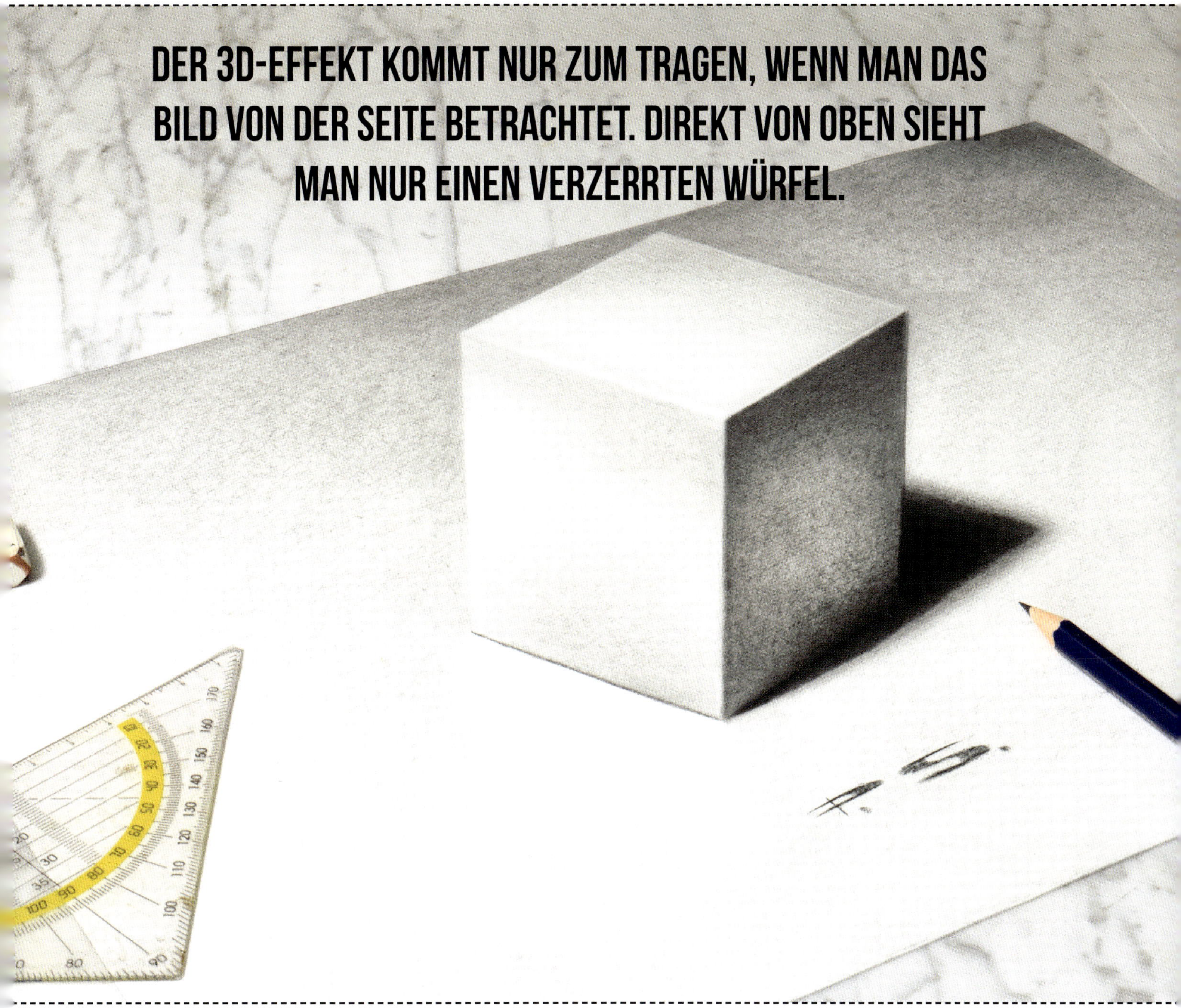

DER 3D-EFFEKT KOMMT NUR ZUM TRAGEN, WENN MAN DAS BILD VON DER SEITE BETRACHTET. DIREKT VON OBEN SIEHT MAN NUR EINEN VERZERRTEN WÜRFEL.

PROJEKT ZWEI

KUGEL

Achten Sie beim Zeichnen geometrischer Figuren genau auf die Proportionen, denn Fehler werden jedem Betrachter sofort ins Auge fallen. Besonders wichtig ist diese Sorgfalt bei einer Kugel. Schon kleinste Unregelmäßigkeiten in der Form können bewirken, dass die Proportionen falsch aussehen.

MATERIAL

- Zeichenpapier (DIN A3)
- Bleistift
- Ölfarbe in Schwarz
- Katzenzungenpinsel, Synthetikhaar, Nr. 4 und 12
- Reststück raues Papier

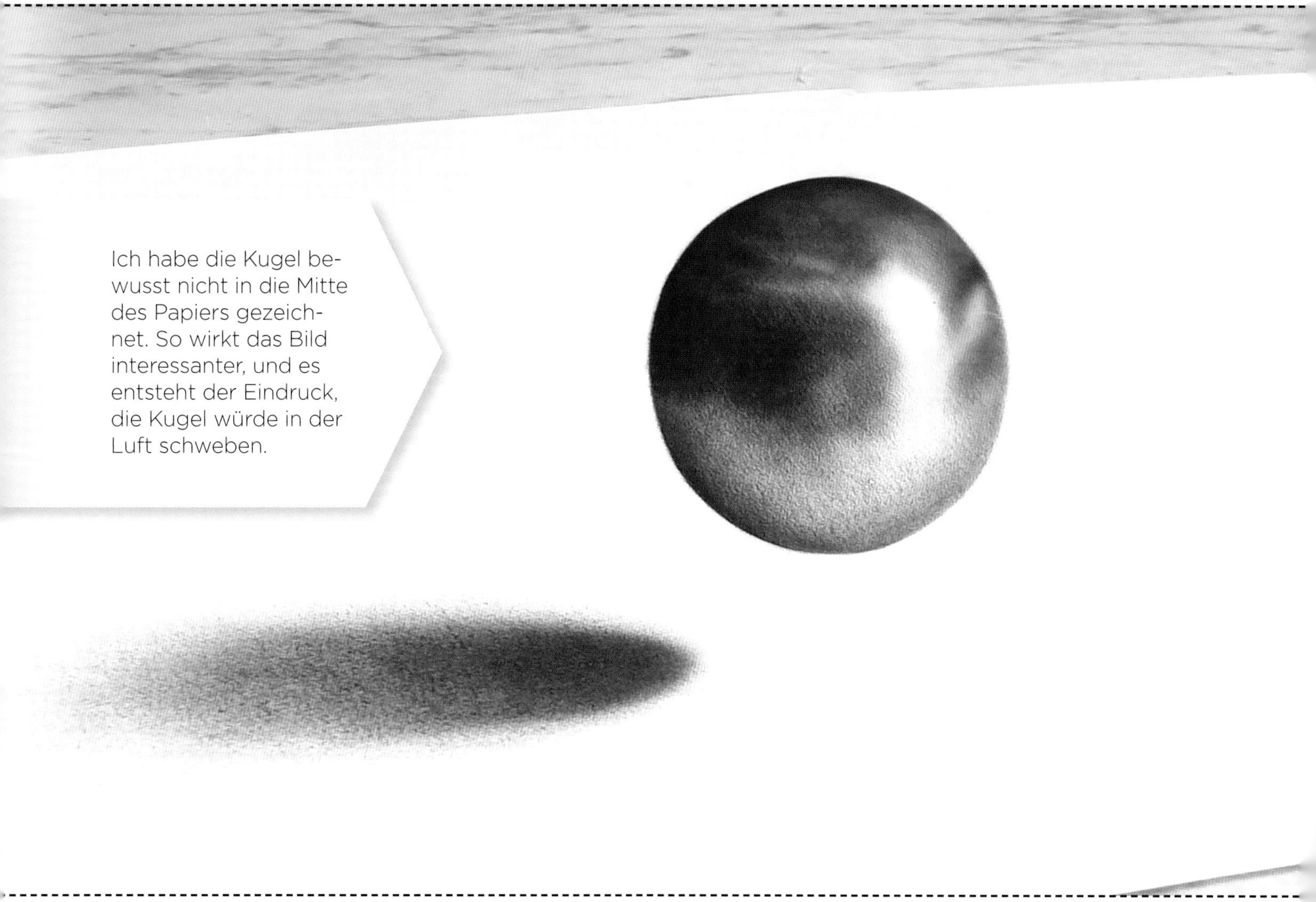

Ich habe die Kugel bewusst nicht in die Mitte des Papiers gezeichnet. So wirkt das Bild interessanter, und es entsteht der Eindruck, die Kugel würde in der Luft schweben.

1 UMRISS

Setzen Sie die Schlüsselloch-Methode (siehe Seite 15) ein, um den Umriss der Kugel zu zeichnen. Sie können auch meine Umrisszeichnung kopieren.

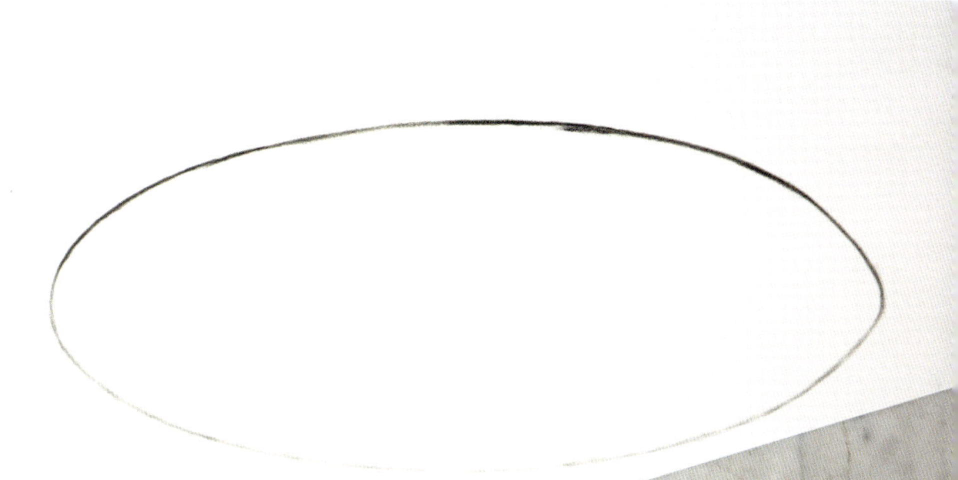

2 KONTUR NACHZIEHEN

Die gerade gezeichnete Linie mit schwarzer Ölfarbe und dem Pinsel Nr. 4 nachziehen. Achten Sie darauf, welche Seite der Kugel im Schatten liegt. Hier muss die Linie etwas dicker und dunkler werden. Die andere Seite bekommt eine dünnere Kontur.

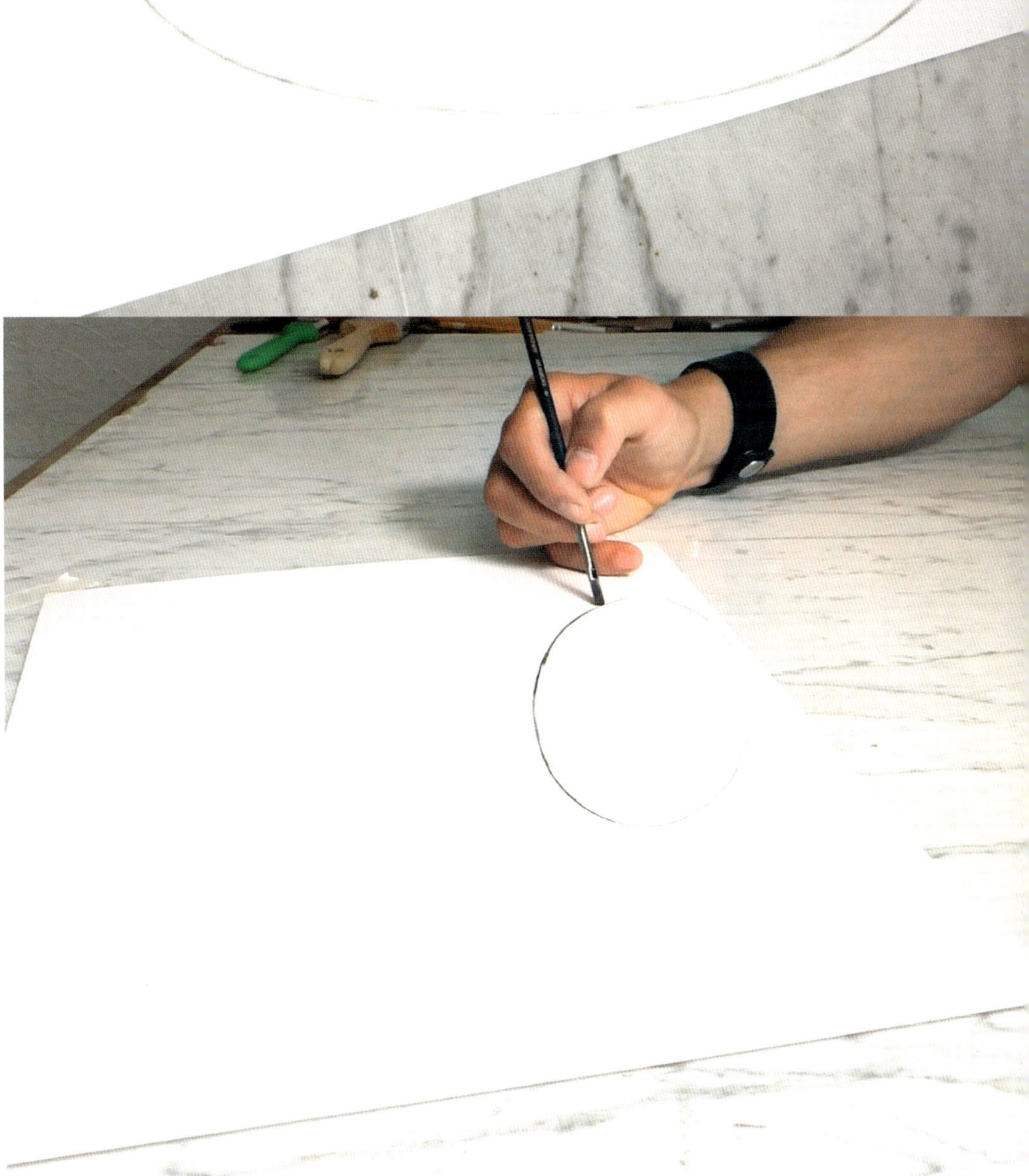

KUGEL

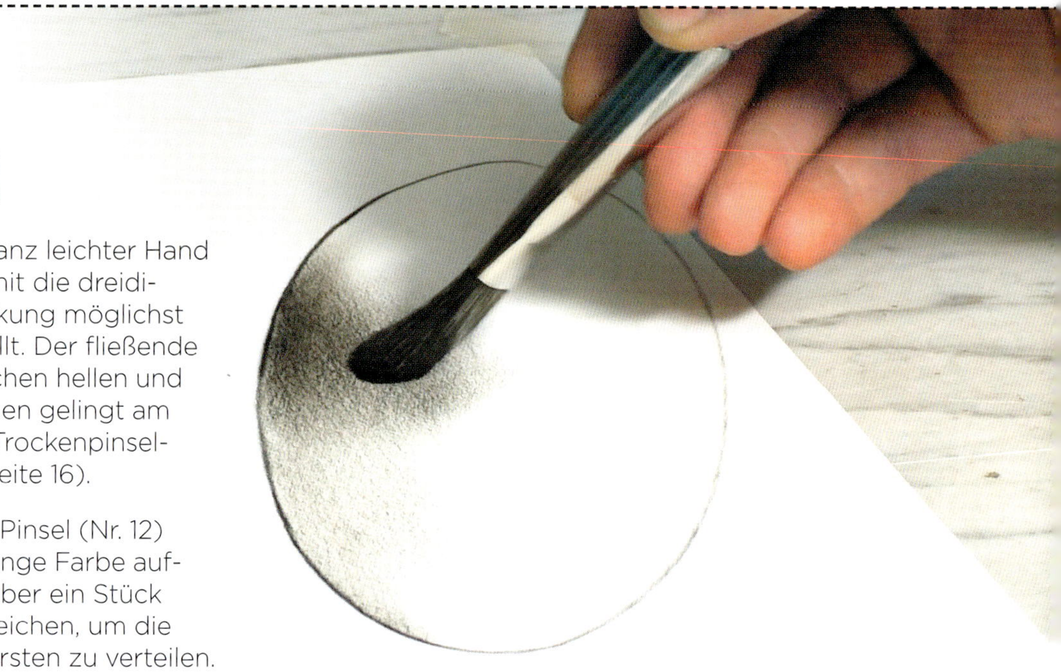

3

SCHATTEN

Die Kugel mit ganz leichter Hand schattieren, damit die dreidimensionale Wirkung möglichst realistisch ausfällt. Der fließende Übergang zwischen hellen und dunklen Bereichen gelingt am besten mit der Trockenpinseltechnik (siehe Seite 16).

Mit dem dicken Pinsel (Nr. 12) eine winzige Menge Farbe aufnehmen, dann über ein Stück raues Papier streichen, um die Farbe in den Borsten zu verteilen. Vorsichtig mit dem Pinsel zuerst dort Farbe auftragen, wo die Kugel am dunkelsten sein soll.

Die Farbe mit kreisförmigen Bewegungen auf der Oberfläche der Kugel verteilen. Diese Pinselführung ist wichtig, damit die Übergänge zwischen hellen und dunklen Bereichen weich und fließend ausfallen.

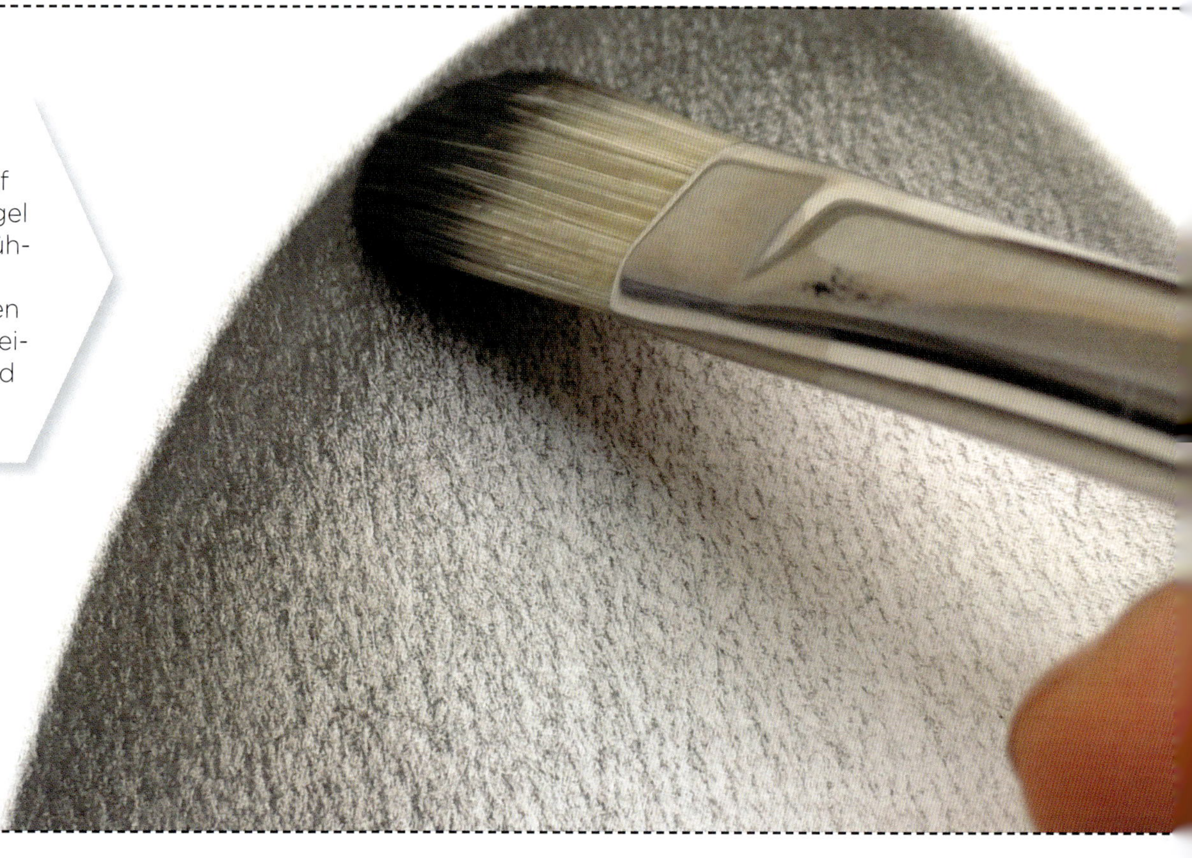

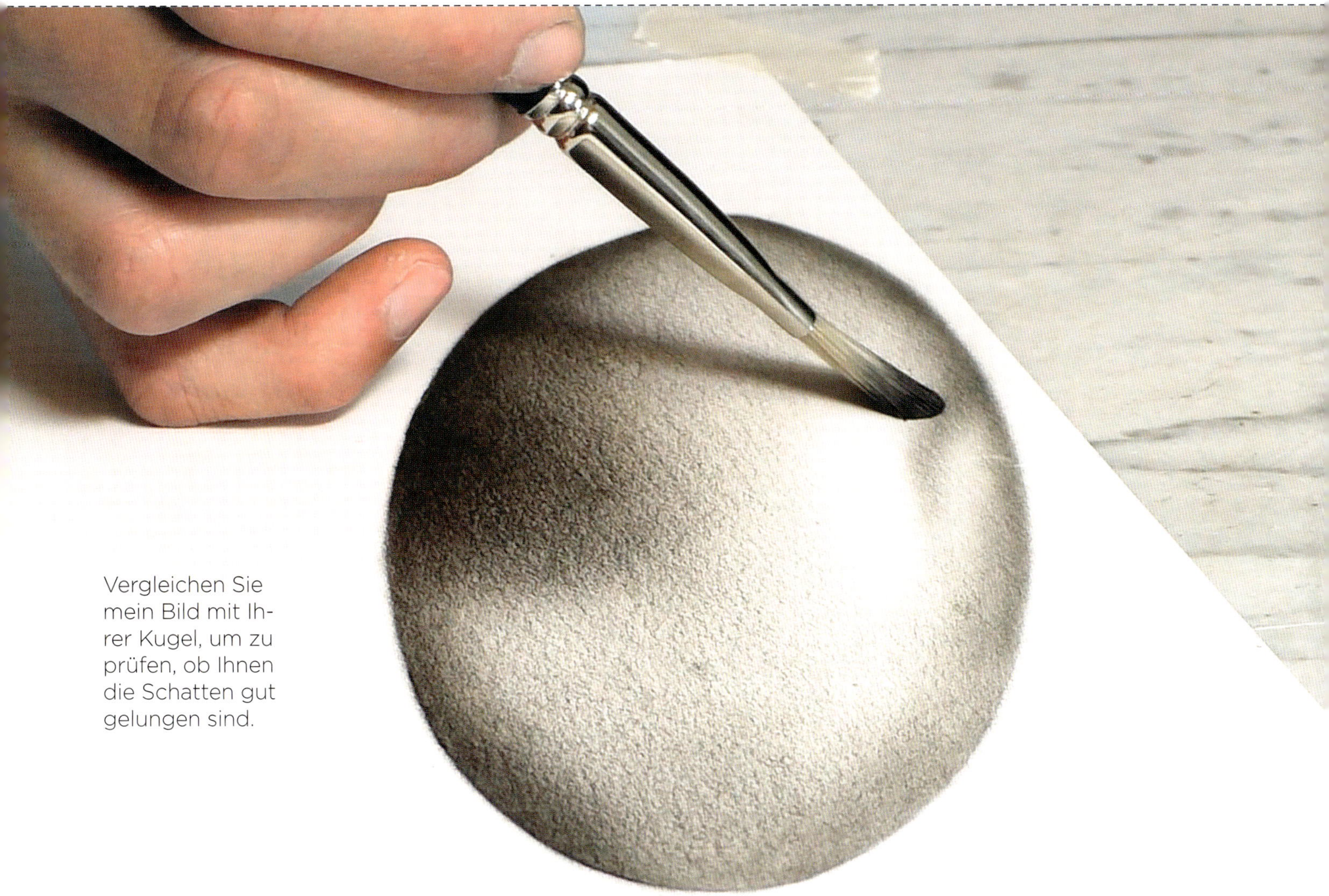

Vergleichen Sie mein Bild mit Ihrer Kugel, um zu prüfen, ob Ihnen die Schatten gut gelungen sind.

MIT DICKEN PINSELN MALT MAN LEICHT ÜBER DIE KONTURLINIEN HINAUS. UM DAS ZU VERMEIDEN, DREHEN SIE DEN PINSEL AM RAND DER KUGEL UND FÜHREN DIE STRICHE ZUR MITTE HIN.

KUGEL

4

DIE DETAILS

Mit großen Pinseln lässt sich Farbe gleichmäßig auftragen, aber sie eignen sich hauptsächlich für größere Flächen. Für die Ränder der Kugel und andere Feinheiten den Pinsel Nr. 4 verwenden. Es ist wichtig, dass die äußere Kontur der Kugel klar und scharf aussieht.

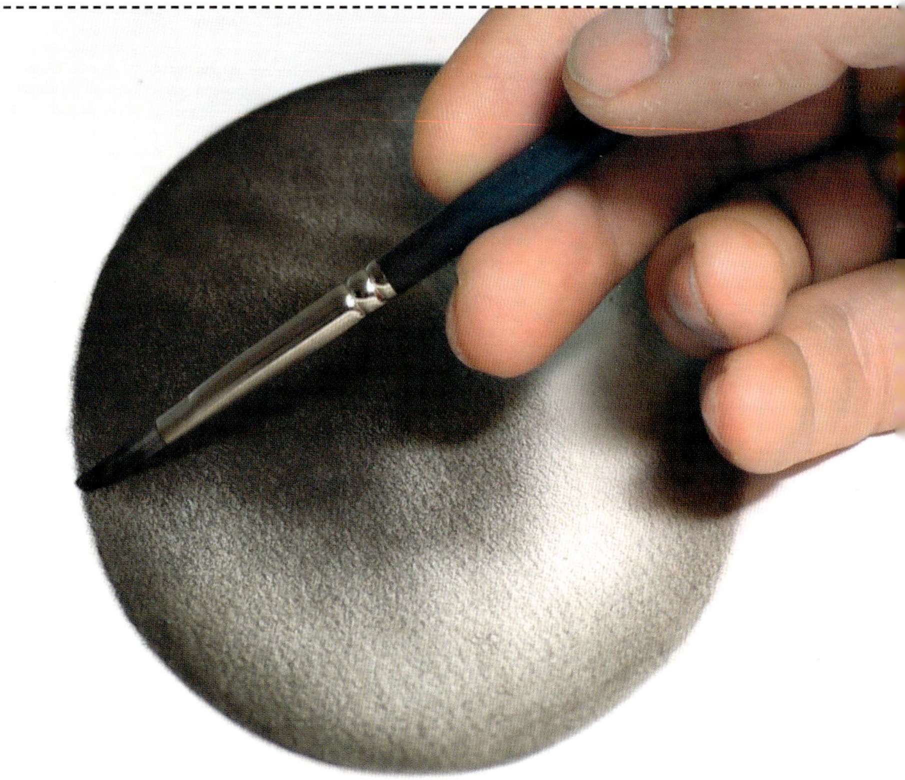

5

DER SCHLAGSCHATTEN

Die Kugel sieht fertig aus, hat aber keinen Bezug zum Papier. Sie hängt einfach in der Luft. Eine echte Kugel würde einen Schatten auf ihren Untergrund werfen.

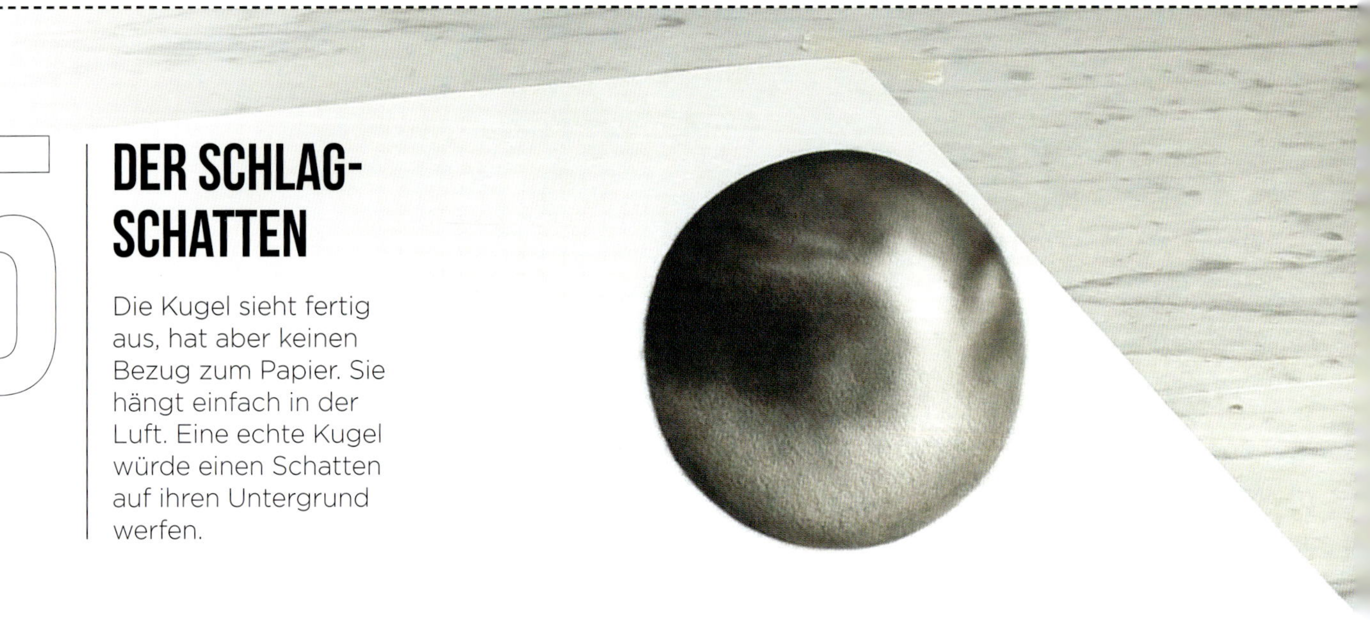

Die Schatten mit leichter Hand und einem fast trockenen Pinsel Nr. 12 (siehe Seite 16) malen. Den Pinsel in der Mitte des Schattenbereichs aufsetzen und mit leichtem Druck und gleichmäßigen, kreisförmigen Bewegungen führen.

Der Schlagschatten hat eine ovale Form, aber am Rand einen fließenden Hell-Dunkel-Verlauf. Beim Malen des Schattens verringert sich die Farbmenge im Pinsel von selbst, sodass die Striche zum Rand hin blasser ausfallen. Je näher der Schatten der Kugel kommt, desto dunkler ist er, und desto klarer sieht seine Kontur aus. Versuchen Sie, ihn so realistisch wie möglich darzustellen.

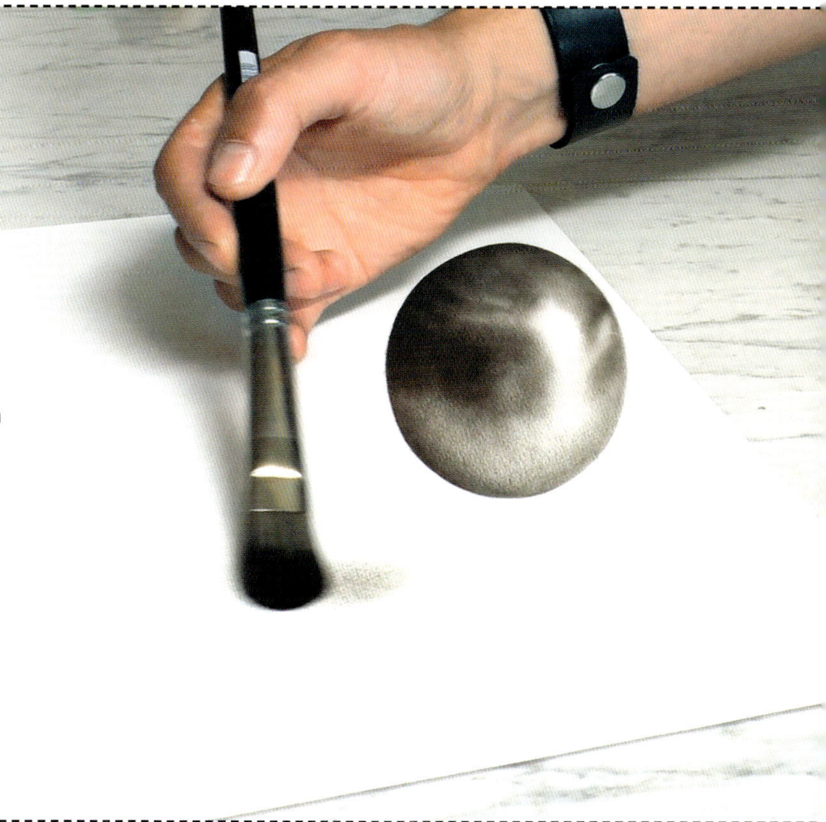

Damit es aussieht, als würde die Kugel über dem Papier schweben, muss der Schatten mit etwas Abstand schräg unter ihr gemalt werden.

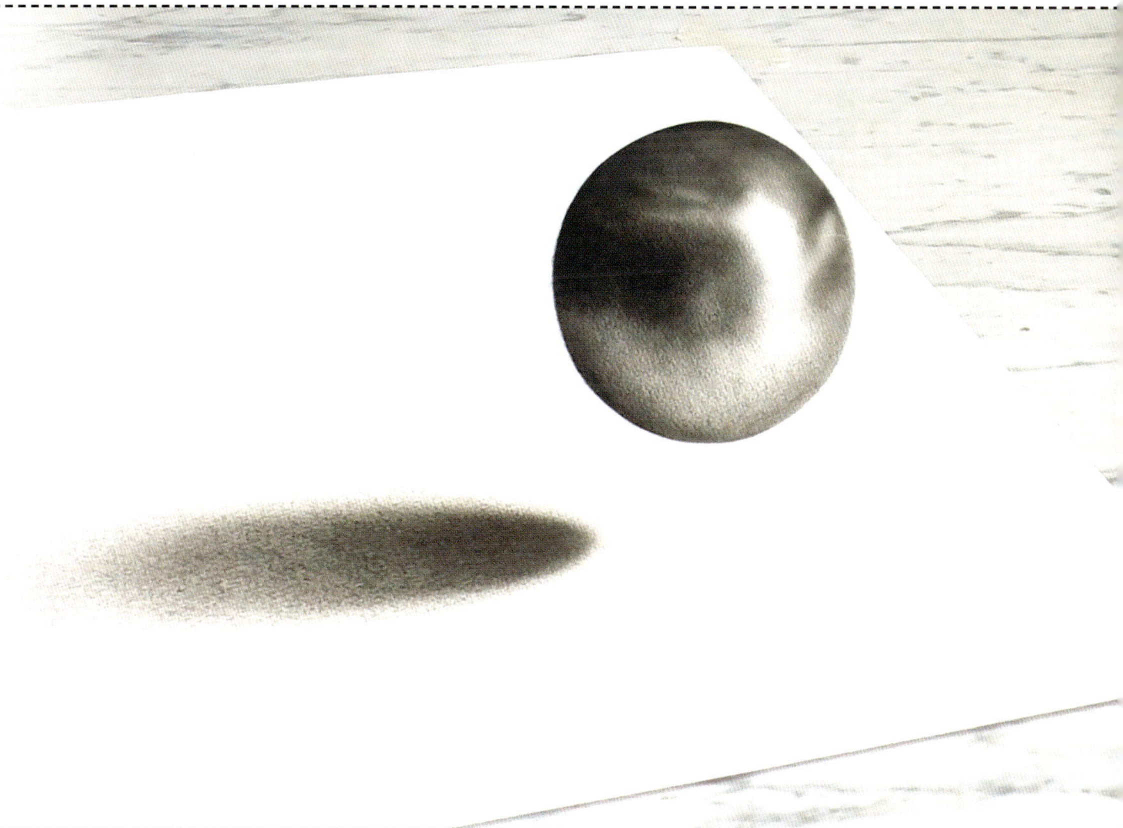

KUGEL

6 KUGEL-RUND

Aus dem richtigen Blickwinkel sollte die Kugel jetzt perfekt rund aussehen. Prüfen Sie den Gesamteindruck: Sieht die Kugel realistisch aus? Ist der Schatten dunkel genug?

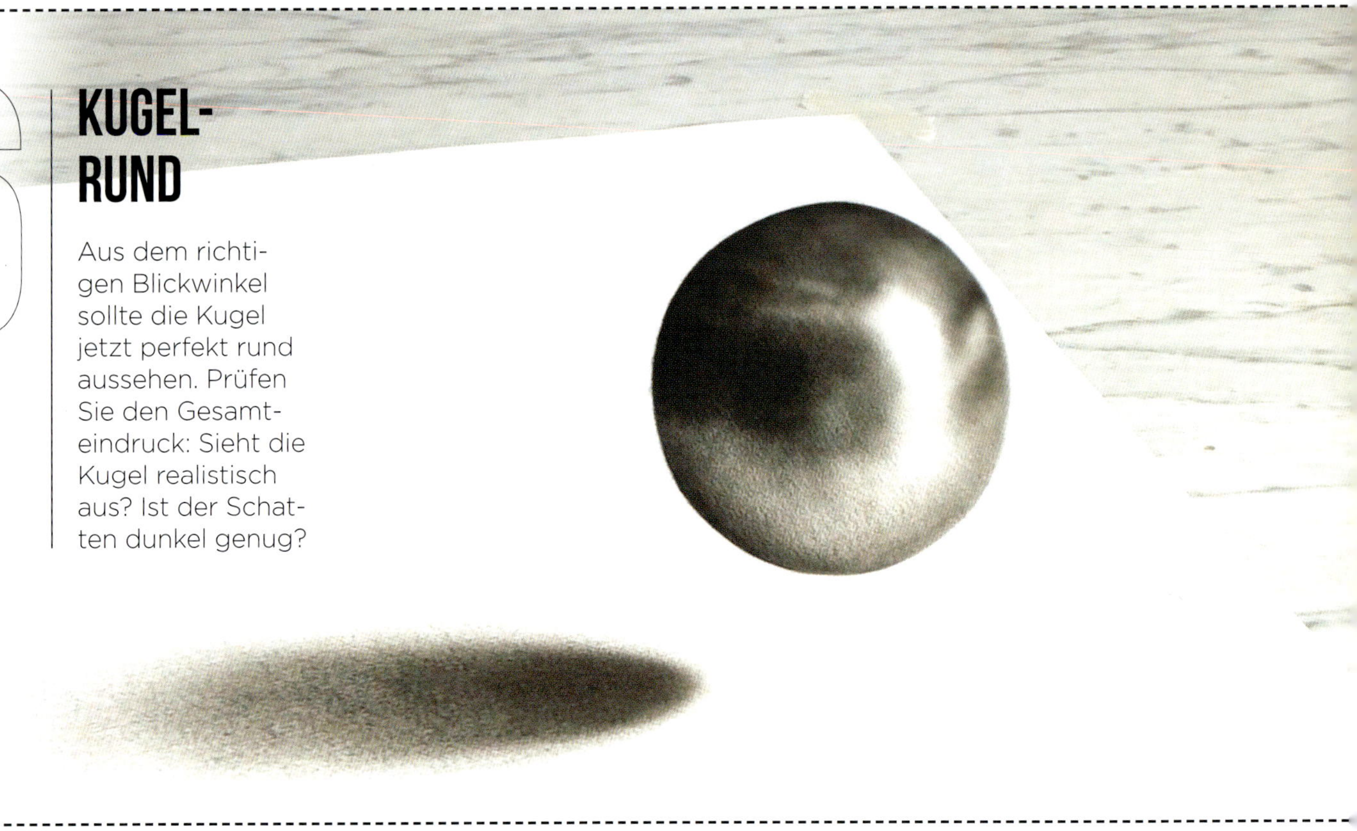

Ich fand, dass in meiner Zeichnung die Kontur nicht scharf genug aussah. Darum habe ich sie mit dem Bleistift nachgezogen.

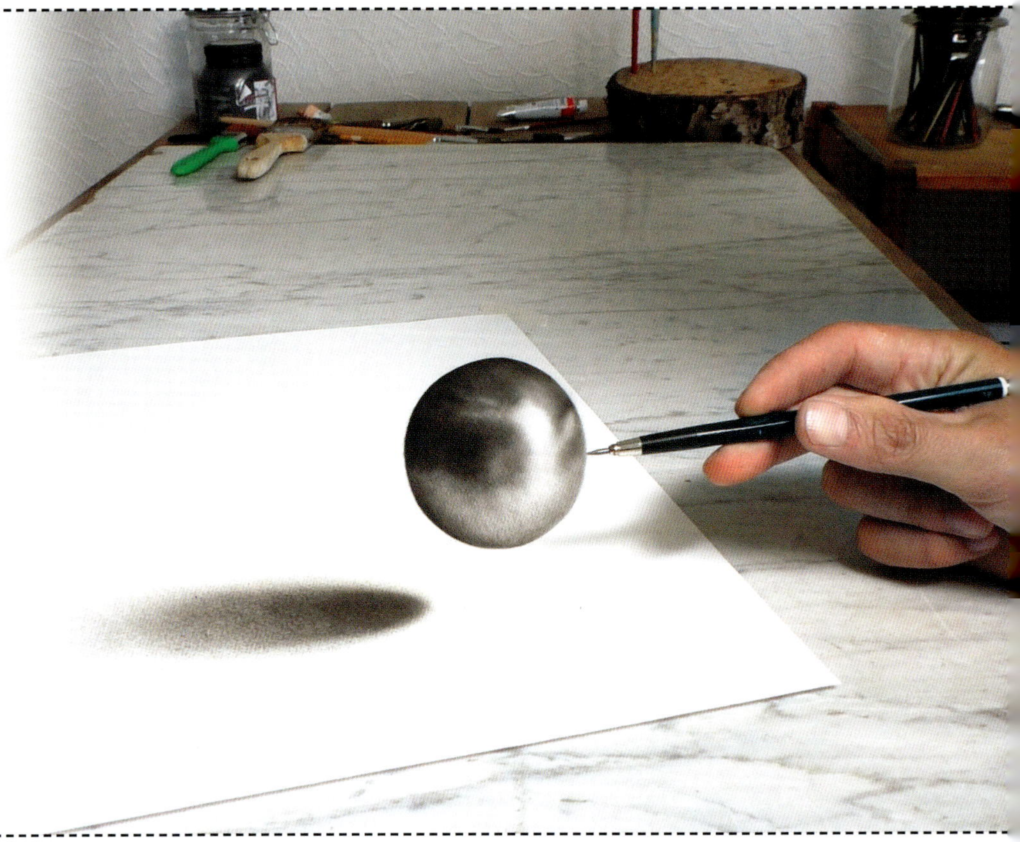

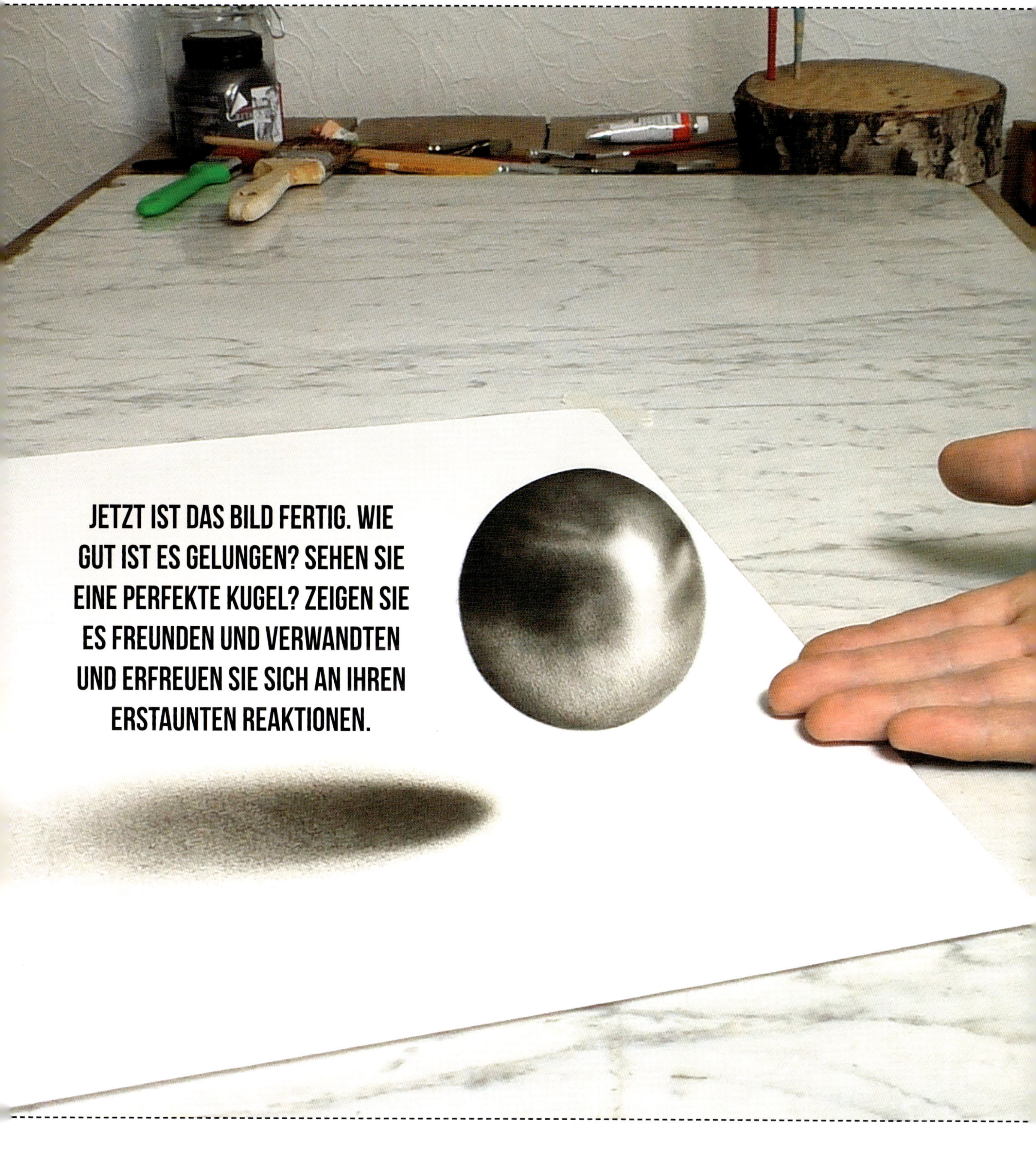

JETZT IST DAS BILD FERTIG. WIE GUT IST ES GELUNGEN? SEHEN SIE EINE PERFEKTE KUGEL? ZEIGEN SIE ES FREUNDEN UND VERWANDTEN UND ERFREUEN SIE SICH AN IHREN ERSTAUNTEN REAKTIONEN.

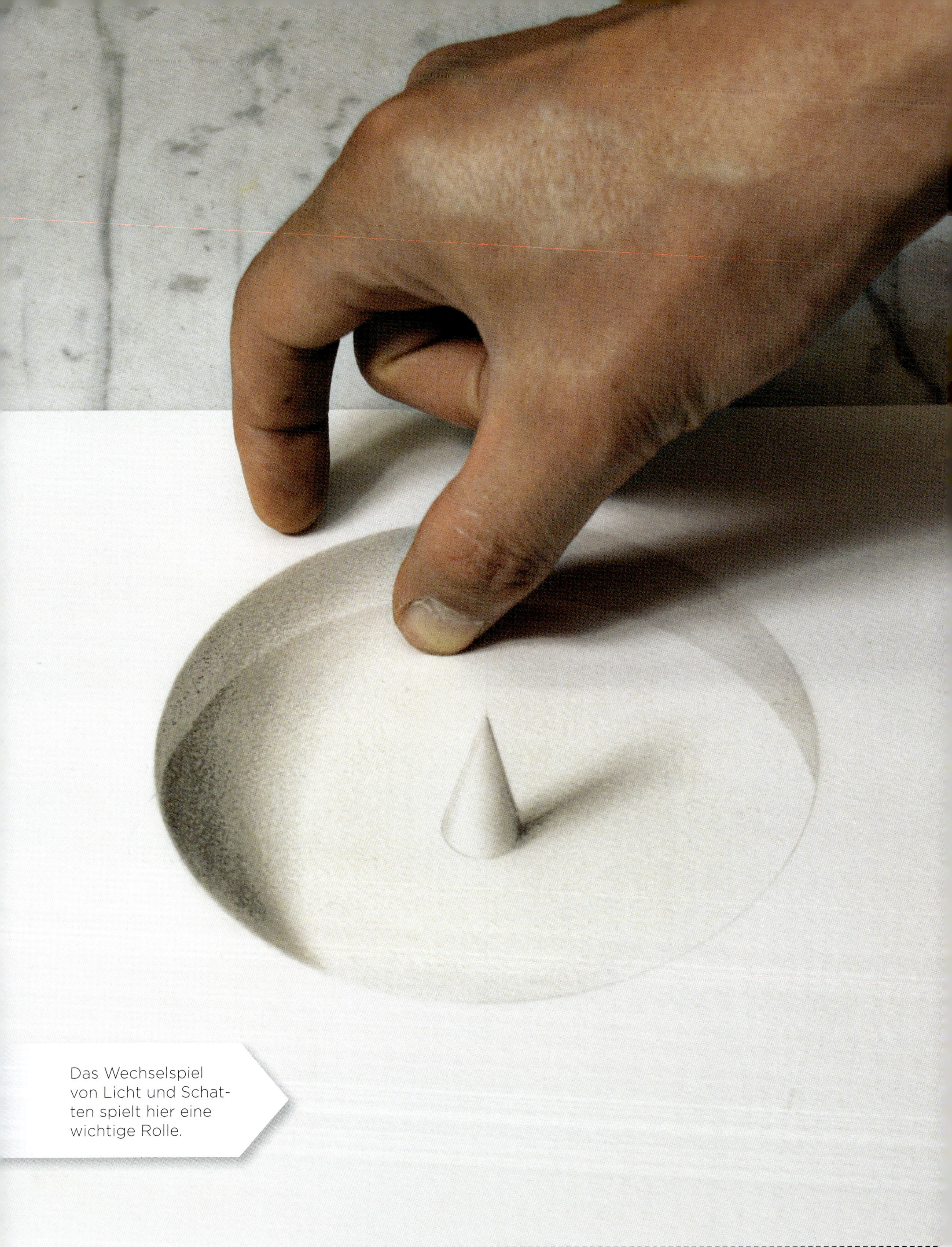

Das Wechselspiel von Licht und Schatten spielt hier eine wichtige Rolle.

PROJEKT DREI

LOCH

Im Gegensatz zu anderen Projekten, die sich über dem Papier zu erheben scheinen, geht es bei diesem Beispiel optisch in die Tiefe. Das Motiv ist recht einfach, sieht aber eindrucksvoll aus. Wenn der Eindruck entsteht, man könnte etwas in das Loch hineinlegen, ist Ihnen die optische Täuschung gelungen. Das lässt sich mit korrekten Schatten und einigen Tricks bewerkstelligen.

MATERIAL

- Bleistift
- Zeichenpapier mit leicht rauer Oberfläche (DIN A3)
- CD oder ähnliches Objekt als Schablone
- Lineal
- Ölfarbe in Schwarz
- Aquarellpinsel, Synthetikhaar, Nr. 4 und 12

1 ZEICHNEN

Mit dem Bleistift eine senkrechte Linie in die Mitte des Papiers zeichnen. Die CD (oder eine andere kreisrunde Schablone) auf die Linie legen und den Umriss nachzeichnen. Nun die CD auf der Linie ca. 1,25 cm verschieben und in den ersten Kreis hinein einen halben Kreisumriss zeichnen.

Die untere Hälfte des kleinen Lochs in der Mitte der CD nachzeichnen. Mit dem Lineal auf diesen Halbkreis einen Kegel zeichnen. So soll Ihre Zeichnung jetzt aussehen:

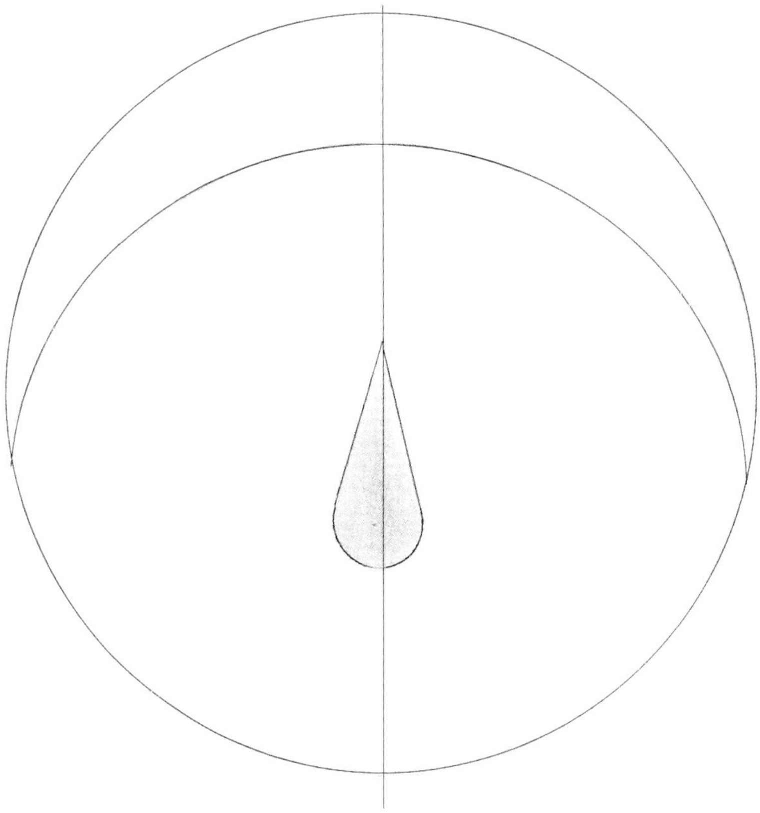

LOCH

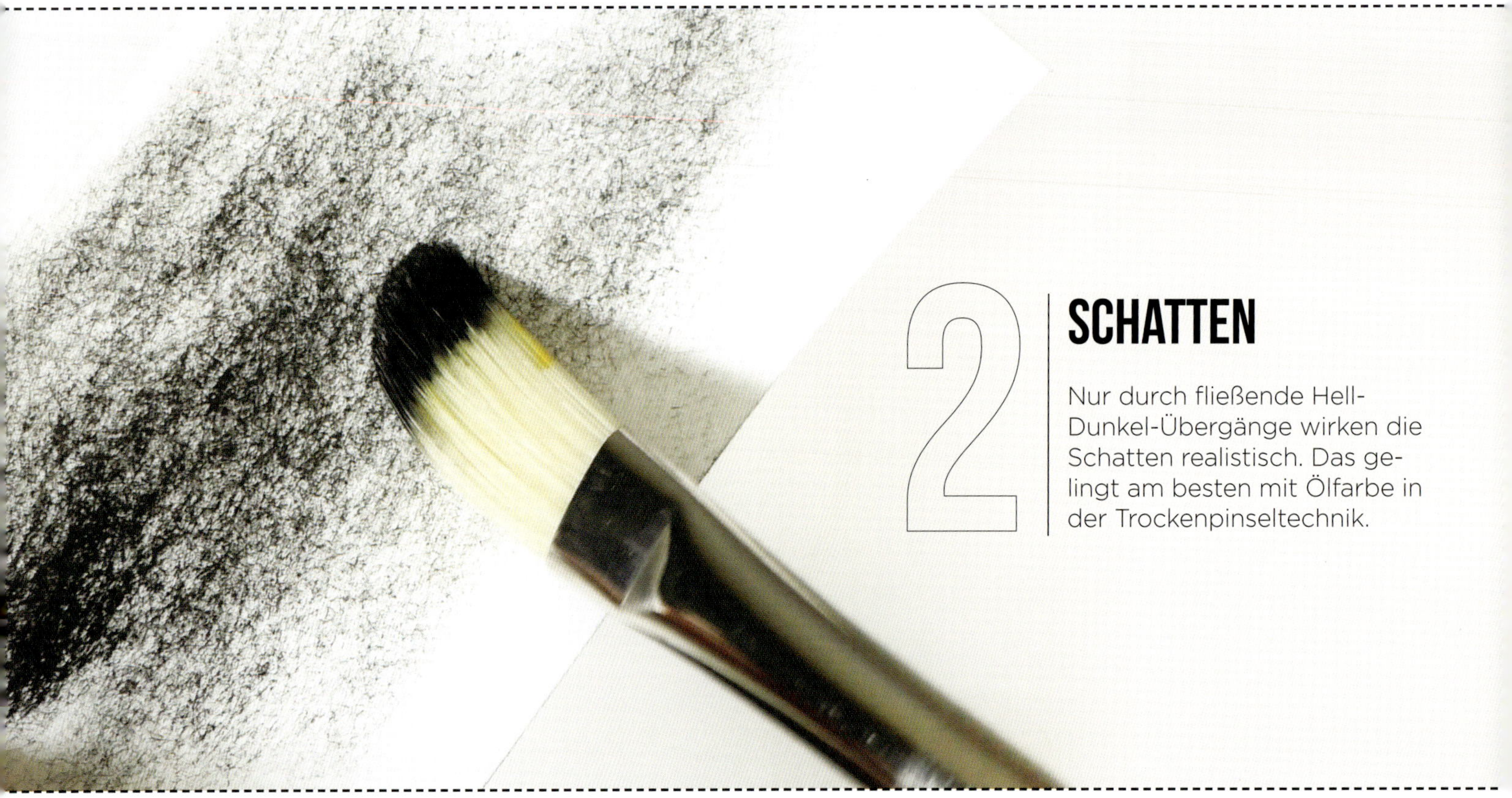

2 SCHATTEN

Nur durch fließende Hell-Dunkel-Übergänge wirken die Schatten realistisch. Das gelingt am besten mit Ölfarbe in der Trockenpinseltechnik.

Mit dem Pinsel Nr. 12 etwas schwarze Ölfarbe aufnehmen, dann über ein Stück raues Papier streichen, bis sich der Pinsel fast trocken anfühlt. Jedes Mal nach dem Aufnehmen von Farbe den Pinsel in dieser Weise abstreifen.

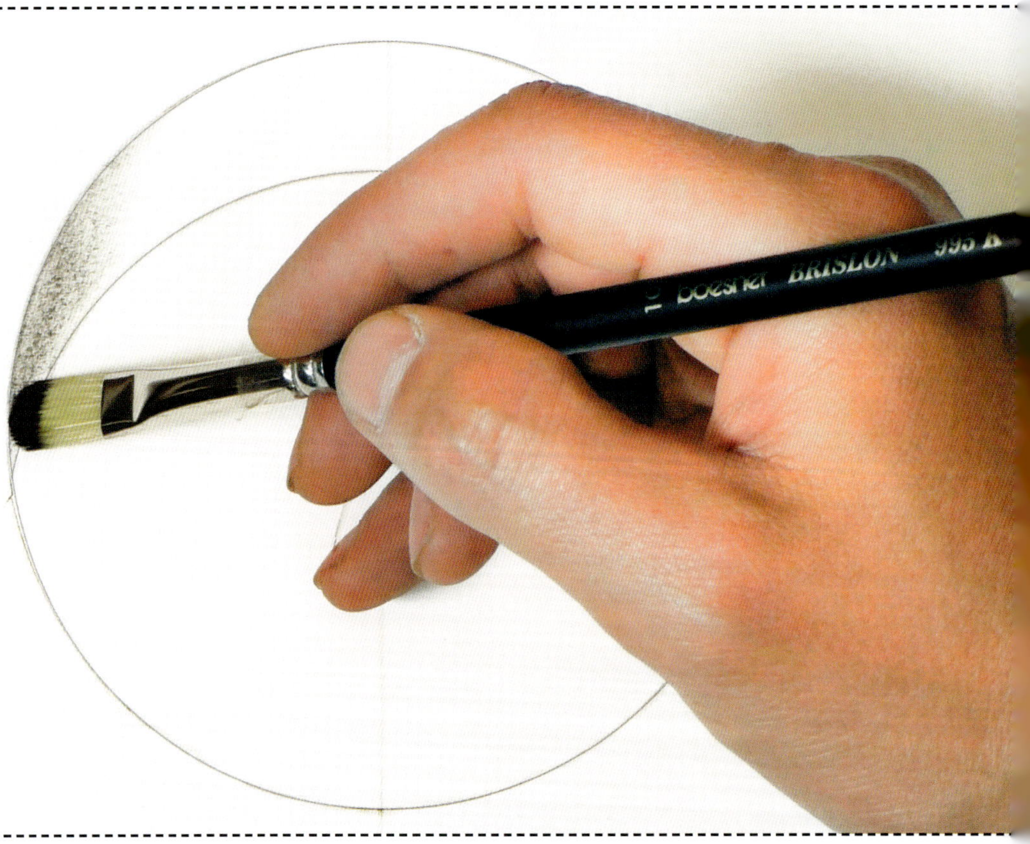

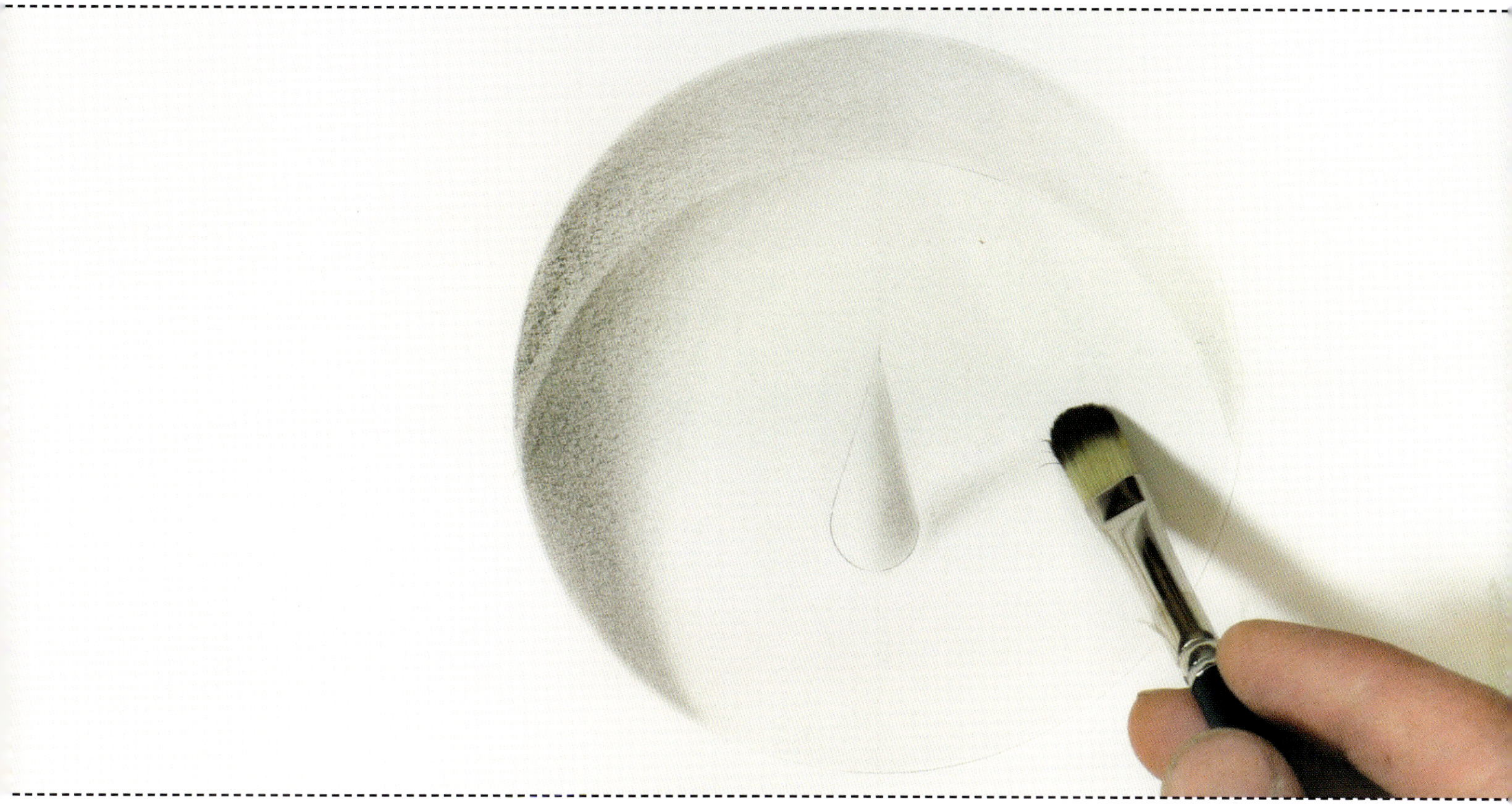

Den dicken Pinsel
für größere Flächen
verwenden, den dün-
nen nur für kleinere.
Es ist kaum möglich,
größere Flächen mit
einem dünnen Pinsel
gleichmäßig zu
schattieren.

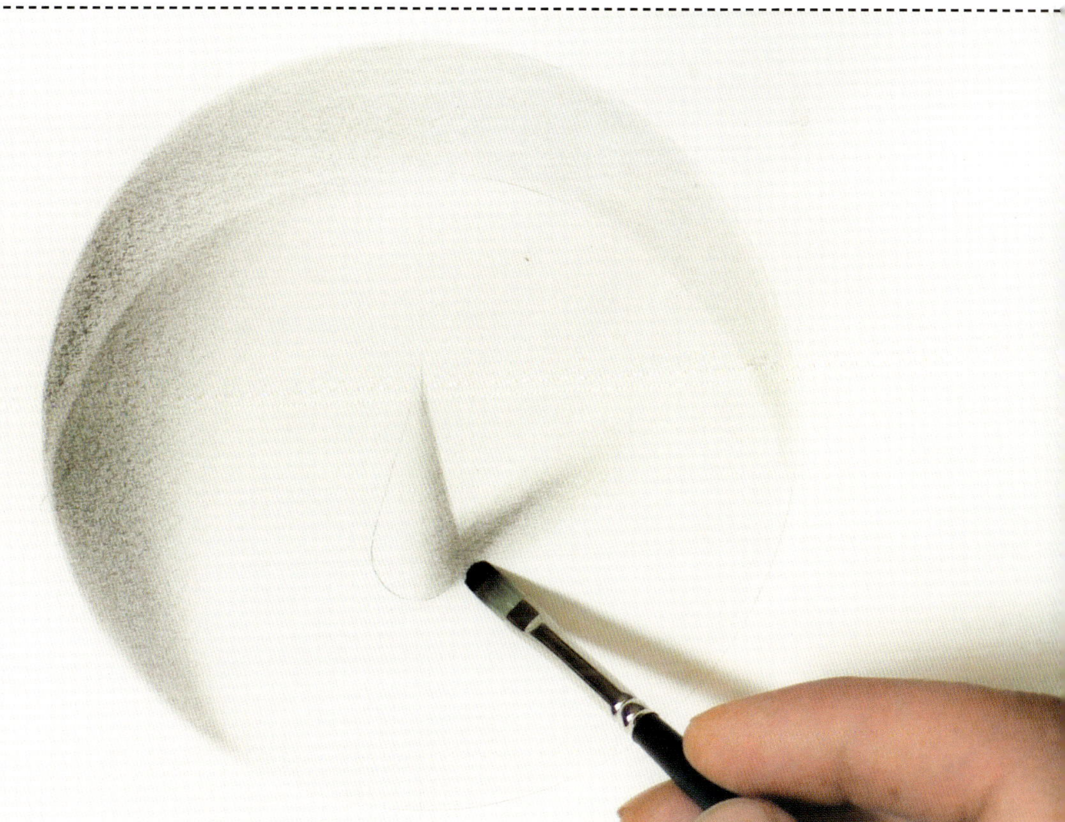

LOCH

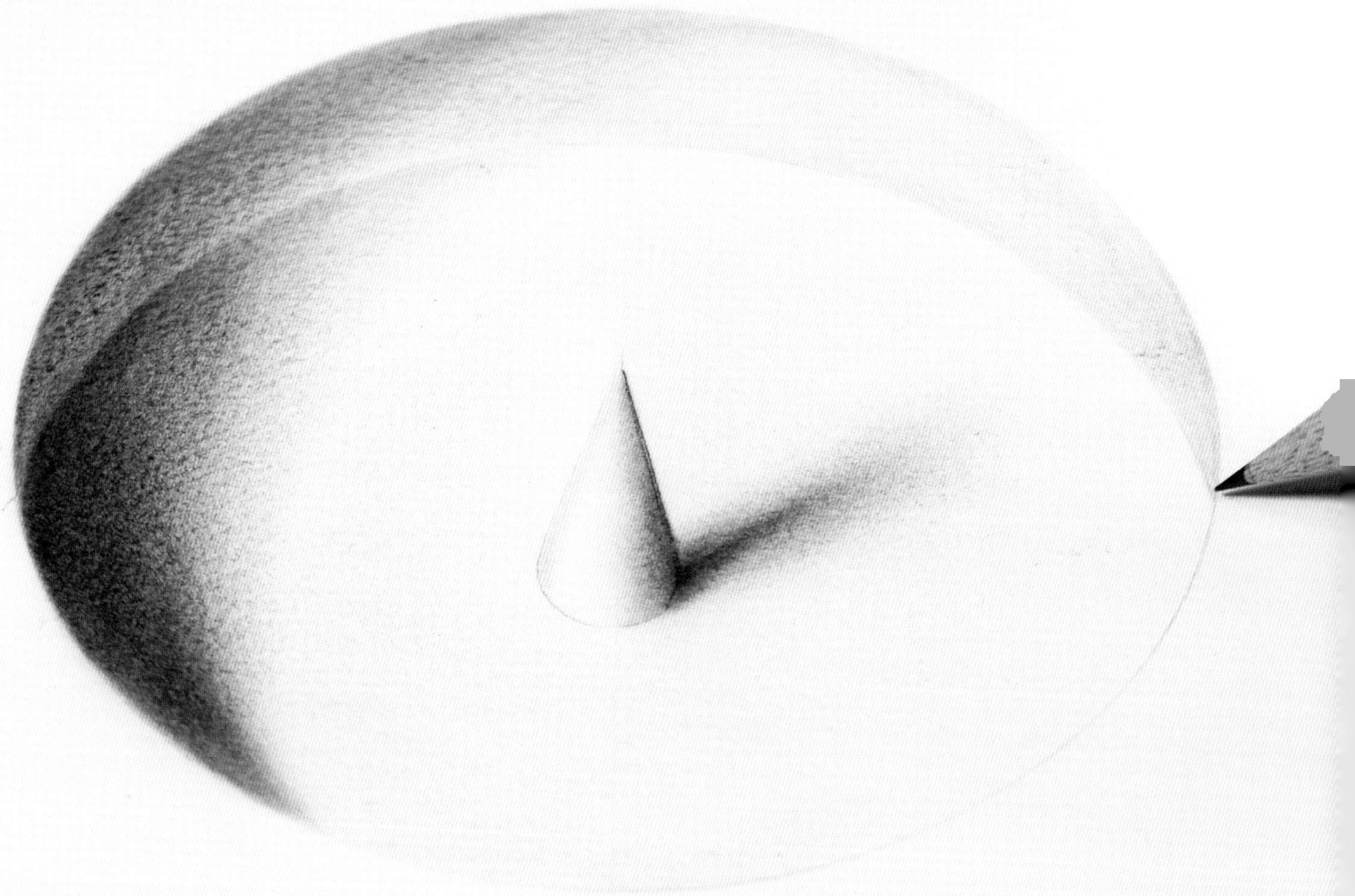

3 FERTIGSTELLUNG

Die Umrisse des Lochs und die Spitze des Kegels mit einem spitzen Bleistift scharf nachzeichnen.

Begutachten Sie das Bild jetzt aus größerem Abstand. Sieht es dreidimensional aus? Ist irgendwo zu erkennen, dass es nur eine Zeichnung auf zweidimensionalem Papier ist? Müssen vielleicht einige Schatten abgedunkelt werden? Wenn alles gelungen ist, sollte das Loch überzeugend aussehen – aber nur, wenn man es aus einem Winkel von etwa 45 Grad von der Seite sieht.

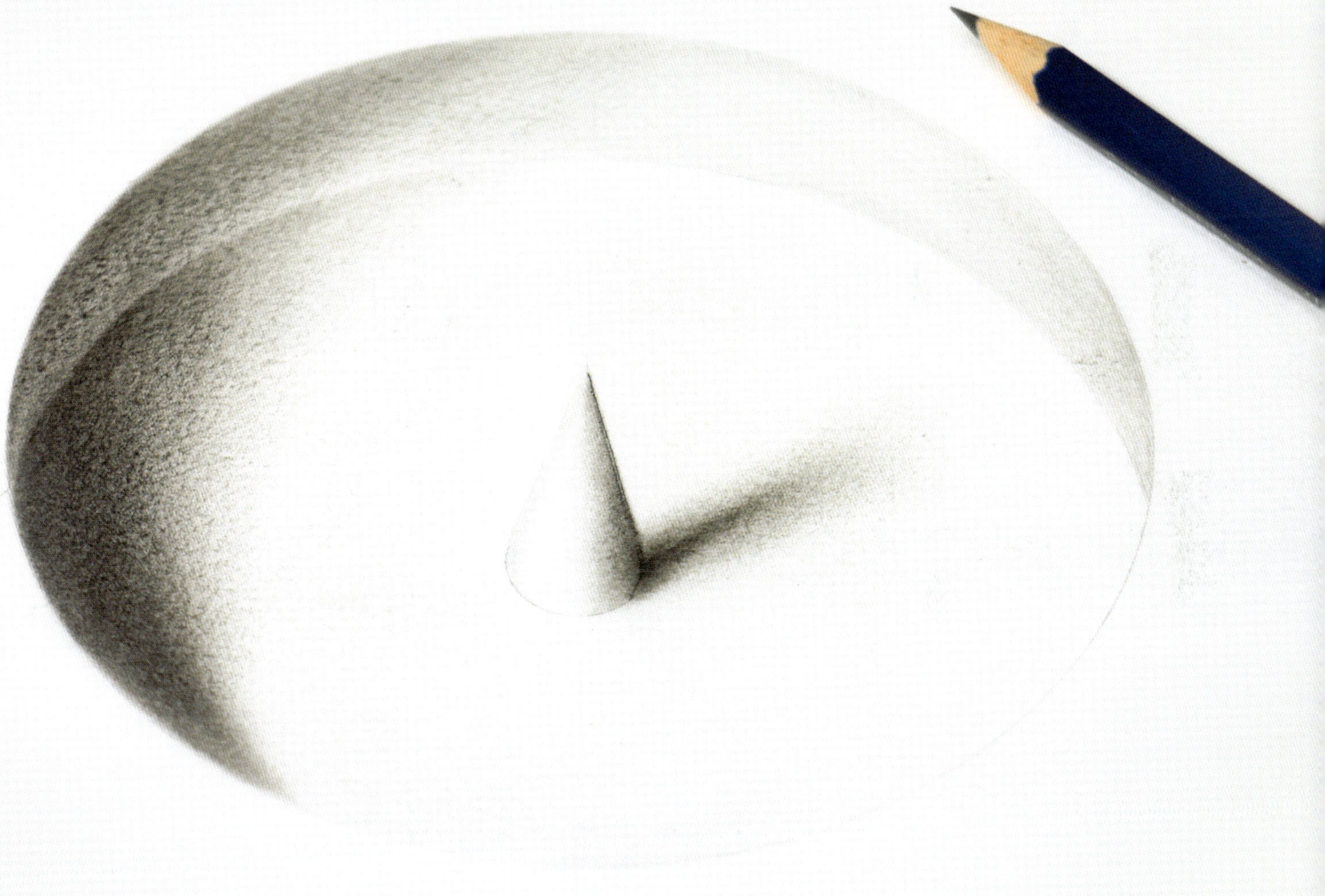

BEIM BETRACHTEN AUS GRÖSSEREM ABSTAND SIND KLEINE FEHLER LEICHTER ZU ERKENNEN.

PROJEKT VIER

LEGO® STEINE

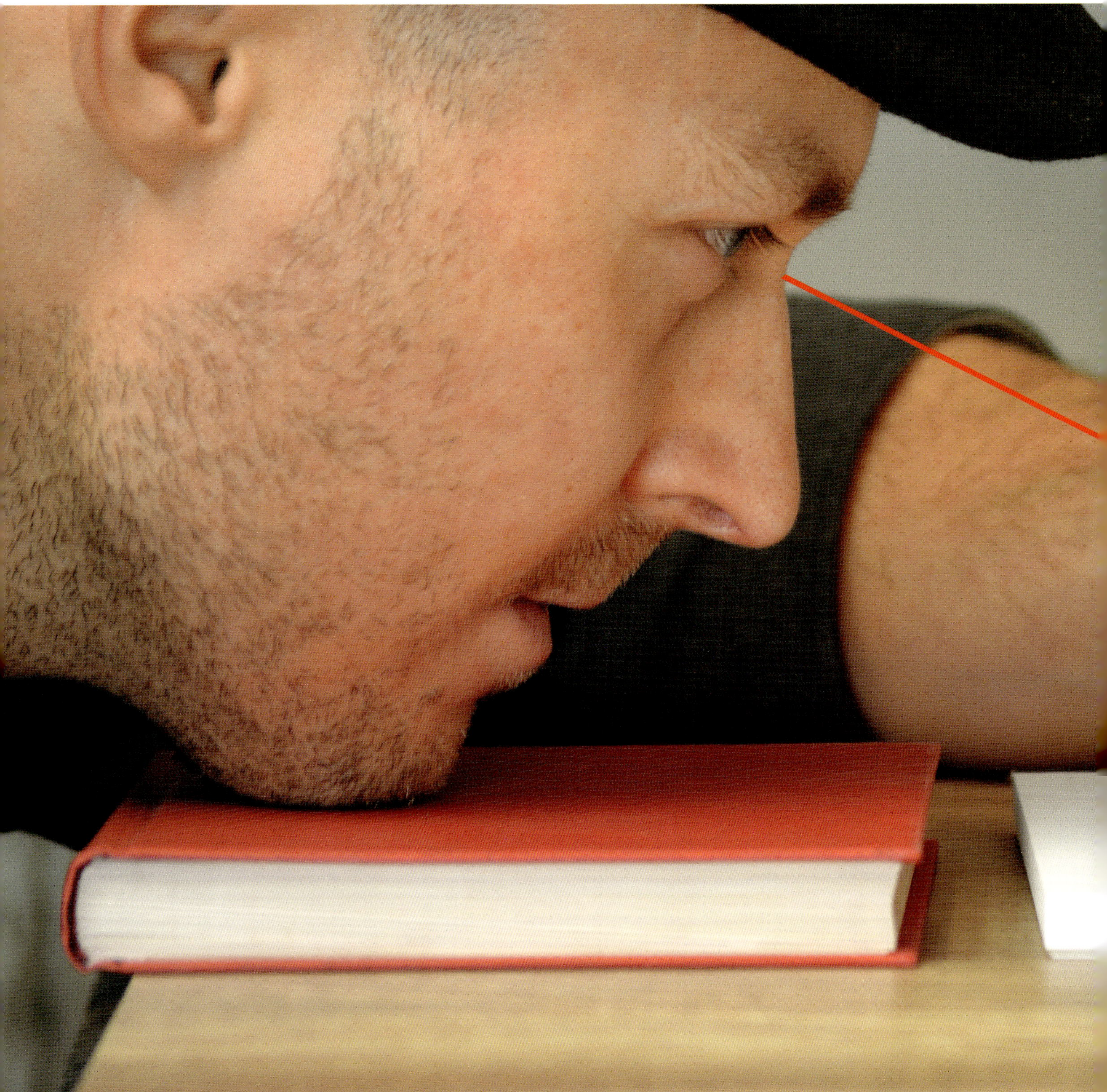

Bei diesem Projekt werden alle bisher gelernten Techniken eingesetzt, außerdem kommt jetzt Farbe ins Spiel. Wer keine Lego® Steine zu Hause hat, kann sich beim Malen und Zeichnen an den Fotos orientieren.

MATERIAL

- Zeichenpapier
- Bleistift
- Ölfarbe in Rot, Grün, Gelb, Schwarz und Weiß
- Aquarellpinsel, Synthetikhaar, verschiedene Größen
- Palette

1 ZEICHNEN

Ein Auge schließen und die Lego® Steine genau betrachten. Das Kinn auf einem Buch abstützen, aufs Papier schauen und die Umrisse der Legos zeichnen – falls nötig, mit einem Lineal, damit die Kanten gerade ausfallen. Die Zeichnung wirkt verzerrt, erscheint aber realistisch, wenn man sie von der Seite sieht.

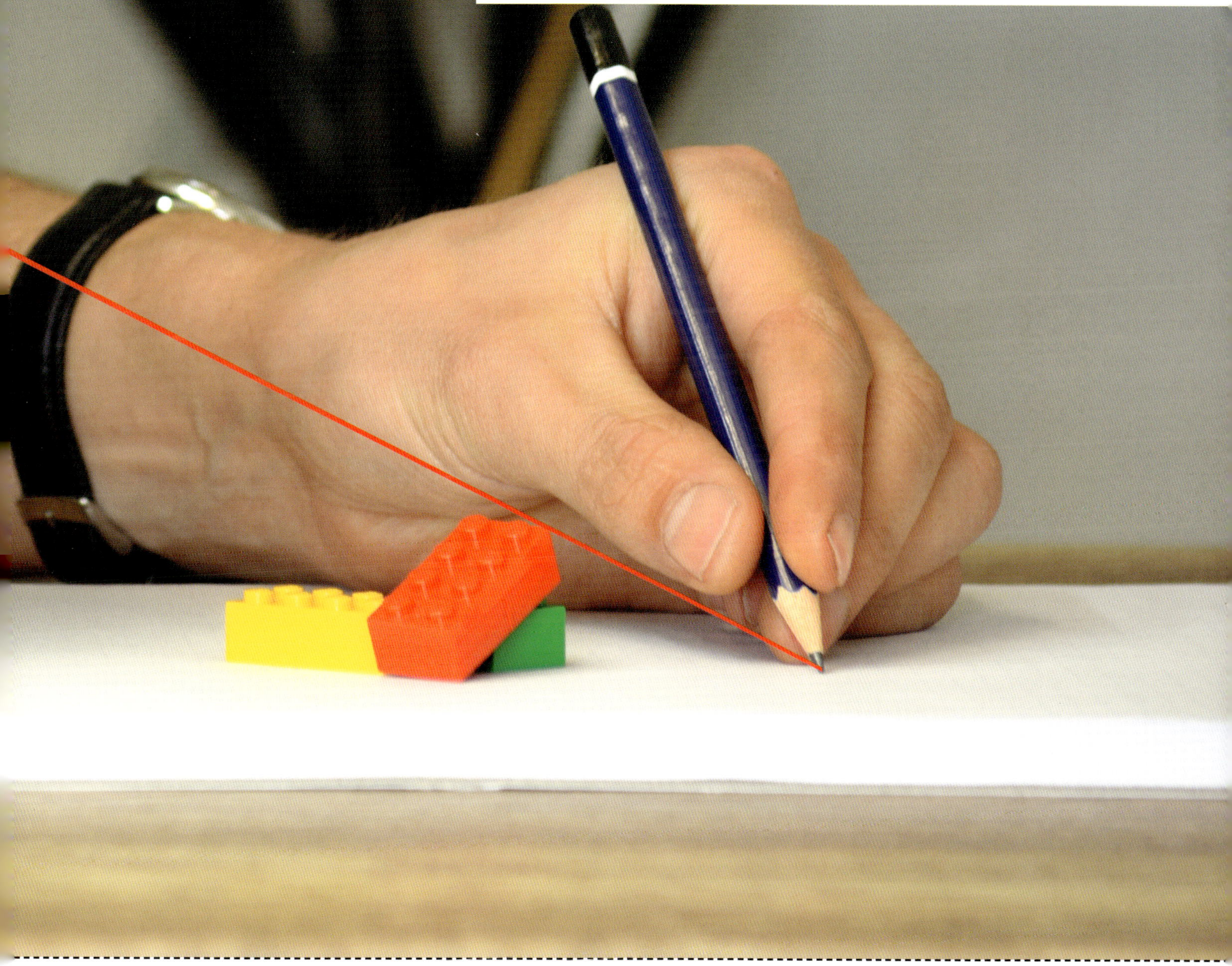

LEGO® STEINE

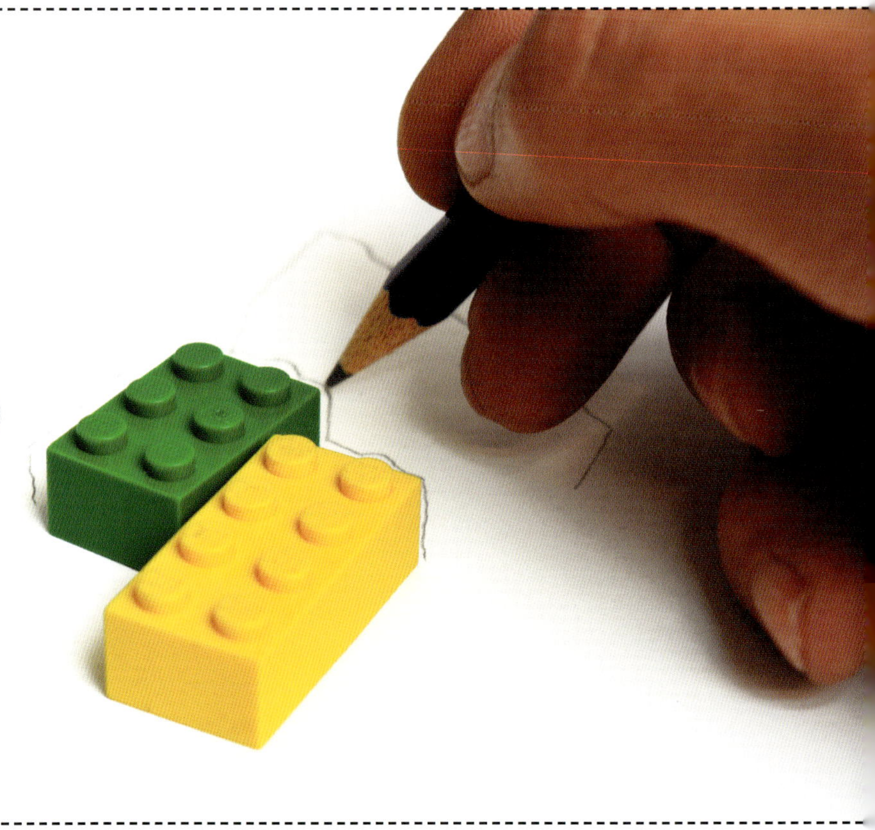

DEN KOPF GANZ RUHIG HALTEN UND DIE UMRISSE SO AKKURAT WIE MÖGLICH ZEICHNEN.

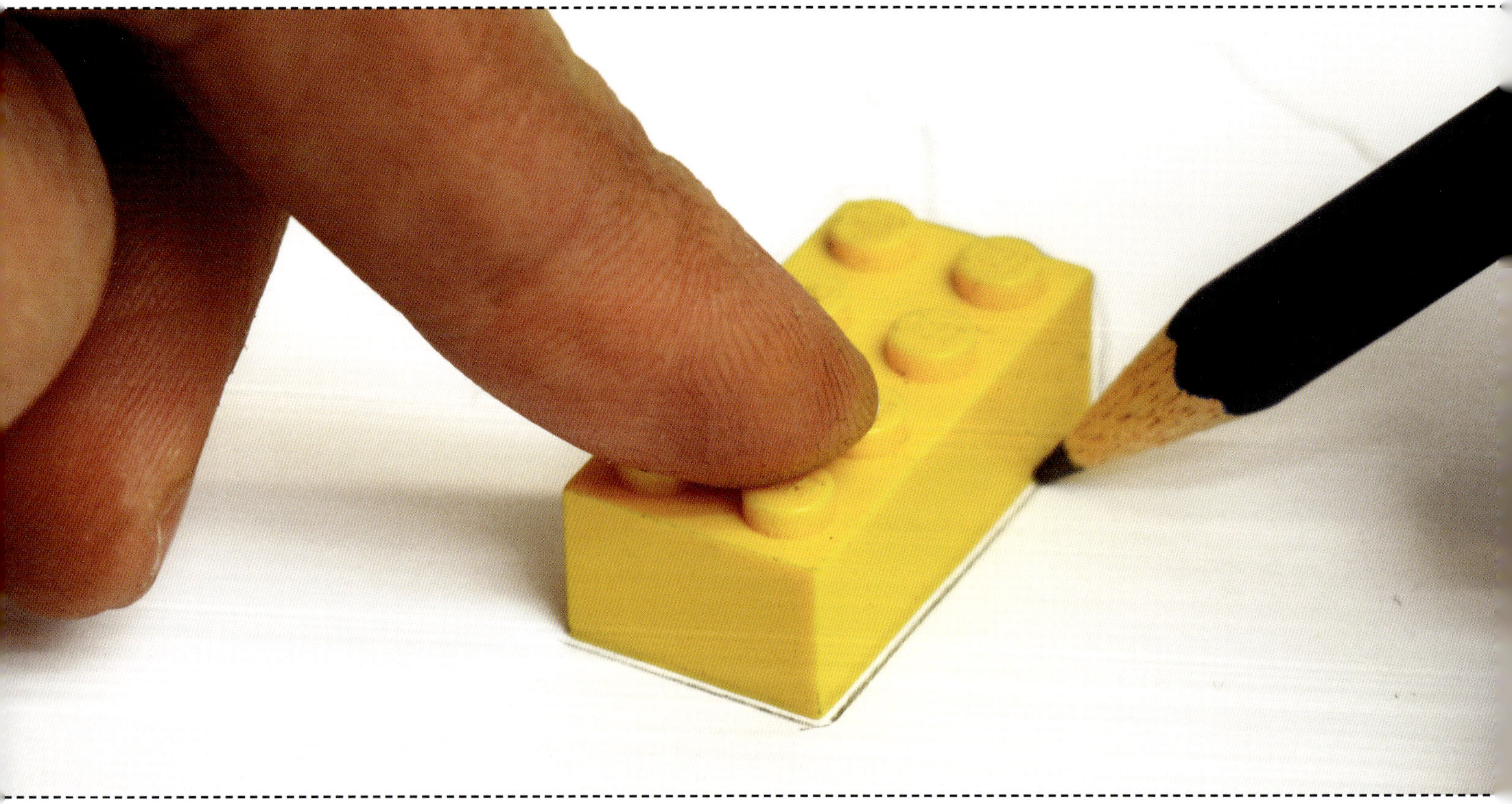

2 MALEN

Wenn die Umrisse gezeichnet sind, können Sie wieder normal sitzen. Sie müssen nun den Kopf bewegen können, um das Objekt beim Malen aus verschiedenen Blickwinkeln zu betrachten.

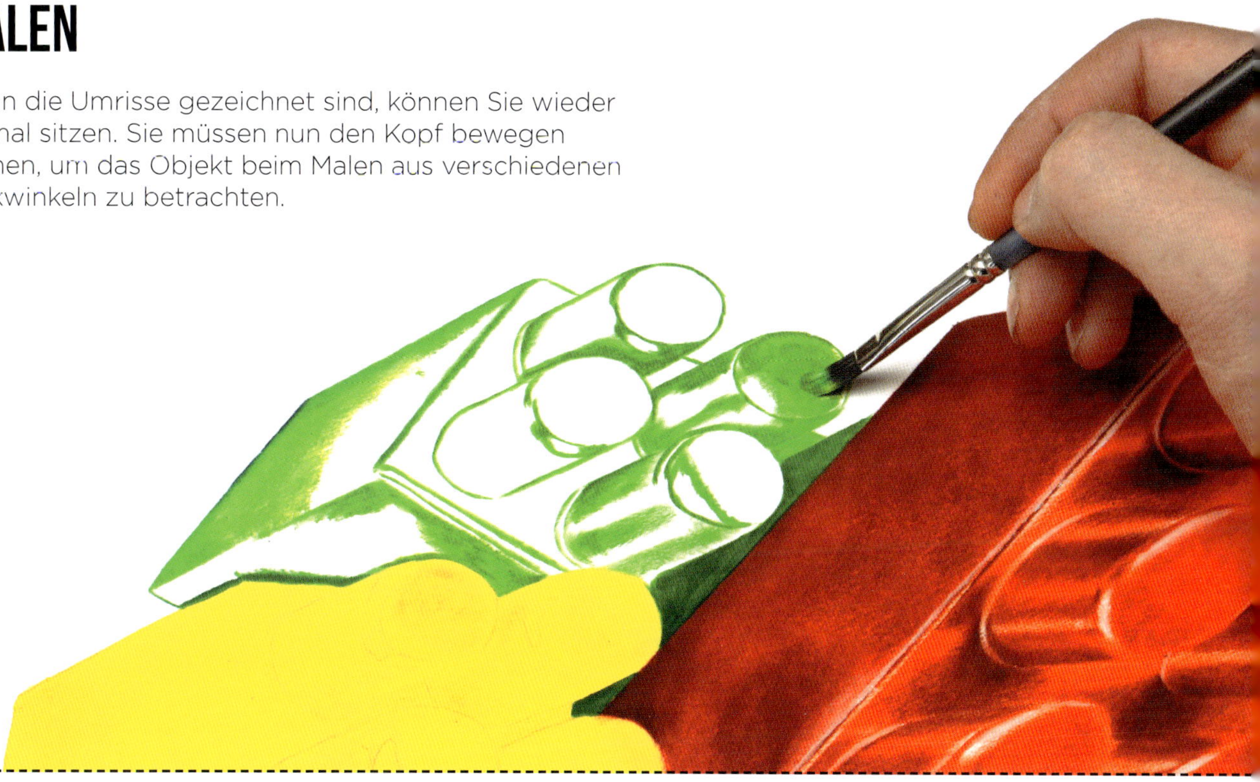

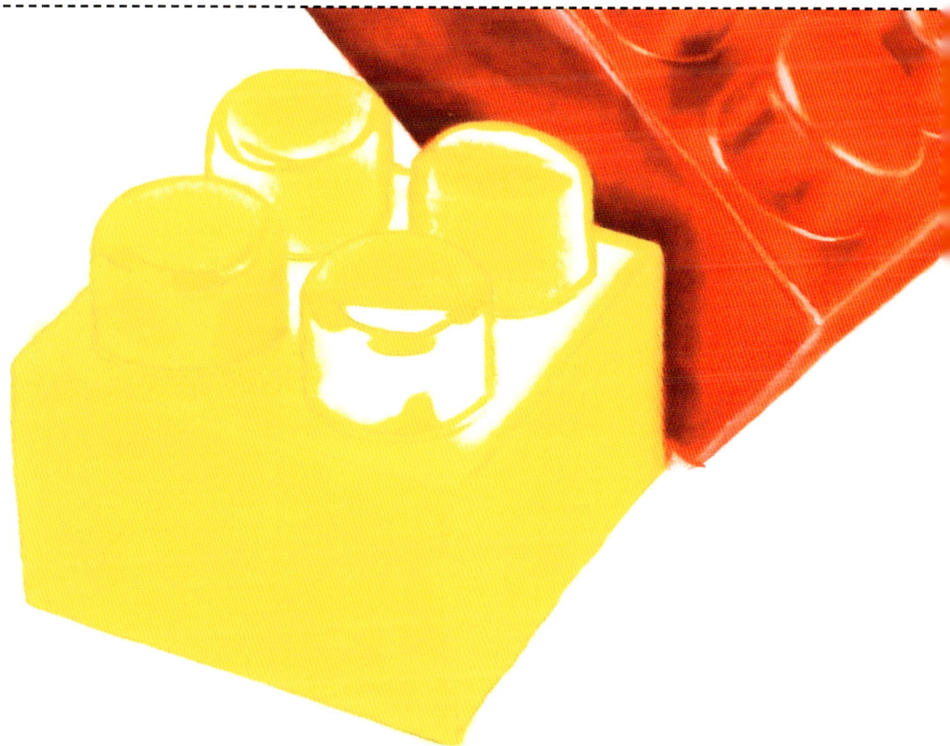

Die Lego® Steine mit Ölfarbe in Rot, Grün und Gelb ausmalen. Auf Schatten wird vorerst verzichtet.

LEGO® STEINE

MIT ÖLFARBEN ENTSTEHT EIN FARBIGES BILD MIT REALISTISCHER DREIDIMENSIONALER WIRKUNG.

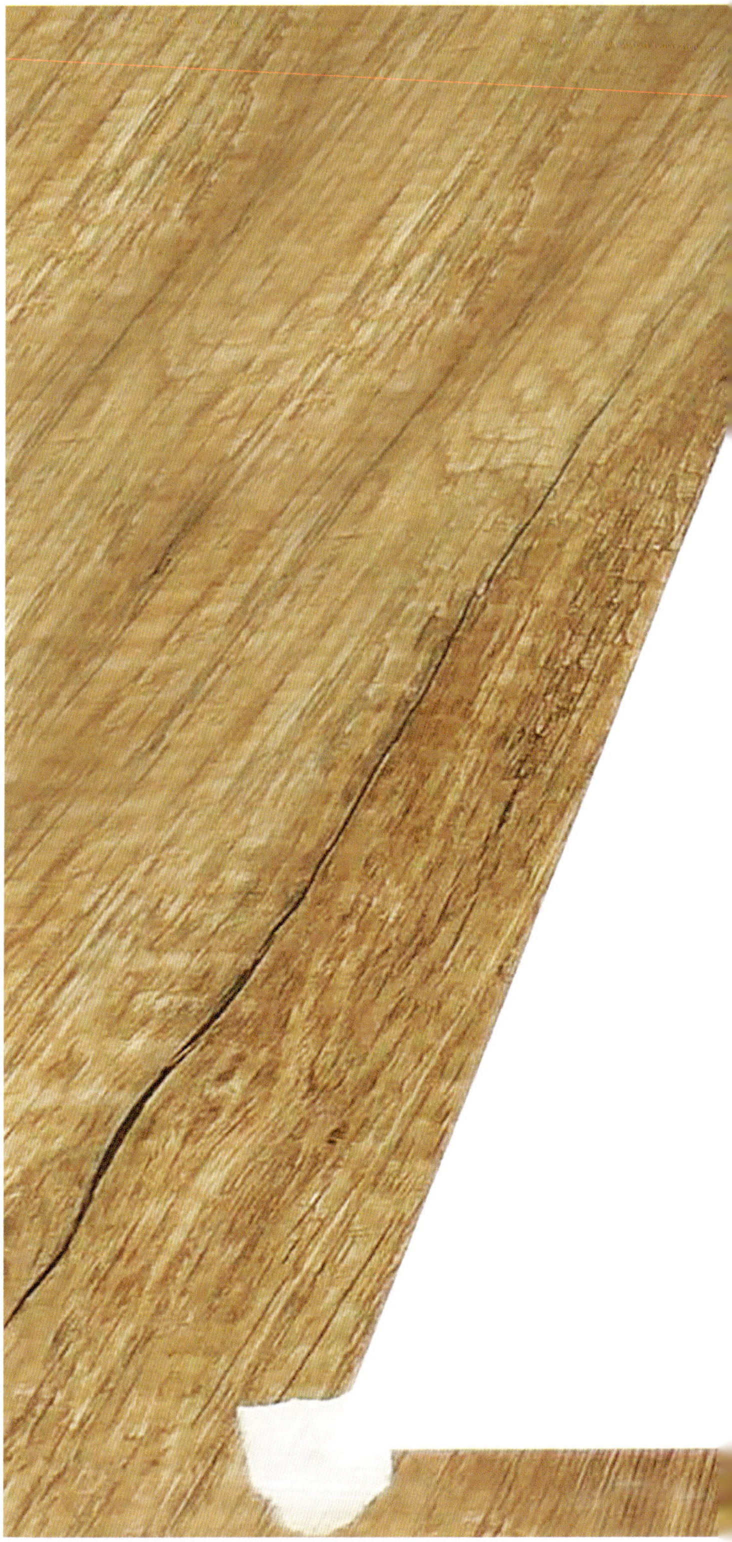

3 SCHATTEN

Zu jeder der drei Grundfarben (Rot, Grün, Gelb) etwas Schwarz geben. Auf der Palette mischen, bis die Farben den Tönen der Legos genau entsprechen. Etwas Farbe mit einem Pinsel aufnehmen, dann über raues Papier streichen, um den Großteil wieder zu entfernen. Es darf nur sehr wenig Farbe auf das Motiv aufgetragen werden.

Den Pinsel im dunkelsten Schattenbereich aufsetzen, leicht aufdrücken und die Farbe gleichmäßig verstreichen. Trägt man mit einem sauberen Pinsel Farbe auf helle Bereiche auf, können sie fleckig oder streifig werden. Nur wenn die Farbe gleichmäßig aufgetragen wird, erscheinen die Legos realistisch.

SCHATTIERUNGEN IMMER VON DUNKEL NACH HELL AUSARBEITEN.

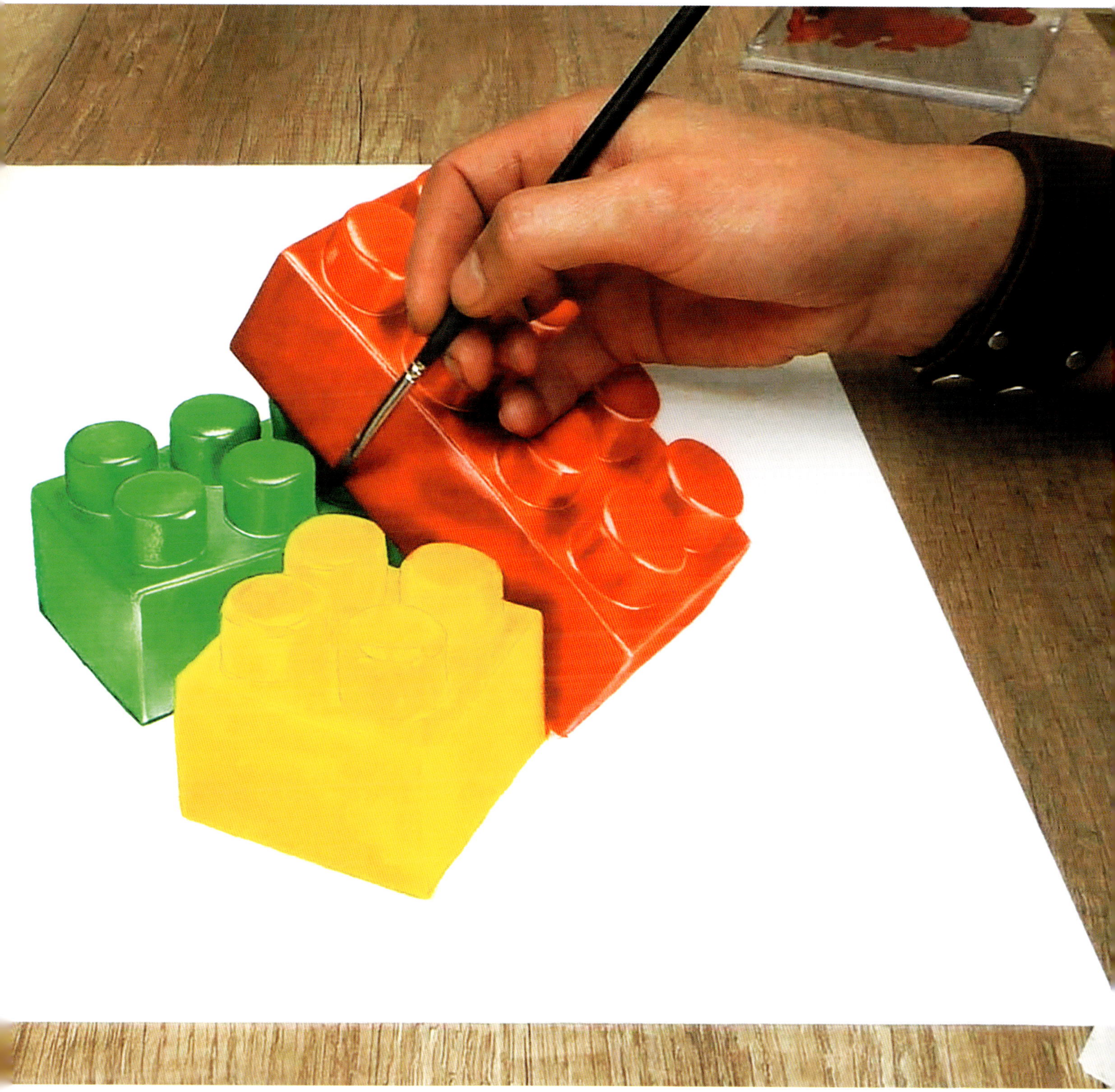

4 DER SCHLAGSCHATTEN

Nun folgen die Schlagschatten, die eine Beziehung zwischen dem Motiv und seinem Hintergrund herstellen. Auch bei diesen Schatten kommt es auf fließende Tonwertübergänge an.

Verwenden Sie einen dicken, sauberen Pinsel. Je dicker der Pinsel, desto gleichmäßiger gelingt der Farbauftrag. Möglichst viel schwarze Farbe mit dem Pinsel aufnehmen.

Mit allen Seiten des Pinsels über raues Papier streichen, bis die Borsten nur noch wenig Farbe abgeben. Der Pinsel soll sich fast trocken anfühlen.

Den Pinsel im dunkelsten Schattenbereich ansetzen und zum helleren hin ziehen. Während des Arbeitens verringert sich die Farbabgabe von selbst. Nun die helleren Bereiche malen. Dadurch entsteht ein fließender Hell-Dunkel-Übergang.

DER SCHLAGSCHATTEN IST FÜR EINE ÜBERZEUGENDE 3D-WIRKUNG VON BEDEUTUNG.

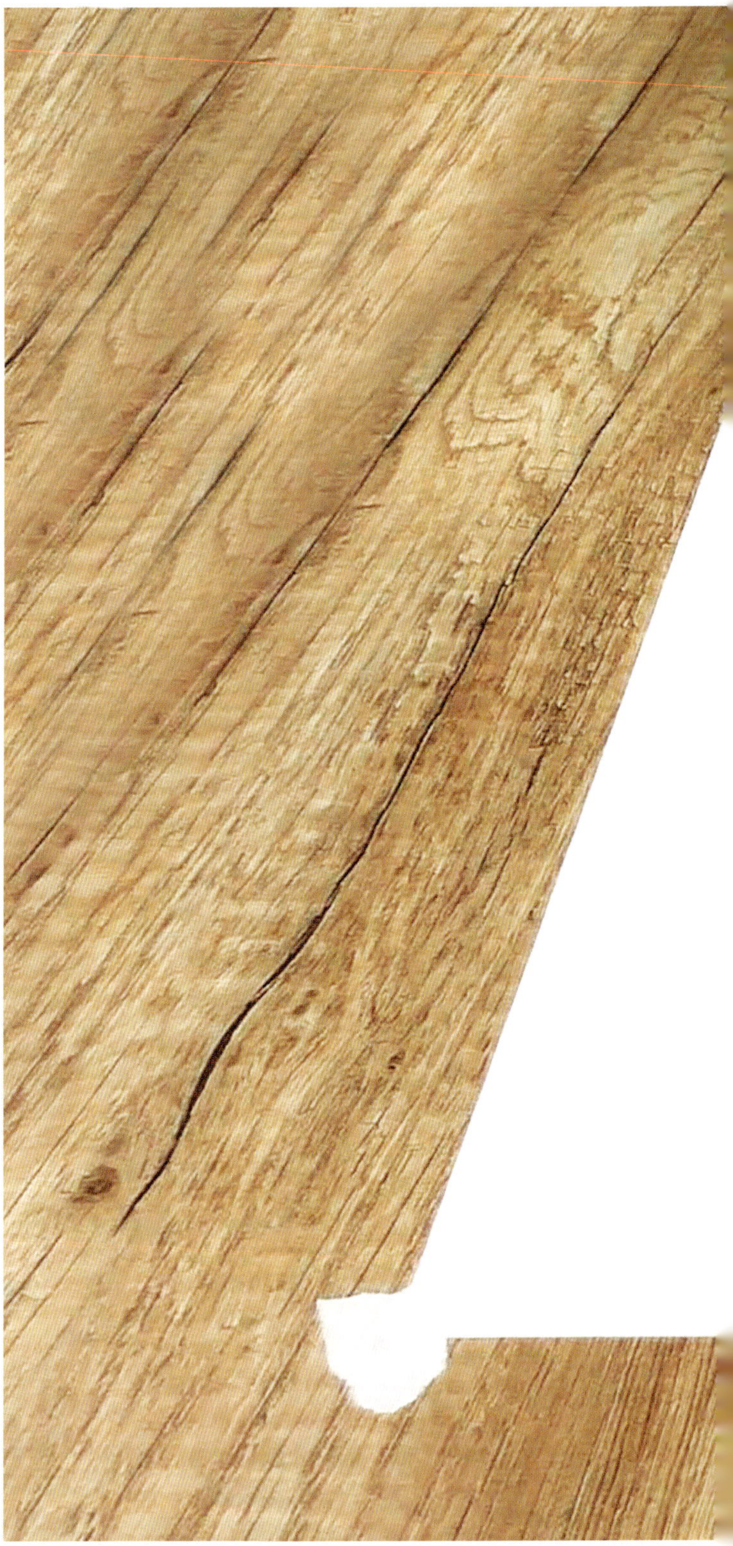

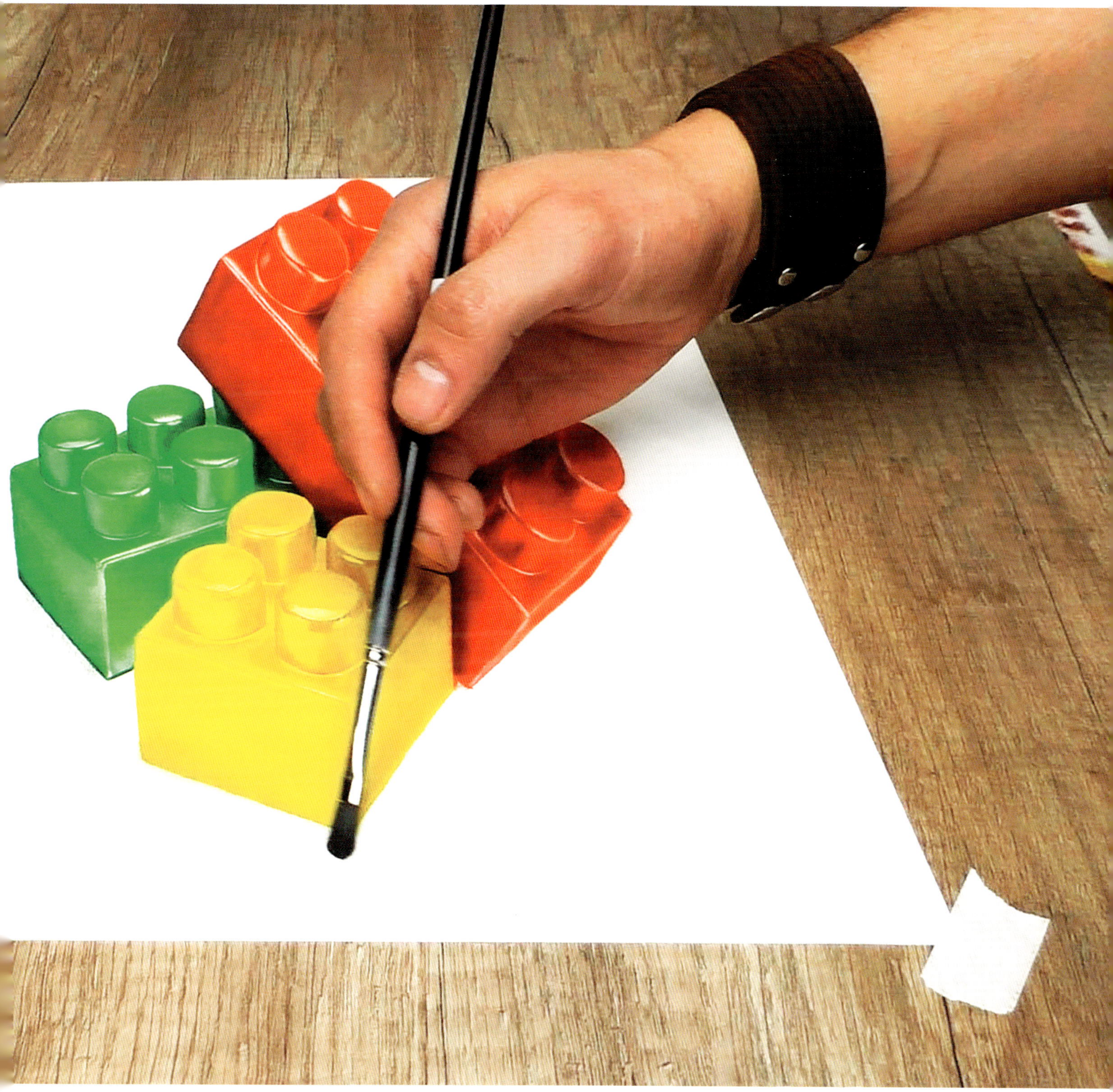

LEGO® STEINE

5

GLANZ

Durch Glanzlichter wirken die Lego® Steine noch realistischer. Mit einem sauberen Pinsel überall dort etwas Weiß auftupfen, wo die Steine glänzen. Die Farbe nicht mit streichenden Bewegungen auftragen, sonst vermischt sie sich mit den anderen Farben.

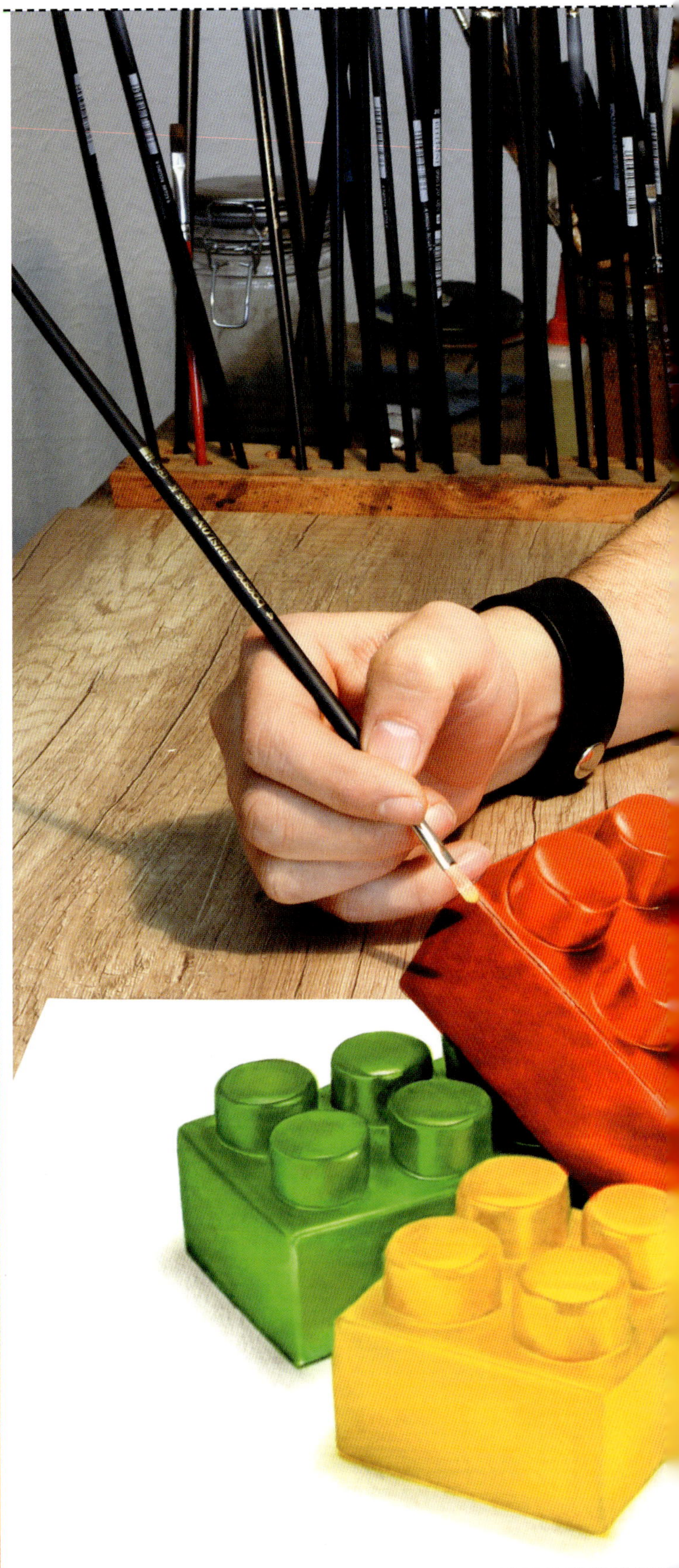

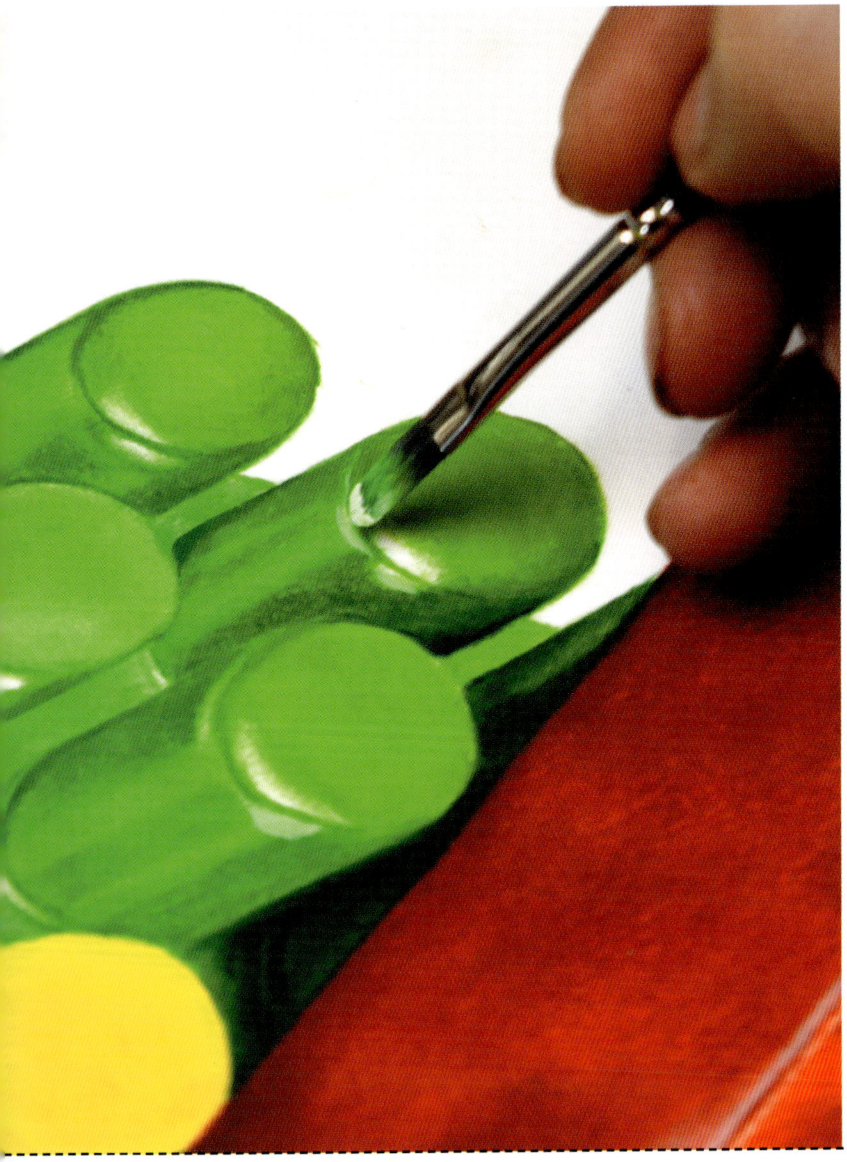

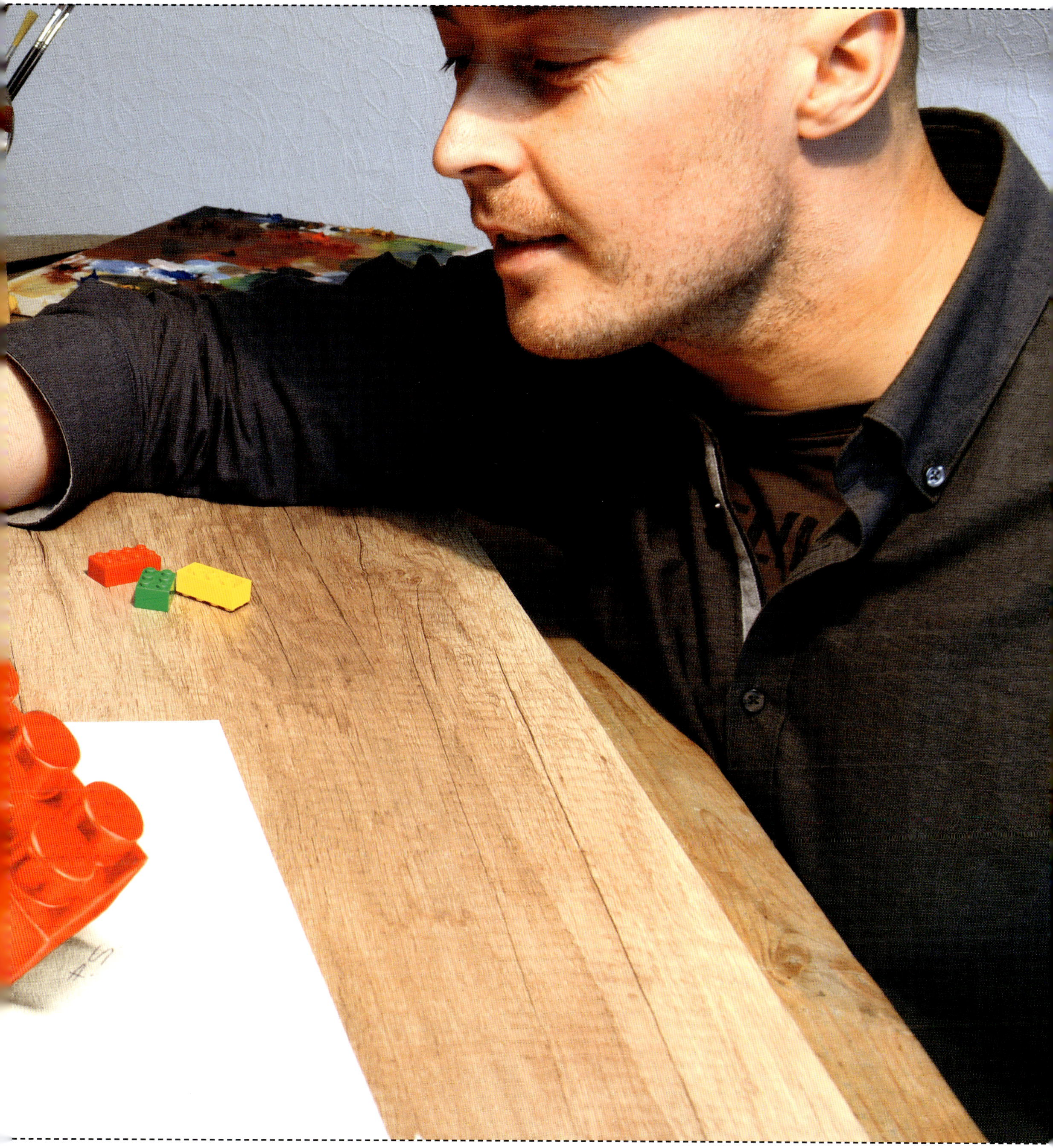

LEGO® STEINE

6 ÜBER GRENZEN HINAUS

Die Legos sehen jetzt dreidimensional aus, aber diese Wirkung lässt sich noch verstärken. Schneidet man mit einer Schere das Papier im oberen Bereich um die Steine herum weg, entsteht der Eindruck, sie seien tatsächlich auf dem Papier aufgetürmt.

Das Kinn nochmals wie beim Vorzeichnen auf Büchern abstützen und das Bild begutachten. Sieht alles realistisch aus, oder haben Sie vielleicht das eine oder andere Detail vergessen?

Könnte noch etwas verbessert werden? Wenn Sie alles richtig gemacht haben, wird die 3D-Wirkung beeindruckend sein.

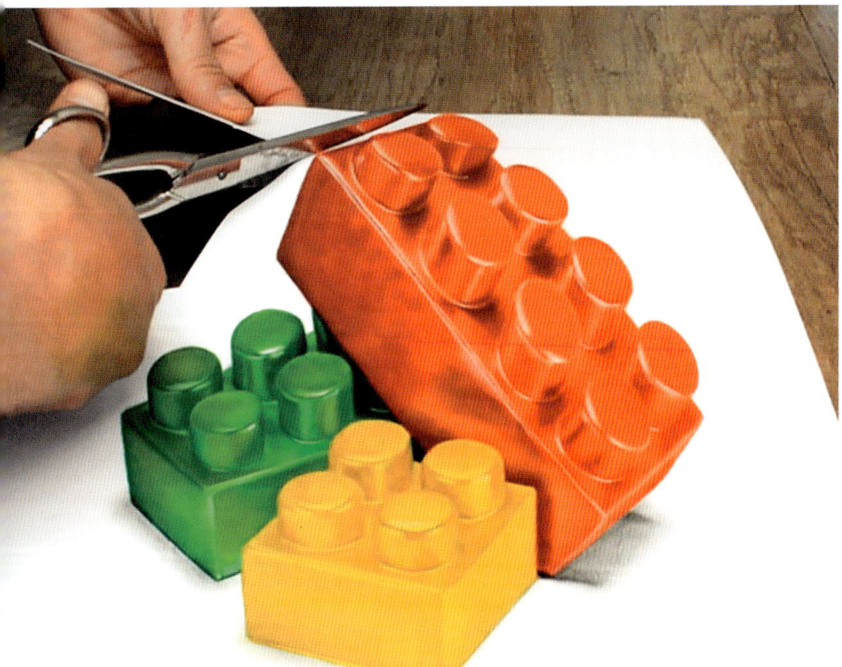

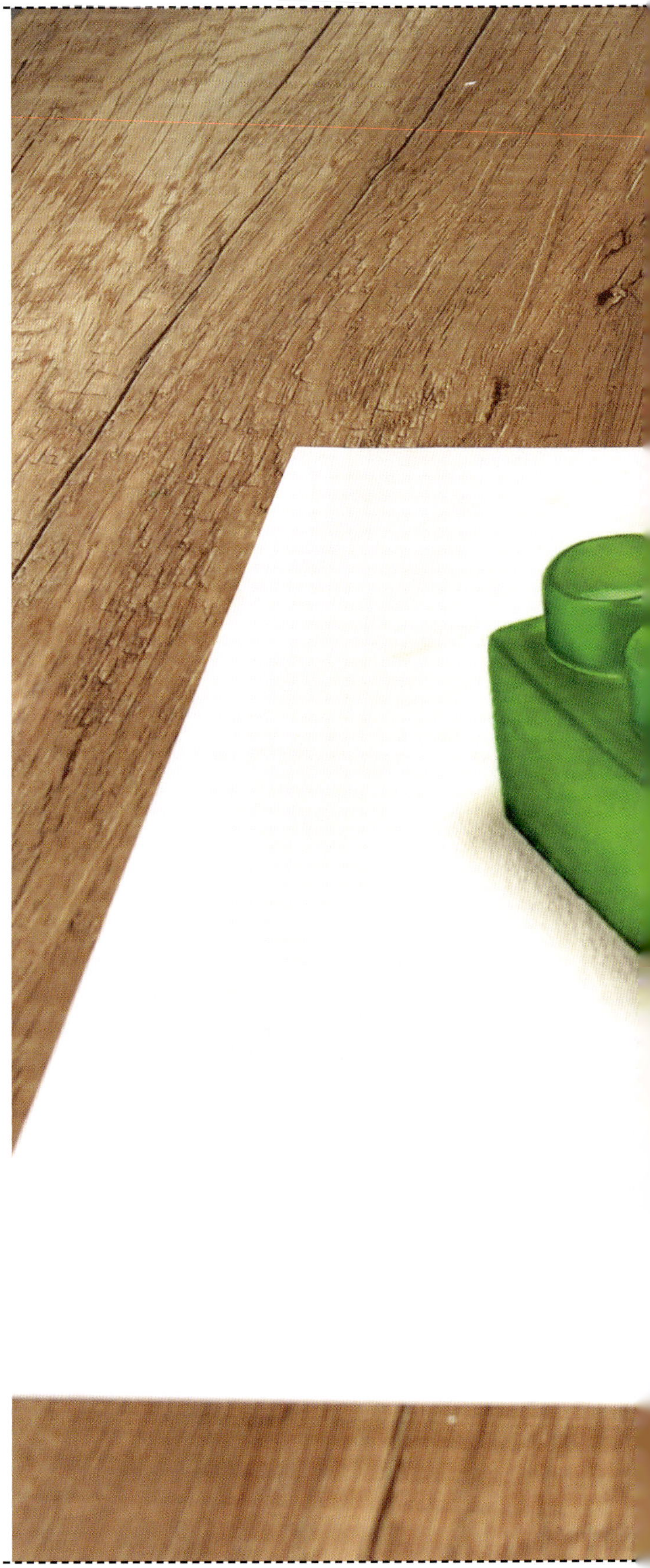

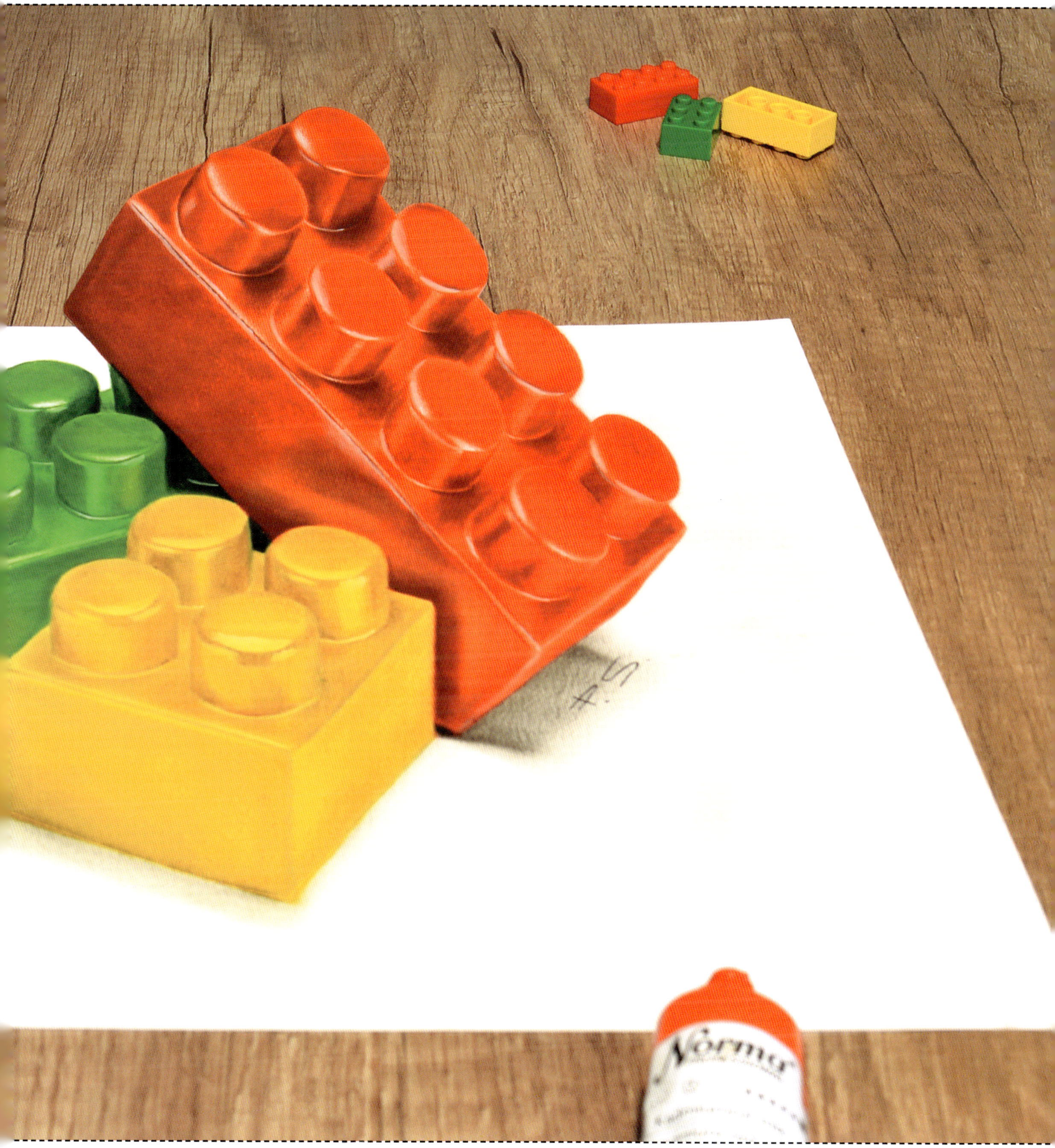

PROJEKT FÜNF

FLUGZEUG

Bei diesem Flugzeug, das über dem Papier »schwebt«, sind einige technische Herausforderungen zu meistern, damit die optische Illusion wirklich überzeugend gelingt. Aber keine Sorge: Wir gehen Schritt für Schritt vor!

MATERIAL

- Aquarellpapier
- Bleistift
- Ölfarbe in Blau und Schwarz
- Pinsel, verschiedene Größen
- Fineliner in Schwarz, Blau und Gold (oder Gelb)
- Lappen

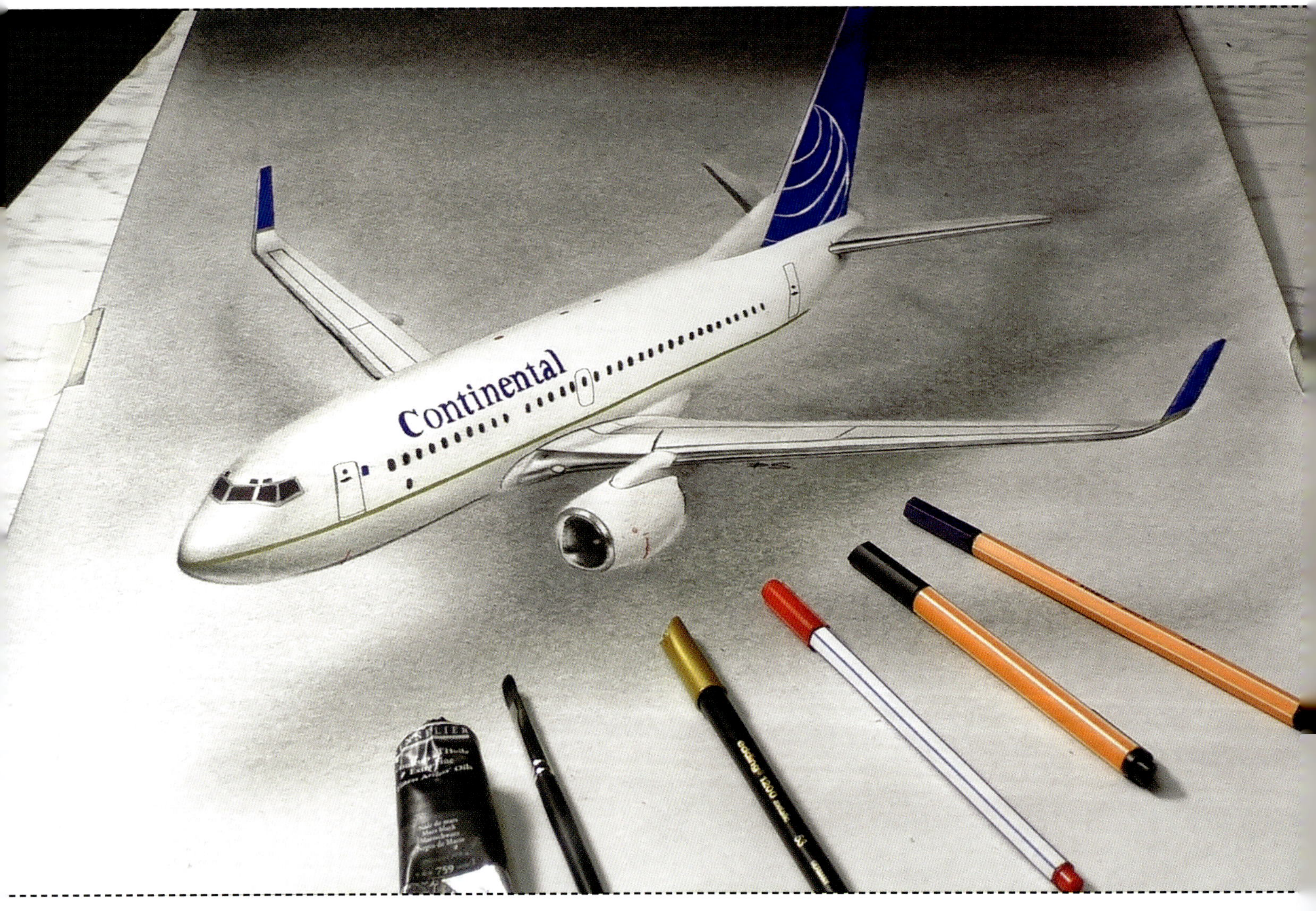

1 VORZEICHNEN

Das Flugzeug wird von schräg oben gezeichnet. Damit die Illusion überzeugend ausfällt, ist es wichtig, diesen Blickwinkel richtig umzusetzen. Dazu gibt es verschiedene Möglichkeiten. Sie können im Internet nach einem Bild suchen, das ein Flugzeug aus diesem Winkel zeigt, und es als Grundlage für eine anamorphe Verzerrung verwenden, oder Sie kopieren einfach das verzerrte Bild auf dieser Seite.

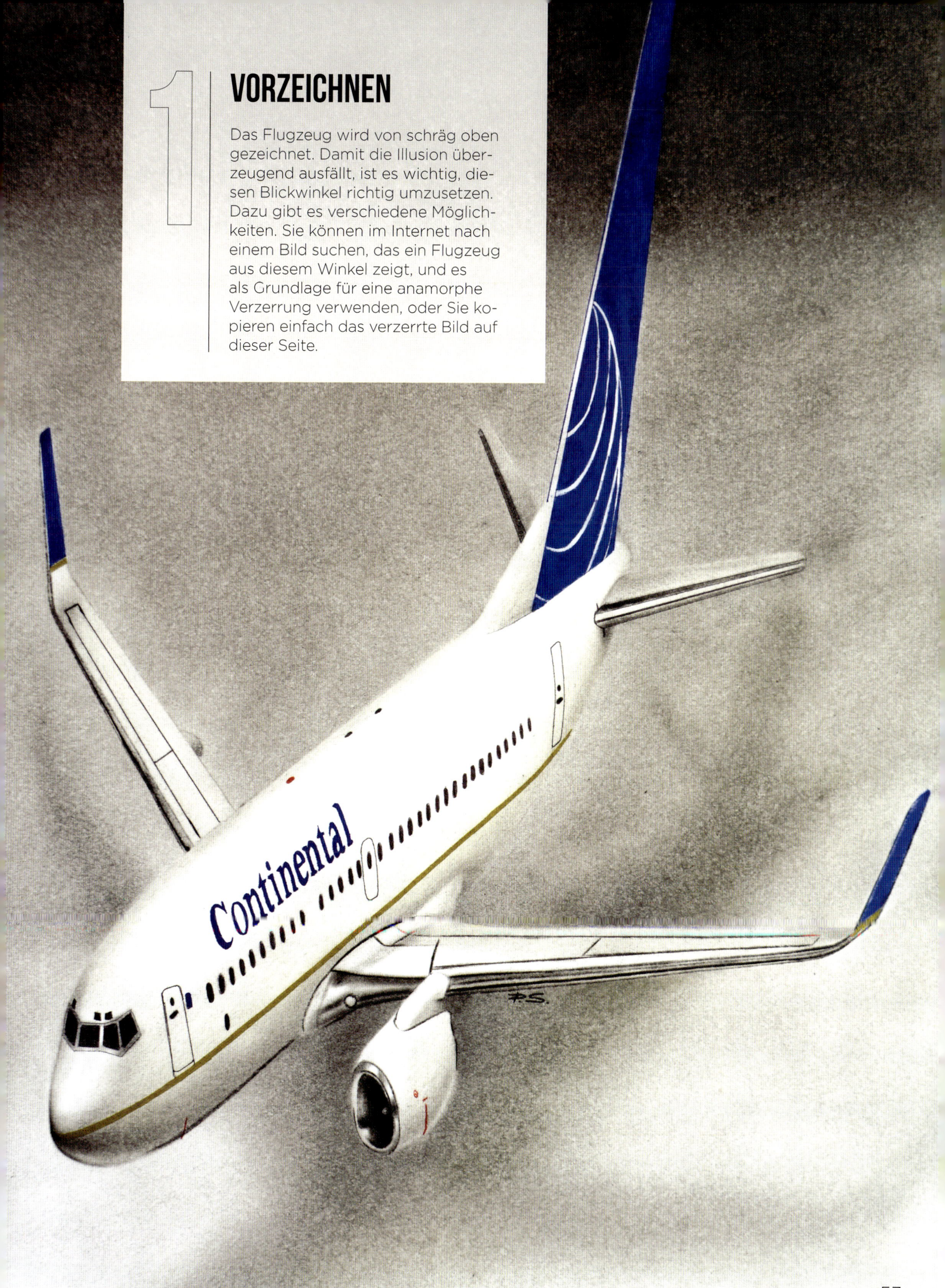

FLUGZEUG

2

DETAILS

Damit der Eindruck entsteht, das Flugzeug würde über dem Papier schweben, muss der Hintergrund abgedunkelt werden. Das Flugzeug selbst bleibt weiß.

Etwas schwarze Farbe mit einem dünnen Pinsel aufnehmen und in der Trockenpinseltechnik (siehe Seite 16) direkt außerhalb der Konturlinien des Flugzeugs auftragen.

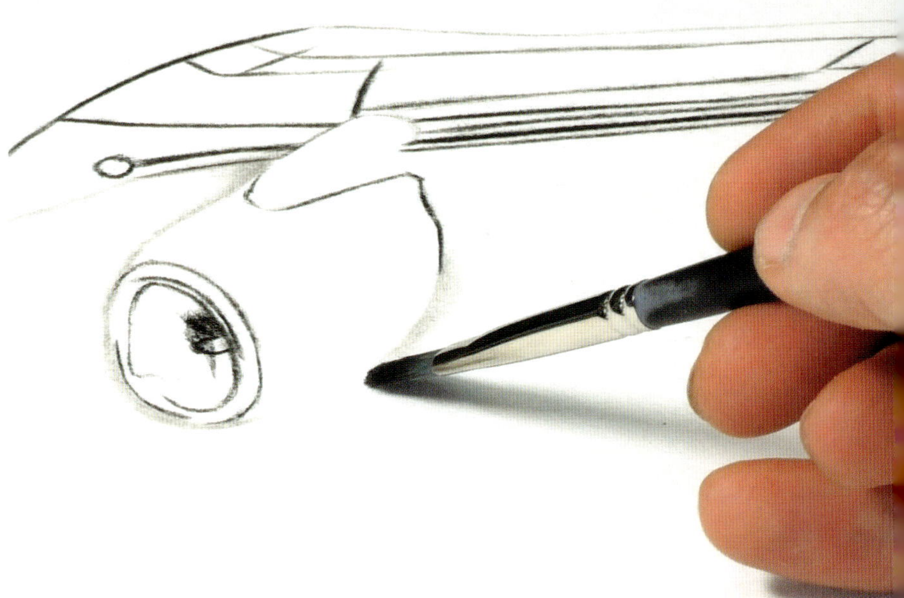

Details wie die Linien auf Rumpf und Tragflächen, die Fenster und die Schrift werden mit Finelinern in Schwarz, Gold und Blau eingefügt – bei Bedarf mit einem Lineal.

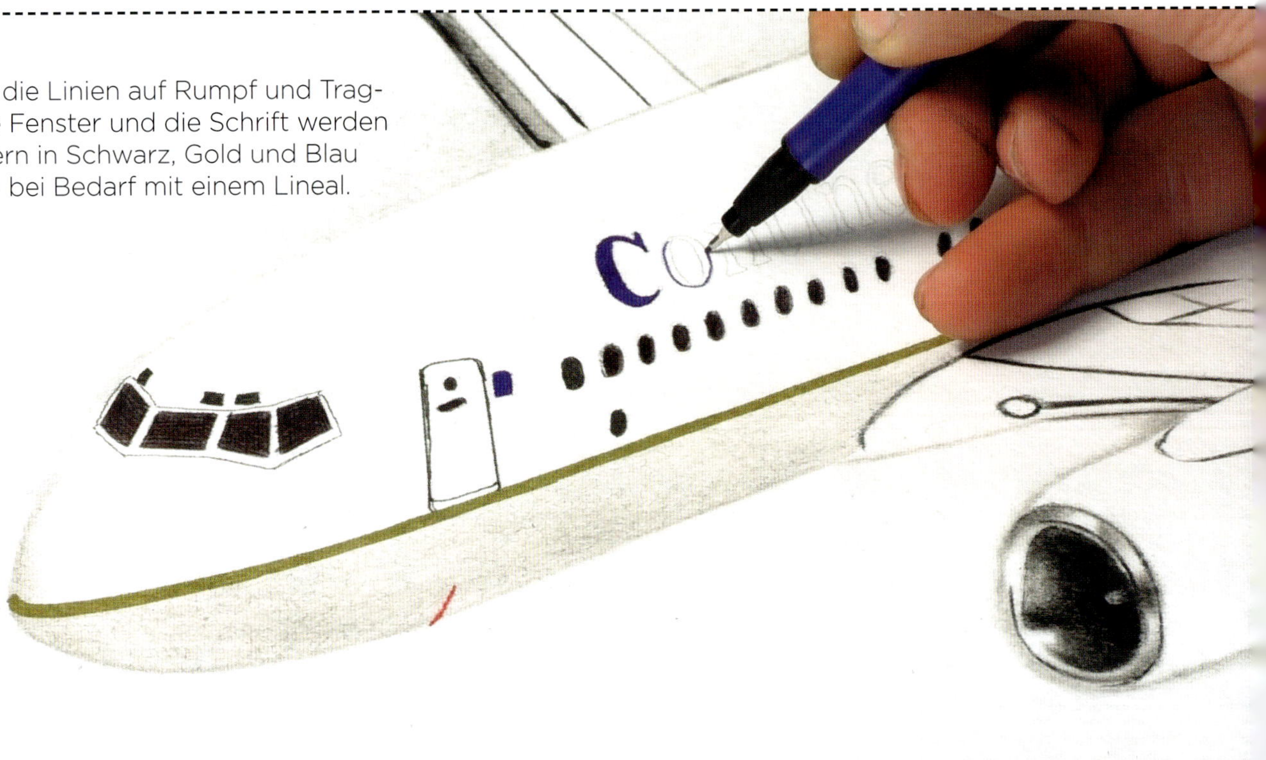

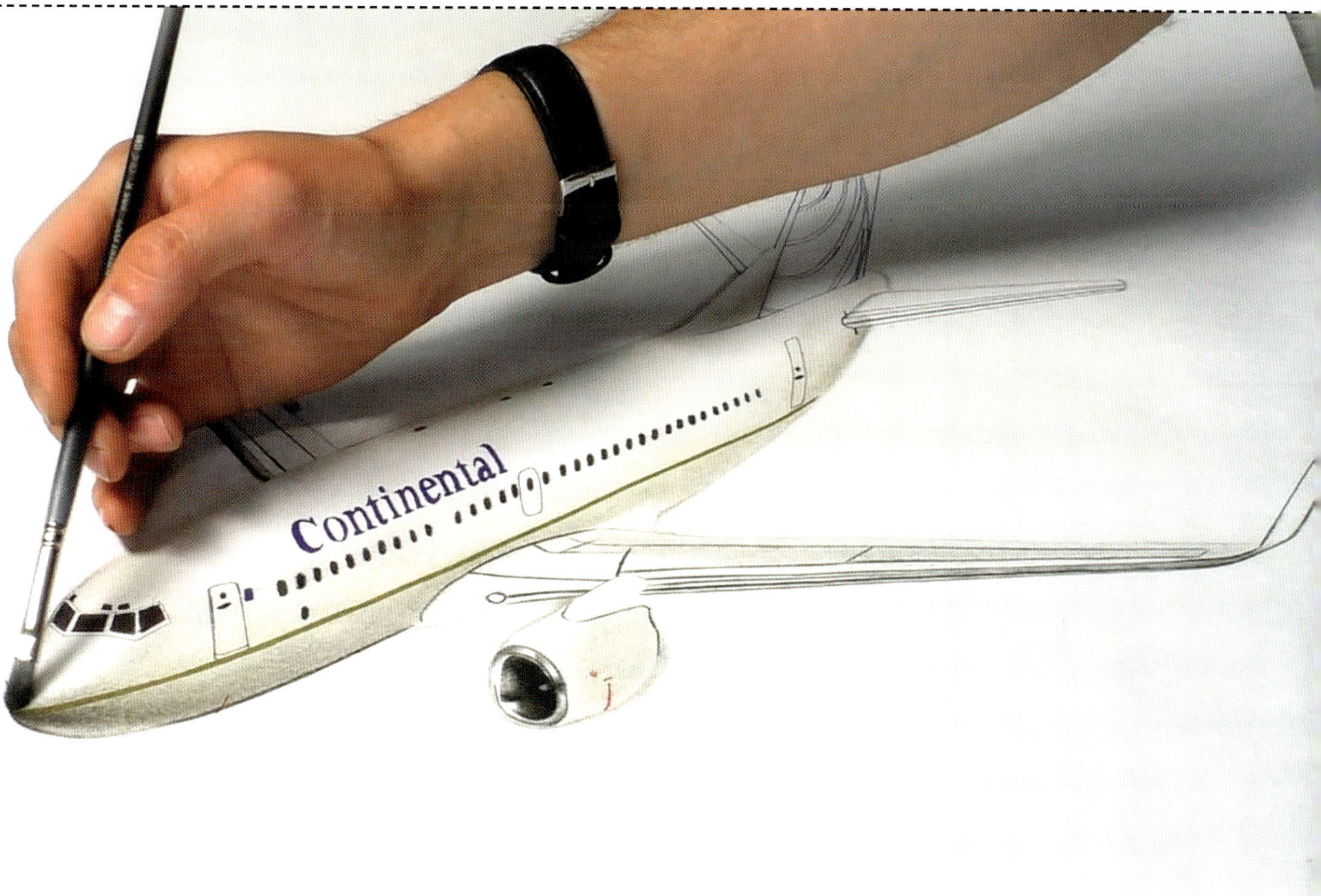

3 SCHATTEN

Nun wird das Flugzeug schattiert. Etwas schwarze Farbe mit einem dicken Pinsel aufnehmen und mit der Trockenpinseltechnik den Schatten auf der Unterseite des Flugzeugs ausarbeiten. Dabei reduziert sich die Farbmenge im Pinsel und die Striche werden allmählich blasser. Details wie die blauen Akzente auf den Tragflächen nicht vergessen.

NUR DURCH FLIESSENDE HELL-DUNKEL-ÜBERGÄNGE KOMMT DIE RUNDE, DREIDIMENSIONALE FORM DES FLUGZEUGS ÜBERZEUGEND ZUM AUSDRUCK.

FLUGZEUG

4 HINTERGRUND

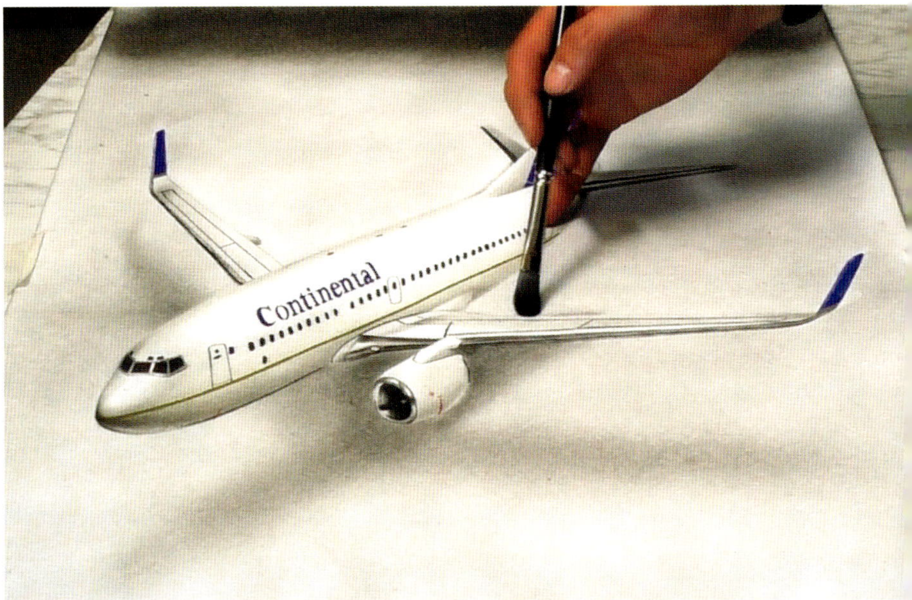

Der Hintergrund soll aussehen, als befände er sich weit unterhalb des Flugzeugs. Damit dieser Eindruck entsteht, muss der Hintergrund dunkler sein als das Flugzeug. Außerdem wirft das Flugzeug einen Schatten.

Zuerst den Bereich des Papiers abdunkeln, der von der Nase des Flugzeugs am weitesten entfernt ist. So wird auch der Schwanz »in die Luft gehoben«.

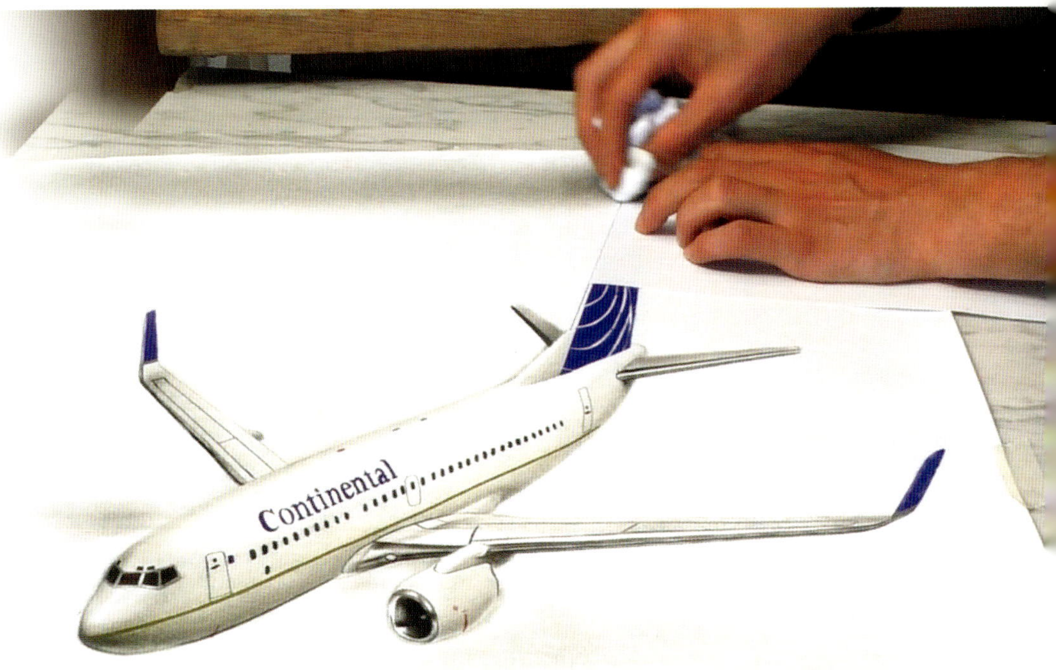

Einen Lappen zusammenknüllen, in schwarze Farbe tunken und damit über raues Papier streichen, bis die Farbe gut im Stoff verteilt ist. Dann die Farbe gleichmäßig mit kreisenden Bewegungen im hinteren Bereich des Papiers verteilen. Zuerst mit geringem Druck arbeiten, allmählich stärker aufdrücken, damit der Farbauftrag gleichmäßig wird.

DEN SCHWANZ DES FLUGZEUGS BEIM WISCHEN MIT DEM LAPPEN MIT EINEM STÜCK PAPIER ABDECKEN.

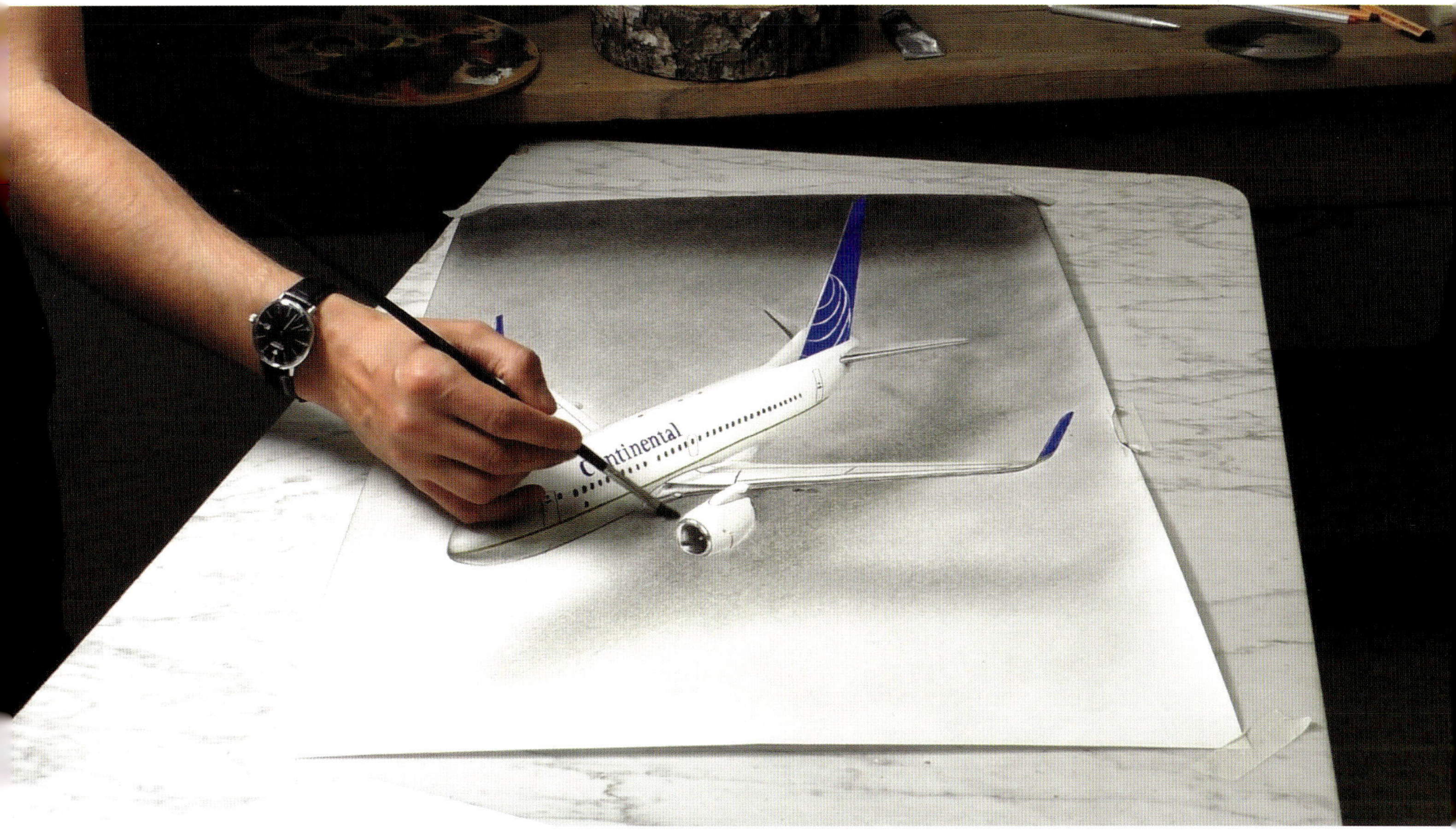

Falls nötig, den Schlagschatten nochmals abdunkeln. Er muss dunkler sein als der restliche Hintergrund. Dafür kann ein Pinsel verwendet werden.

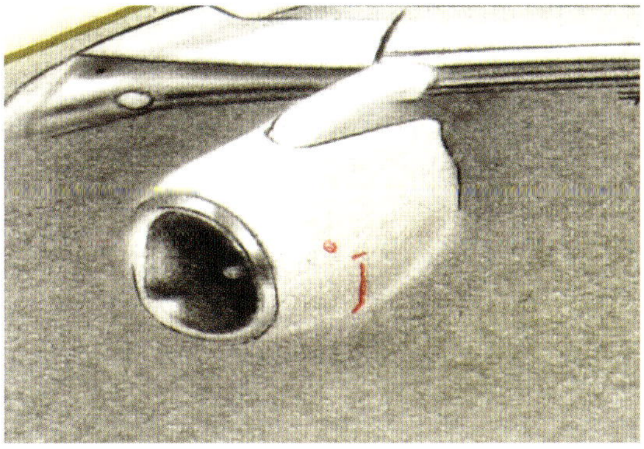

5 PERFEKTE PROPORTIONEN

Betrachten Sie das Ergebnis jetzt aus größerem Abstand. Ich trete etwa 1,50 Meter zurück und schaue das Bild aus einem Winkel von 45 Grad an. Meist bewege ich mich etwas vor und zurück, auf und ab oder hin und her, um die 3D-Wirkung eingehend zu prüfen und eventuelle Verzerrungen zu entdecken.

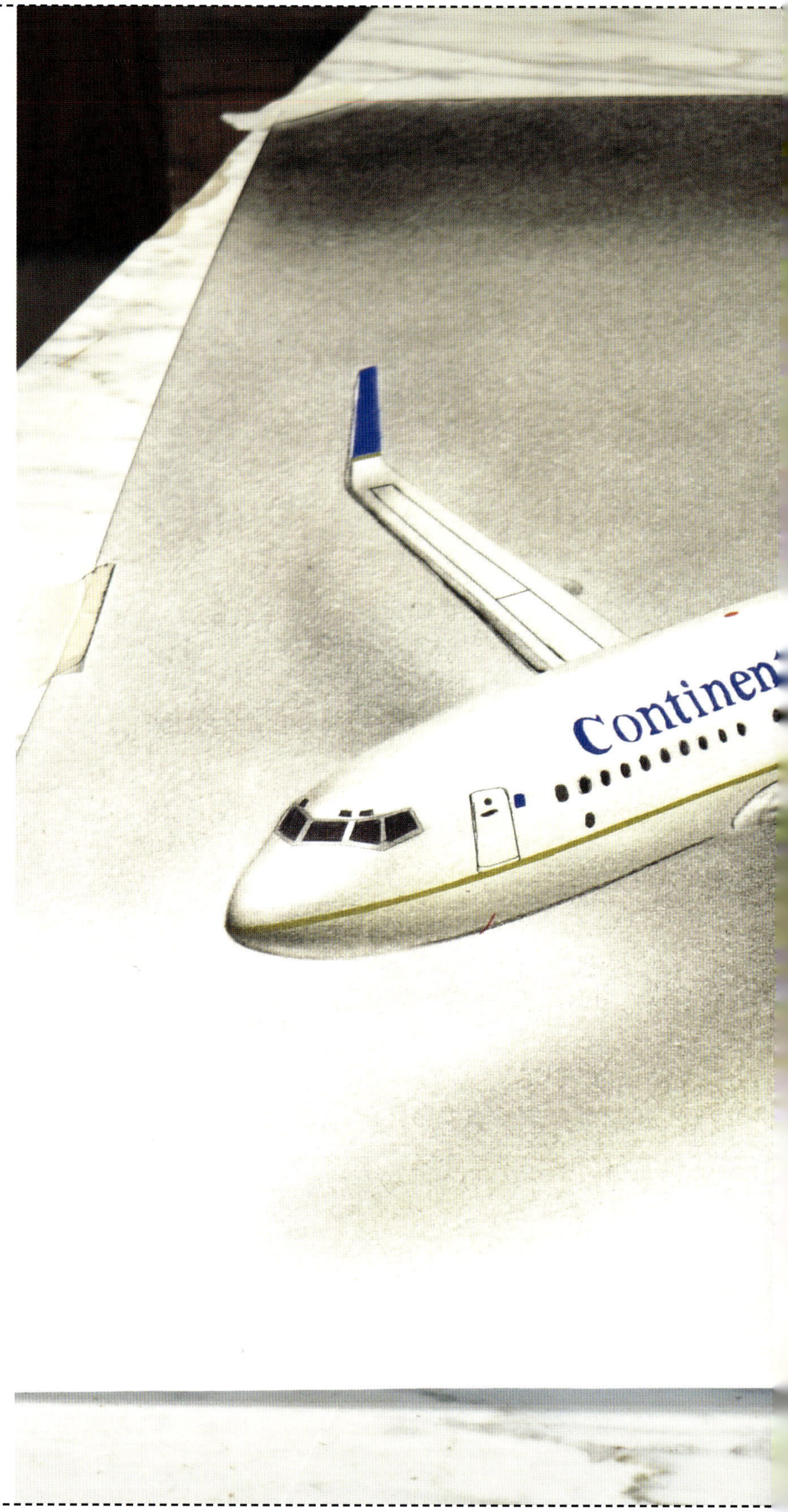

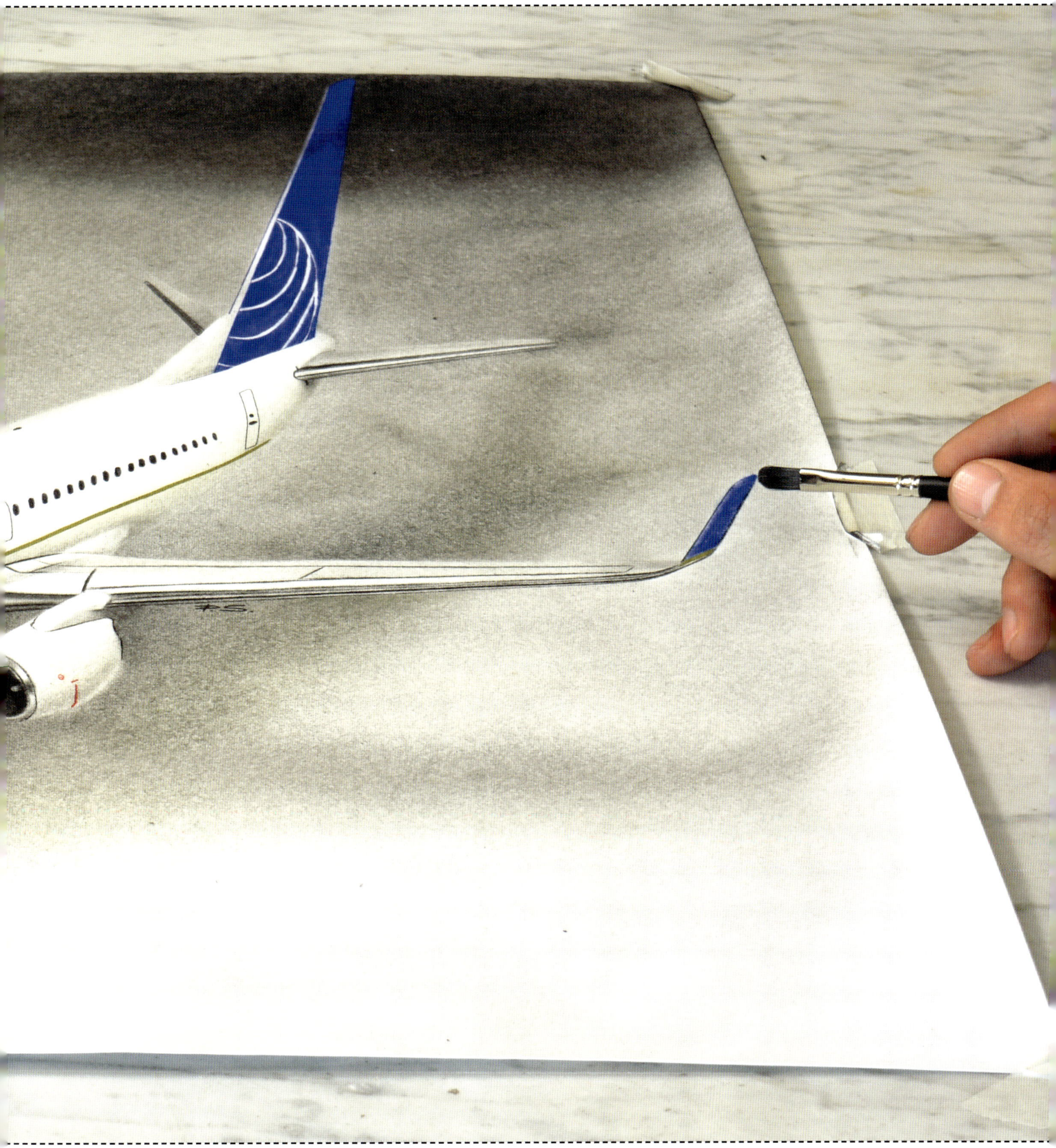

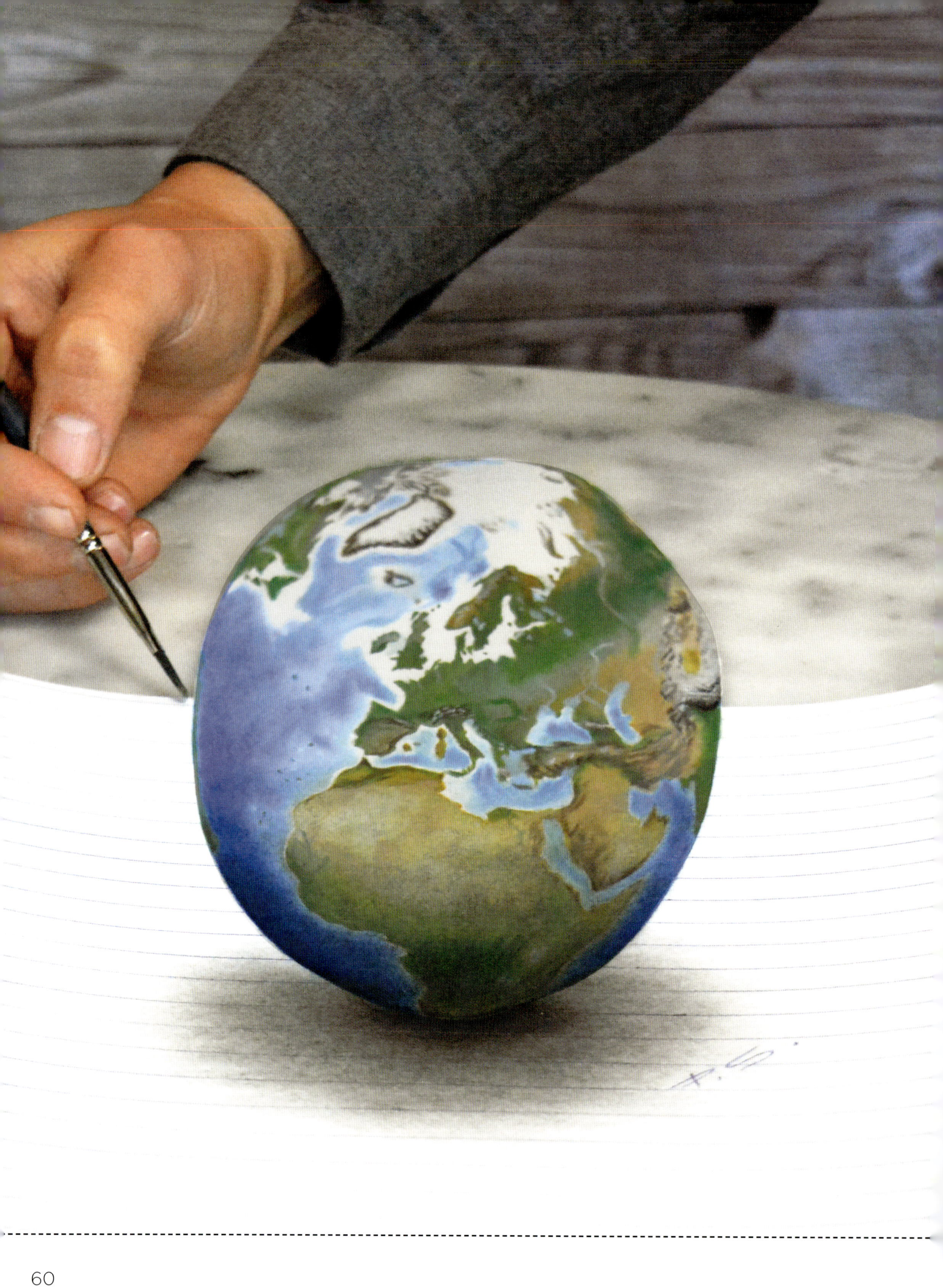

PROJEKT SECHS

PLANET ERDE

Bilder der Erde sind uns gut vertraut. Wer also den Betrachter eines Gemäldes täuschen will, muss sehr präzise arbeiten. Aus freier Hand wird eine perfekte Darstellung kaum gelingen, aber das ist auch nicht nötig. Das fertige Werk muss nicht fotorealistisch wirken, denn immerhin ist es ja ein Gemälde. Trotzdem sollte die Erde selbstverständlich rund sein und die Proportionen der Kontinente müssen stimmen. Auch die Wahl der richtigen Farben hat Einfluss auf die realistische Wirkung.

MATERIAL

- Zeichen- oder Aquarellpapier (DIN A3)
- Kreppklebeband
- Kleiner Teller
- Bleistift
- Ölfarbe in Weiß, Schwarz, Grün, Blau, Gelb, Umbra gebrannt und Goldocker
- Pinsel
- Schere
- Lineal

1 VORZEICHNEN

Das Papier mit Klebeband auf der Arbeitsfläche befestigen. Vor dem Papier ein Buch aufrecht stellen und das Kinn darauflegen, um es beim Zeichnen abzustützen.

Auf dem Papier einen kleinen Teller aufrecht stellen und in dieser Position festhalten. Ein Auge schließen, über den Teller auf das Papier schauen und den Umriss so rund wie möglich in die Mitte des Papiers zeichnen. So wird der vertikale Kreis auf die horizontale Papierfläche übertragen. Von oben sieht man ein Oval, aber aus Ihrem Blickwinkel einen Kreis.

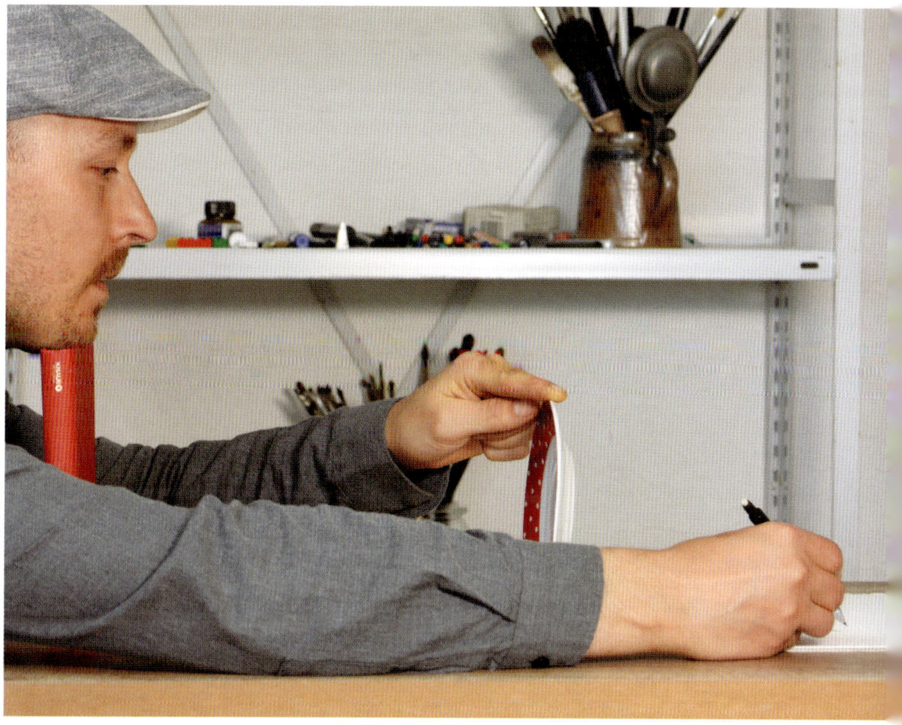

Jetzt werden Meere und Kontinente in den Kreis gezeichnet. Nehmen Sie einen Atlas zur Hand, um diese Einzelheiten möglichst realistisch wiederzugeben.

PLANET ERDE

2

ERSTE FARBEN

Den gesamten Kreis mit einer Mischung aus Kobaltblau und Weiß umranden. Als Grundfarbe für die meisten Landflächen Kobaltgrün verwenden und mit etwas Umbra gebrannt mischen, damit es gedämpfter und natürlicher wirkt.

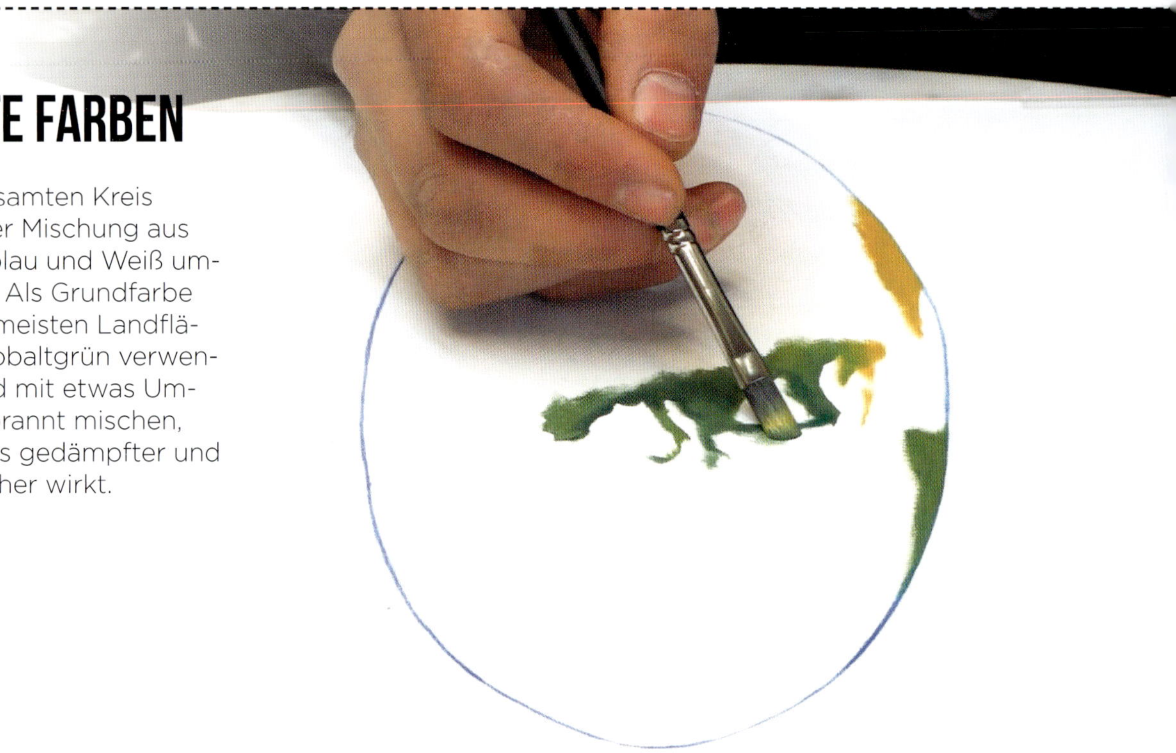

Für Grasland ein kräftiges Grün mit Goldocker und Weiß mischen.

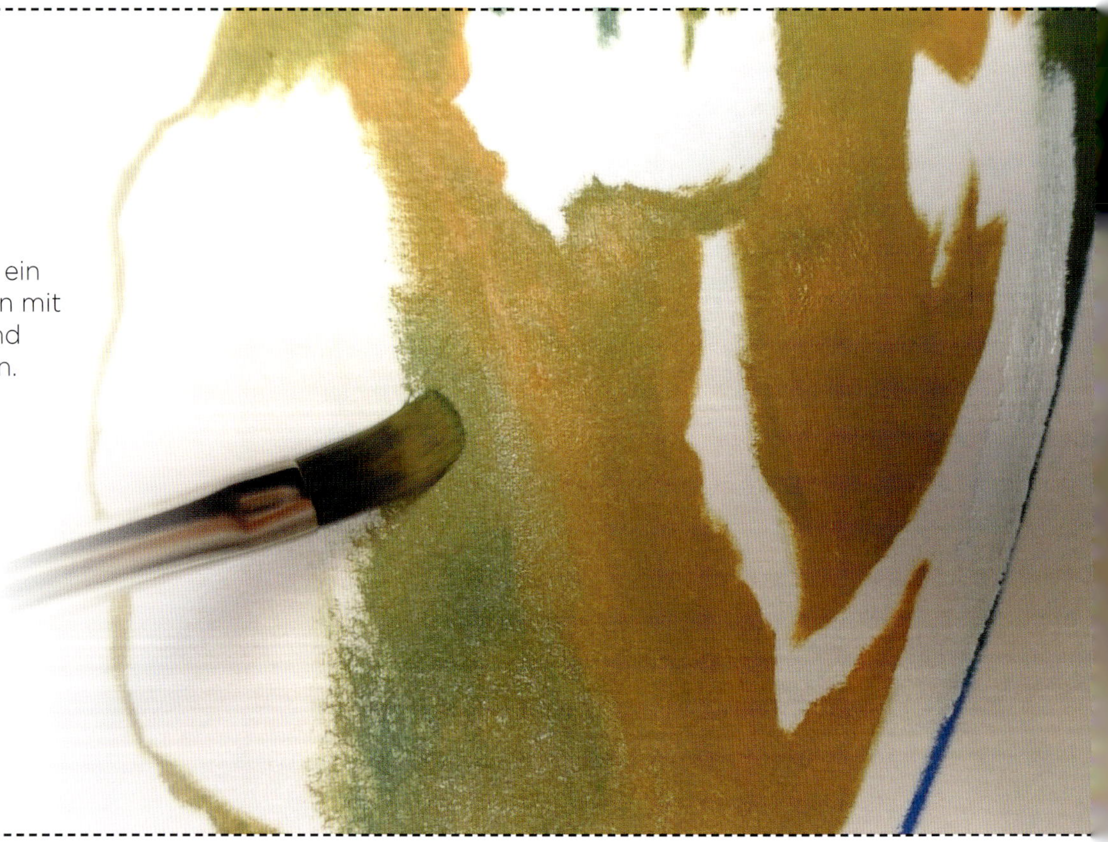

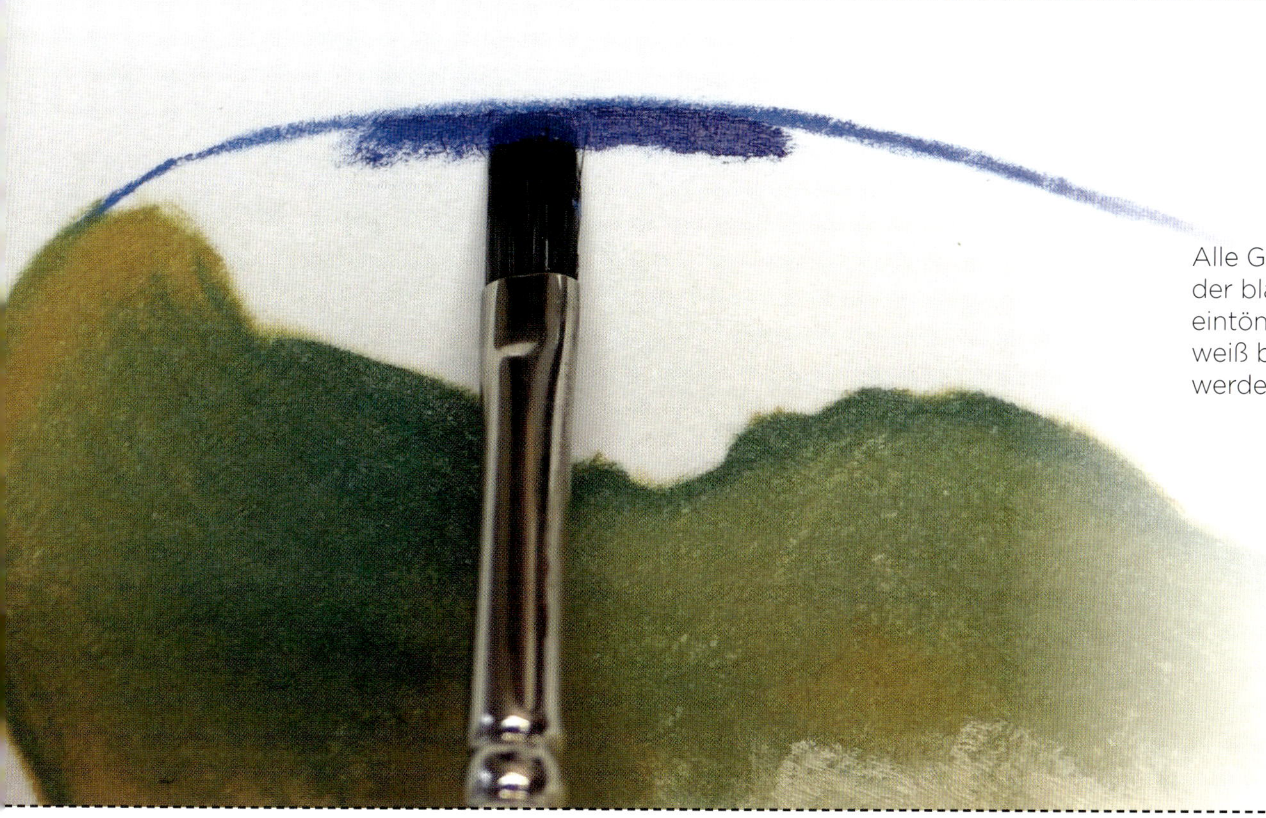

Alle Gewässer mit der blauen Mischung eintönen. Bereiche, die weiß bleiben sollen, werden nicht bemalt.

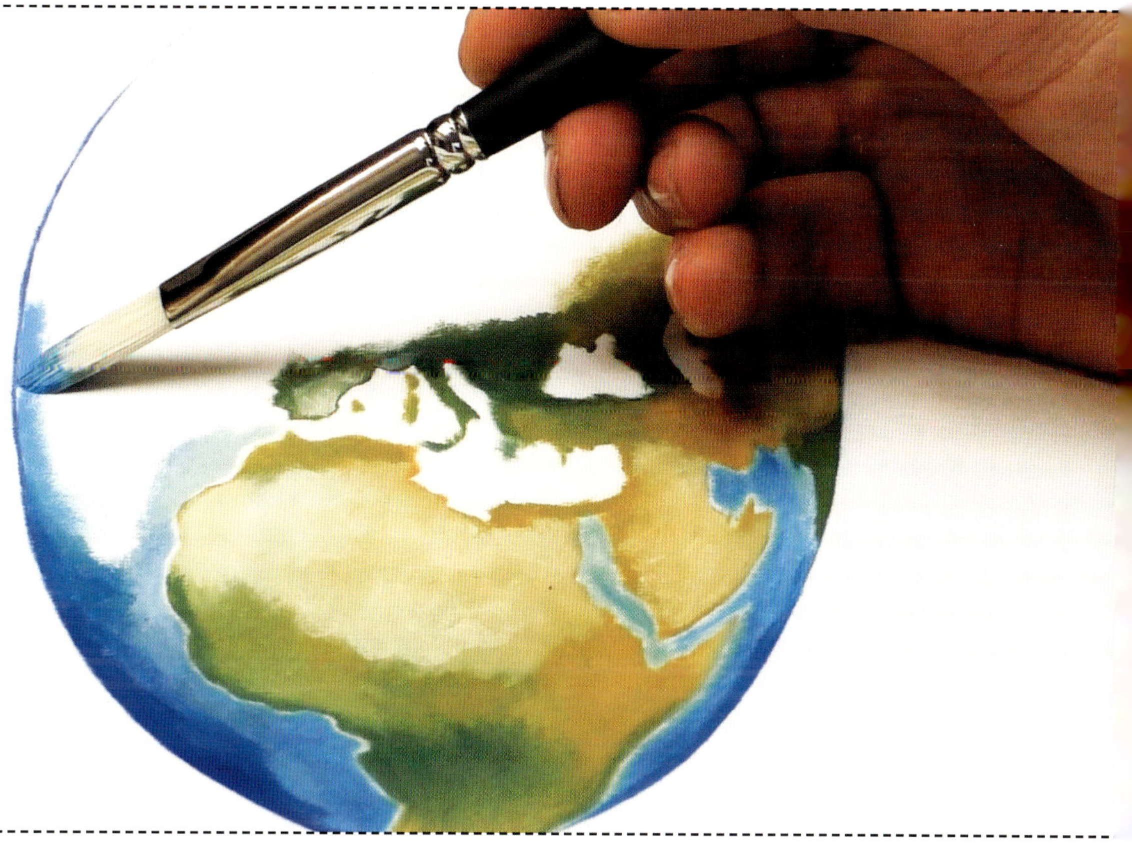

Mit einem sauberen Pinsel weiße Farbe auf die hellsten Bereiche auftragen, die auf der Weltkarte zu sehen sind. Dabei nass in nass (siehe Seite 16) und von hell nach dunkel arbeiten, damit weiche Übergänge entstehen.

Für hellere Farbtöne mehr Weiß mit dem Pinsel aufnehmen. Für dunklere Töne das Weiß auf dem Malgrund mit der Hintergrundfarbe mischen. Das ist möglich, weil Ölfarbe langsam trocknet.

PLANET ERDE

Nun mit einem anderen sauberen Pinsel etwas schwarze Farbe aufnehmen. Den Pinsel auf rauem Papier abwischen, bis er fast trocken ist. Zum Einfügen der dunkelsten Bereiche auf der Landkarte soll nur ganz wenig Farbe auf den Malgrund aufgetragen werden. Von dunkel nach hell arbeiten.

Zurücktreten und prüfen, ob die Kugel gleichmäßig aussieht. Falls nötig, Korrekturen vornehmen.

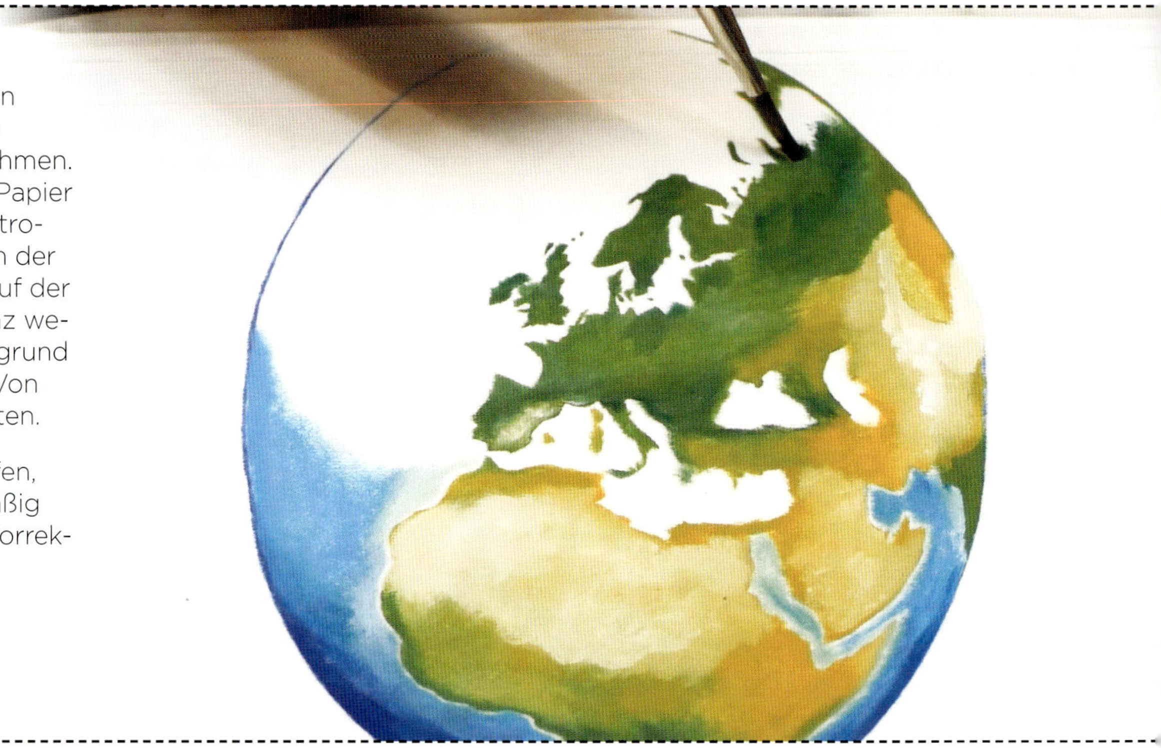

3 SCHATTEN

Das Bild ist fast fertig. Läge die Kugel auf einem Blatt Papier, würde sie einen Schatten werfen. Also wird nun noch ein weicher Schlagschatten unter der Kugel hinzugefügt.

Mit einem dicken Aquarellpinsel etwas schwarze Farbe aufnehmen. Den Pinsel auf rauem Papier abwischen, bis kaum noch Farbe an den Haaren haftet. Die Farbe dünn auf das Papier auftragen, dabei mit zunehmendem Druck und von dunkel nach hell arbeiten.

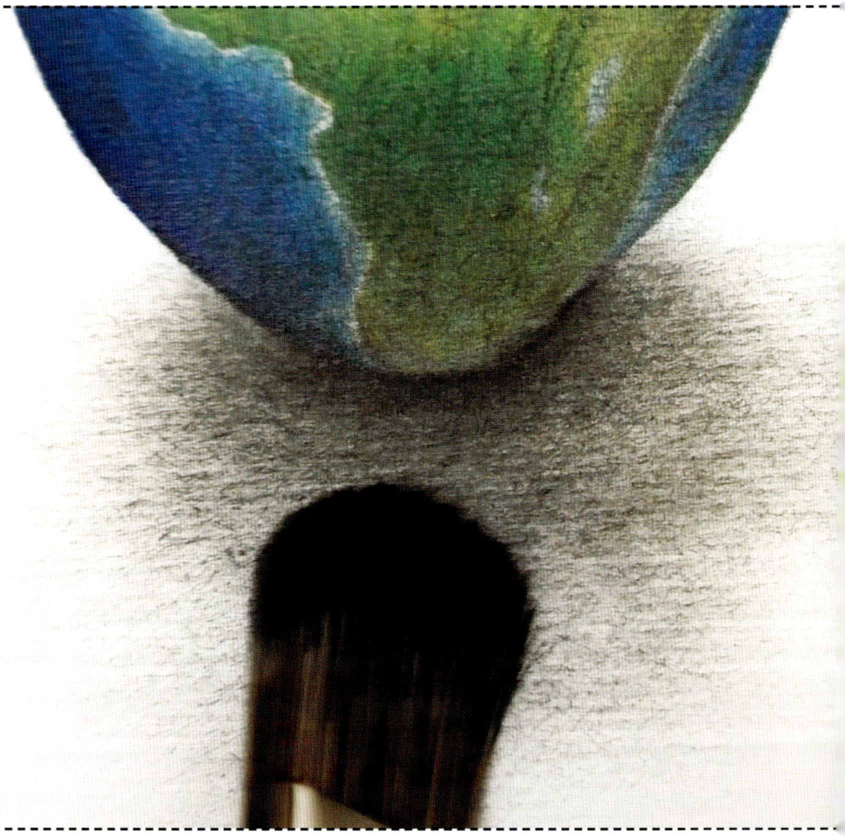

4 SCHNEIDEN

Um die Täuschung perfekt zu machen, zeichnen Sie jetzt eine gerade, waagerechte Linie oberhalb der Mitte der Kugel. Das Papier oberhalb dieser Linie sauber wegschneiden. Nun sieht es aus, als ob die Kugel tatsächlich auf dem Papier steht und über seinen Rand hinausragt.

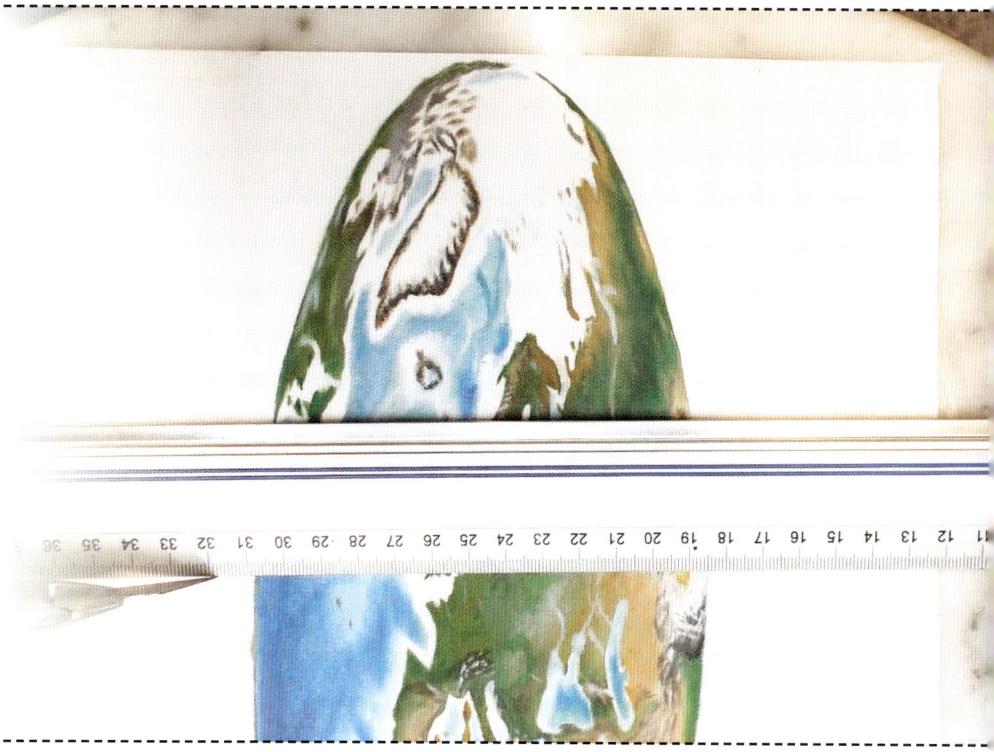

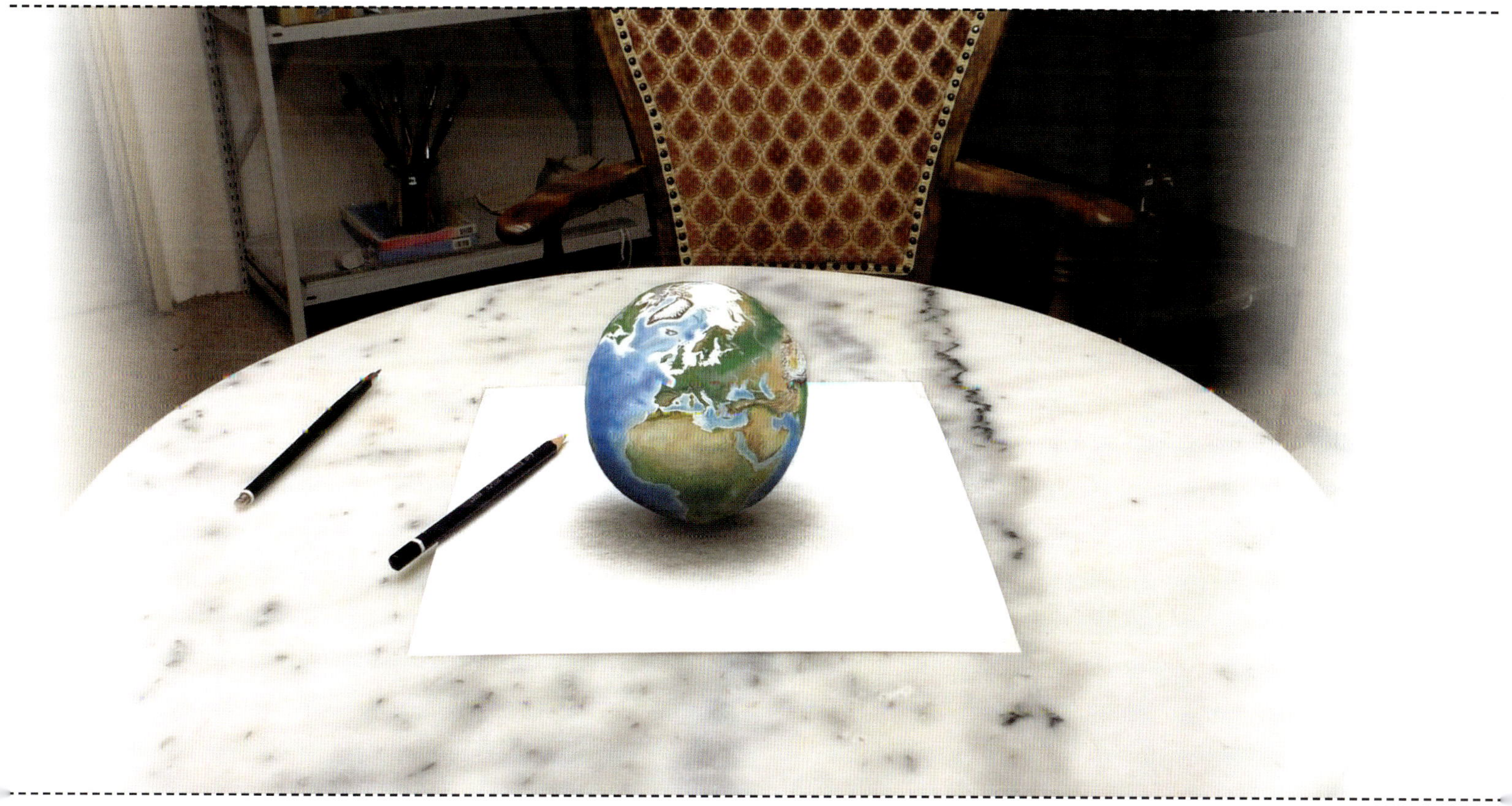

PLANET ERDE

5 DIE 3D-WIRKUNG PRÜFEN

Wenn das Bild fertig ist, stützen Sie das Kinn mit einem Buch ab – wie beim Vorzeichnen im ersten Schritt. Aus diesem Blickwinkel sollten Sie jetzt eine dreidimensionale Kugel sehen. Die Wirkung kann stärker sein, wenn Sie ein Auge schließen.

Was fällt Ihnen zuerst auf? Wirken die Schatten realistisch? Auch der Schlagschatten? Gibt es verräterische Hinweise darauf, dass es sich um ein zweidimensionales Bild handelt? Nach den letzten Korrekturen sollte die Kugel realistisch und greifbar aussehen.

OHNE EINEN BEZUGSPUNKT KÖNNEN SICH DIE AUGEN SCHLECHT ORIENTIEREN. WAAGERECHTE LINIEN BEIDERSEITS DER ZEICHNUNG BILDEN EINEN SOLCHEN BEZUGSPUNKT UND VERSTÄRKEN DEN EINDRUCK, DASS SICH DIE KUGEL PLASTISCH ÜBER DEM PAPIER ERHEBT.

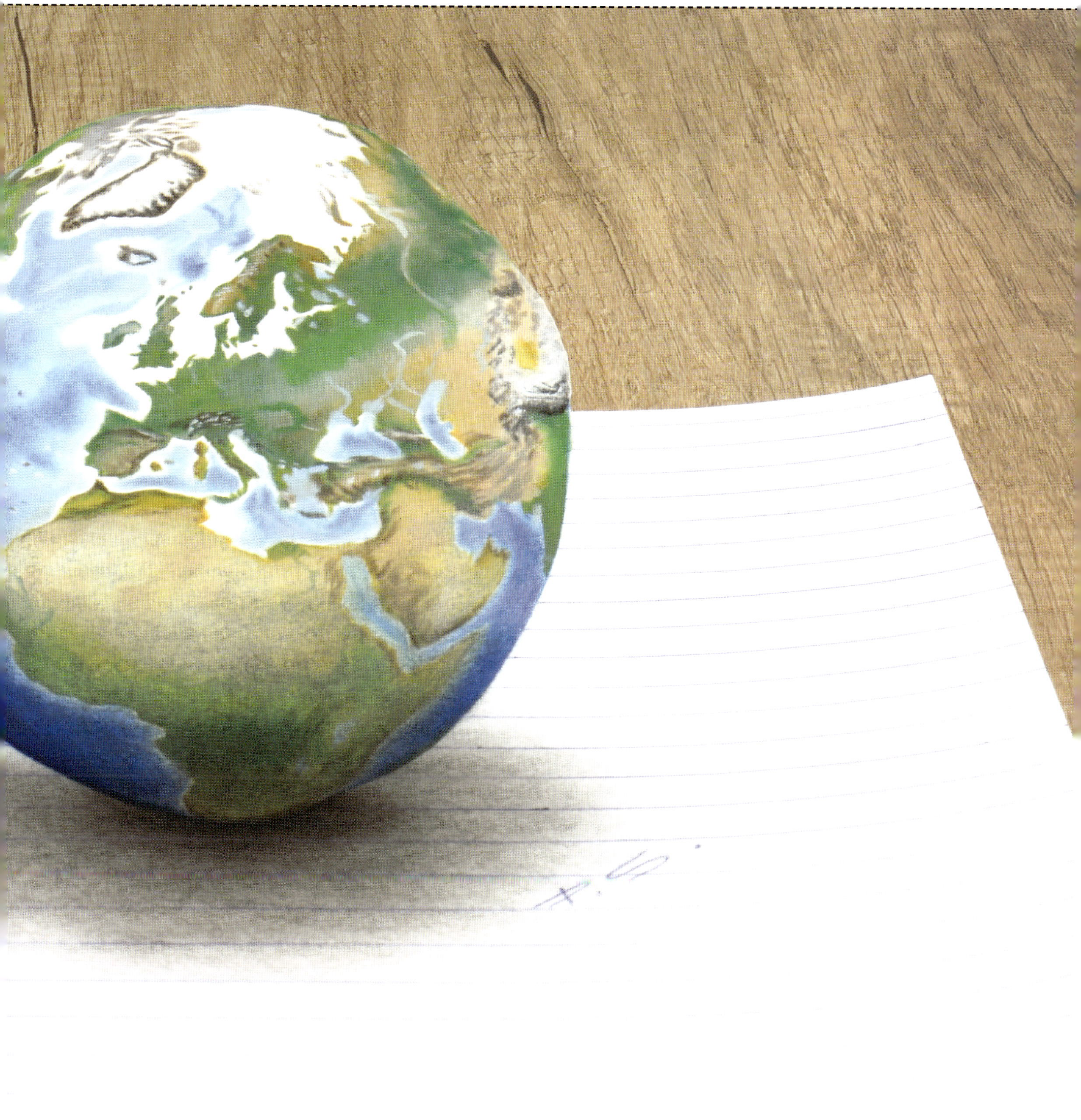

PROJEKT SIEBEN

GLAS

Auch dieses Projekt birgt eine besondere Herausforderung, denn es ist nicht so einfach, Glas zu zeichnen. Wer Durchsichtiges überzeugend darstellen will, muss genau auf Details achten. Dabei kommt es vor allem auf das Zusammenspiel zwischen Schatten und Lichtern an, denn sie geben Aufschluss über die Form und die Transparenz. Auch das Wasser im Glas soll klar und dynamisch wirken.

MATERIAL

- Zeichenpapier
- Bleistift
- Lineal
- Ölfarbe in Schwarz
- Katzenzungenpinsel, Nr. 4
- Dicke Pinsel, z. B. Nr. 6 oder 8 sowie Nr. 12
- Schere oder Cutter

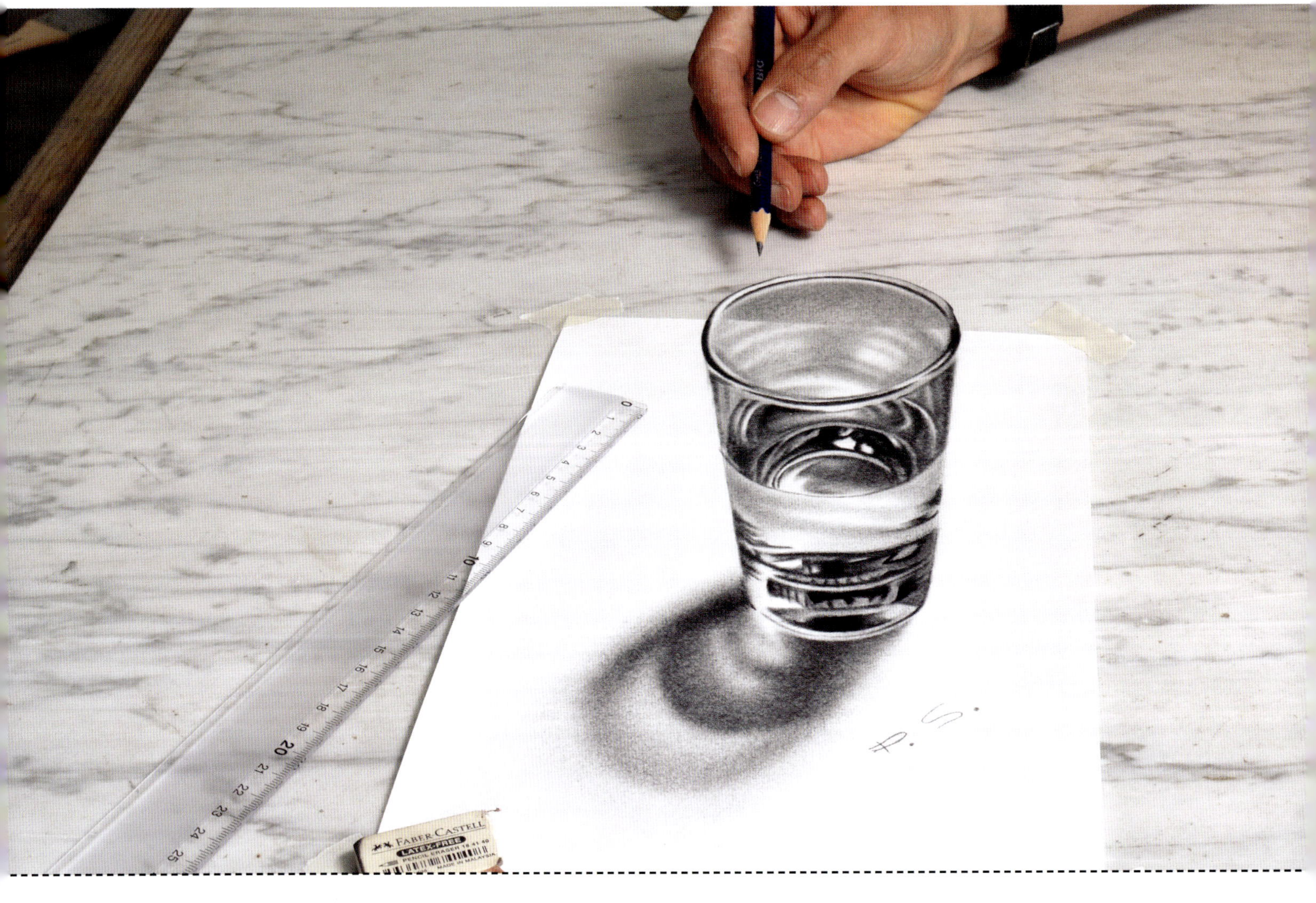

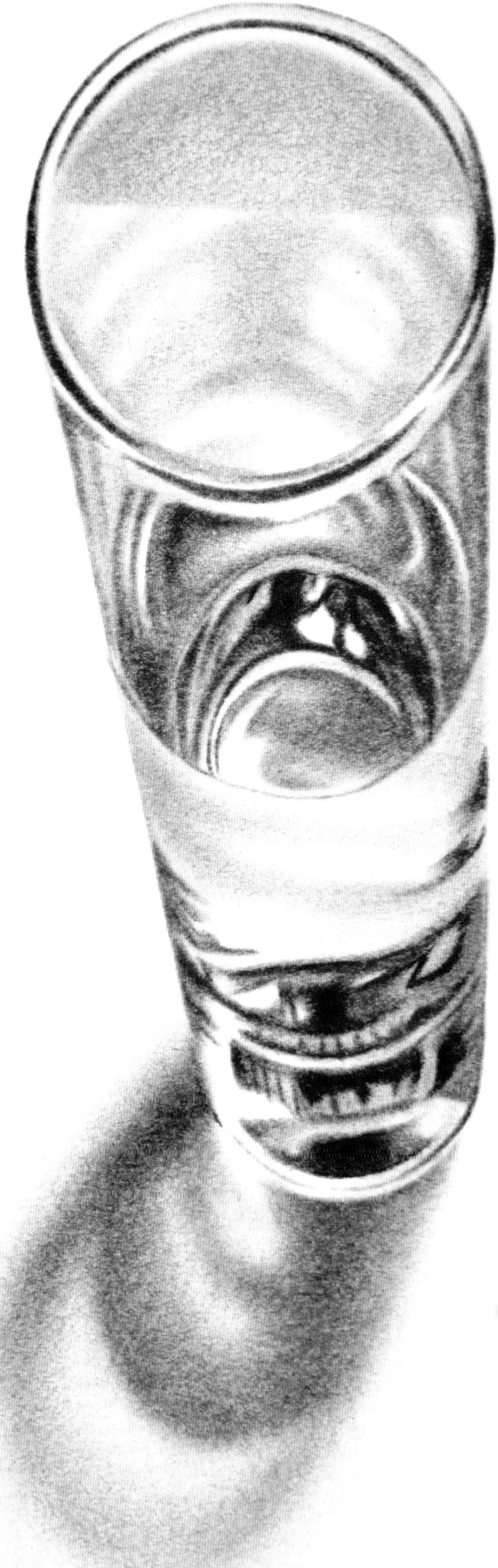

1 VORZEICHNEN

Damit es aussieht, als stünde das Glas aufrecht auf dem Papier, muss es in anamorpher Verzerrung (siehe Seite 19) gezeichnet werden. Auch wenn man es von der Seite betrachtet, muss es gerade und korrekt proportioniert sein.

Für die 3D-Illusion wird die vom Zeichner abgewandte Seite des Glases in der Höhe verzerrt. Die Größe des Glases muss dennoch realistisch bemessen sein, ist es zu klein oder zu groß, wirkt es unglaubwürdig.

Sie haben zwei Möglichkeiten, das Glas vorzuzeichnen:

Variante 1: Stellen Sie ein echtes Glas auf den Arbeitstisch und zeichnen Sie es mit der Schlüsselloch-Methode (siehe Seite 15).

Variante 2: Machen Sie es sich leichter, indem Sie dieses Bild kopieren.

GLAS

2

DUNKLE TONWERTE

Studieren Sie das Bild auf Seite 69 noch einmal. Mit dem Katzenzungenpinsel alle Bereiche ausmalen, die ganz oder fast schwarz aussehen. Dann mit bogenförmigen Pinselstrichen und weniger Farbe die dunkelgrauen Bereiche einfügen, dabei an den Rändern beginnen. Die Bleistiftstriche werden so überdeckt.

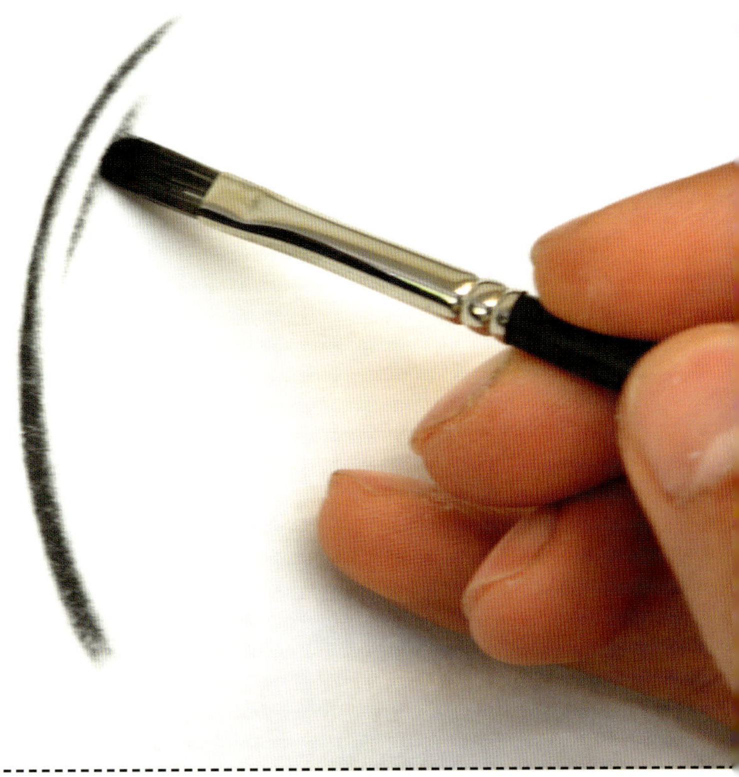

DIE SCHWARZE ÖLFARBE DECKEND AUFTRAGEN.

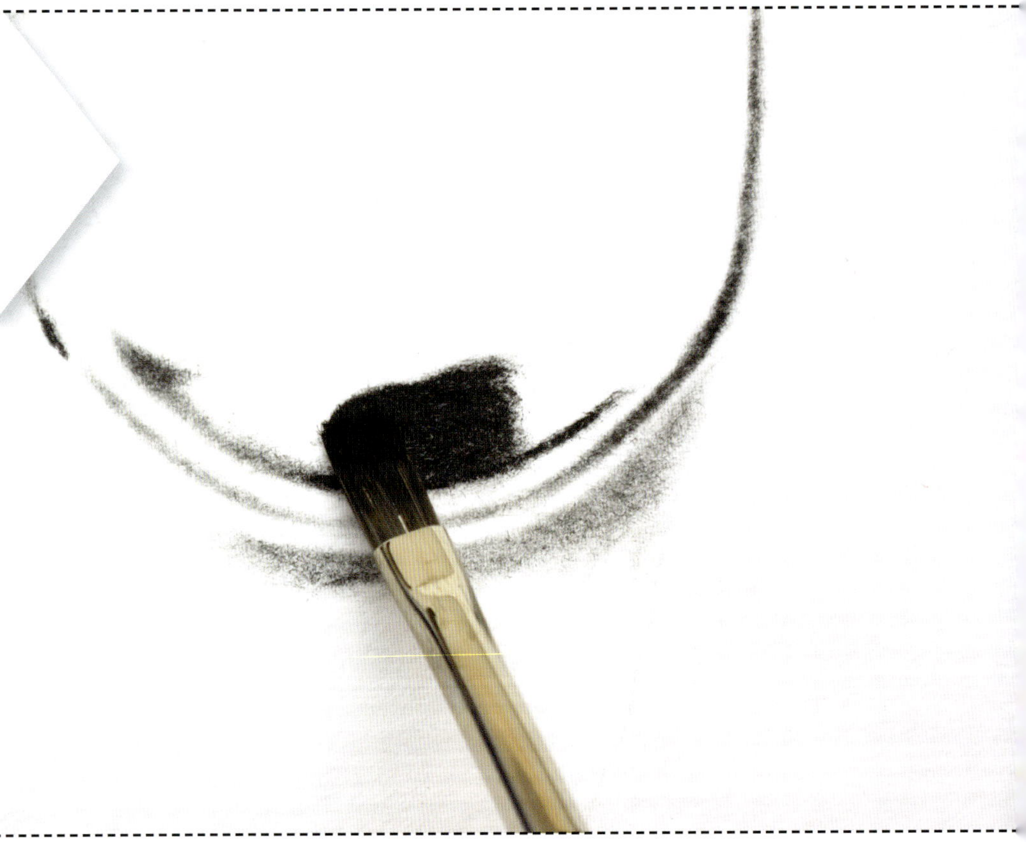

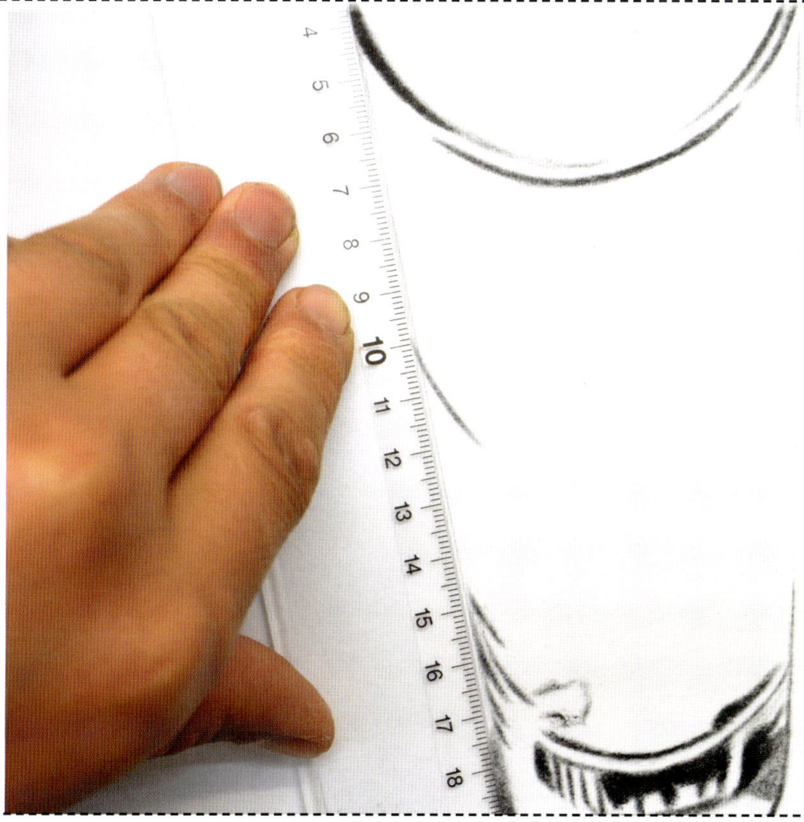

Die Seiten des Glases sind grau. Damit sie akkurat gerade werden, zeichnen Sie sie mit Bleistift und Lineal.

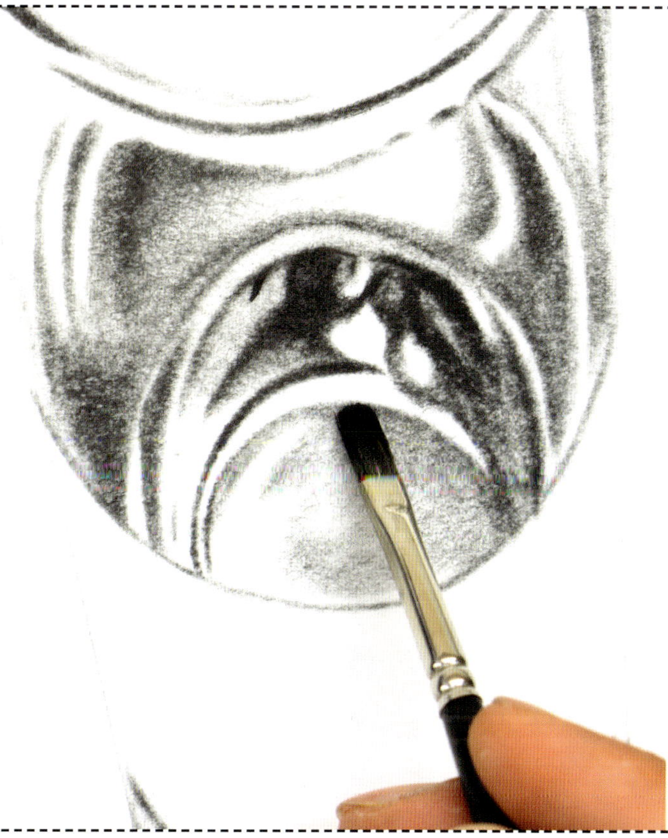

Mit einem dickeren Pinsel (Nr. 6 oder 8) und der Trockenpinseltechnik (siehe Seite 18) die größeren grauen Elemente malen, beispielsweise das Wasser im Glas. Für unterschiedliche Grautöne mehr oder weniger Farbe mit dem Pinsel aufnehmen, aber immer auf rauem Papier größtenteils abwischen. Mit einem nahezu trockenen Pinsel Nr. 12 größere graue Bereiche wie die Reflexionen im Glas einfügen.

GLAS

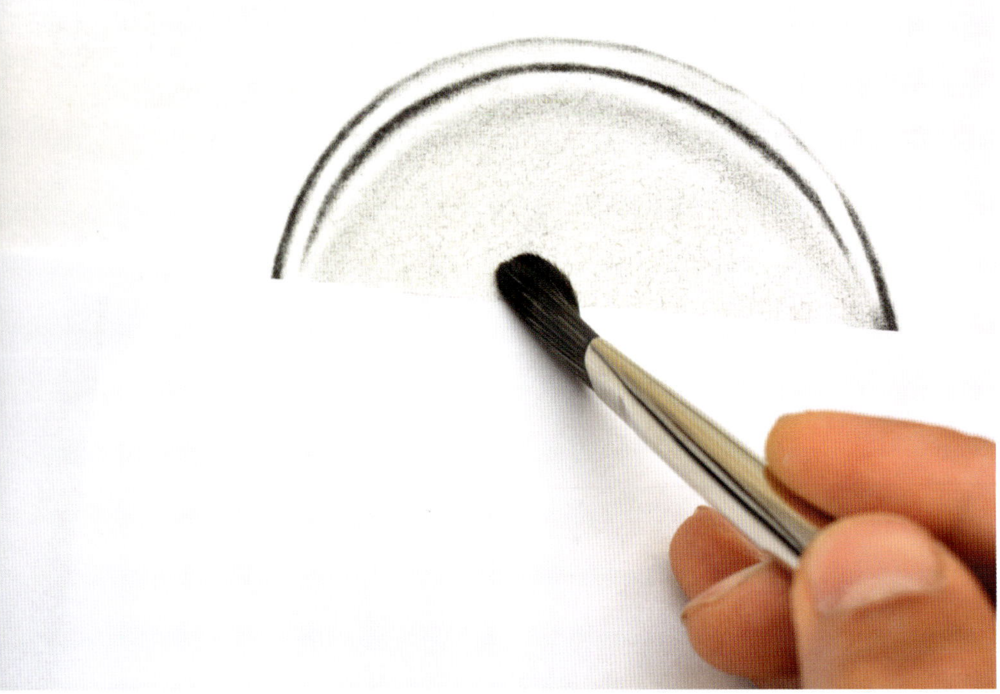

Den unteren Bereich des Glases mit einem Blatt Papier abdecken und nur den oberen mit fließenden Bewegungen etwas dunkler schattieren. Dabei kann einfach über den Rand der Papierabdeckung gemalt werden. Wozu dieser Schritt dient, wird später deutlich.

3 DER SCHLAGSCHATTEN

Ein echtes Glas mit Wasser wirft einen Schatten. Dieser Schlagschatten ist für die dreidimensionale Wirkung des Bildes wichtig. Ohne einen überzeugenden Schatten würde es nicht realistisch aussehen.

Beim Malen des Schattens ist Präzision gefordert. Wenden Sie die gleiche Grundtechnik an wie im vorigen Schritt: Wenig Farbe mit dem Katzenzungenpinsel aufnehmen und auf rauem Papier abstreifen, bis die Farbe nur noch ganz geringfügig schmiert. Dann mit schwungvollen Pinselstrichen den Schatten von dunkel nach hell malen.

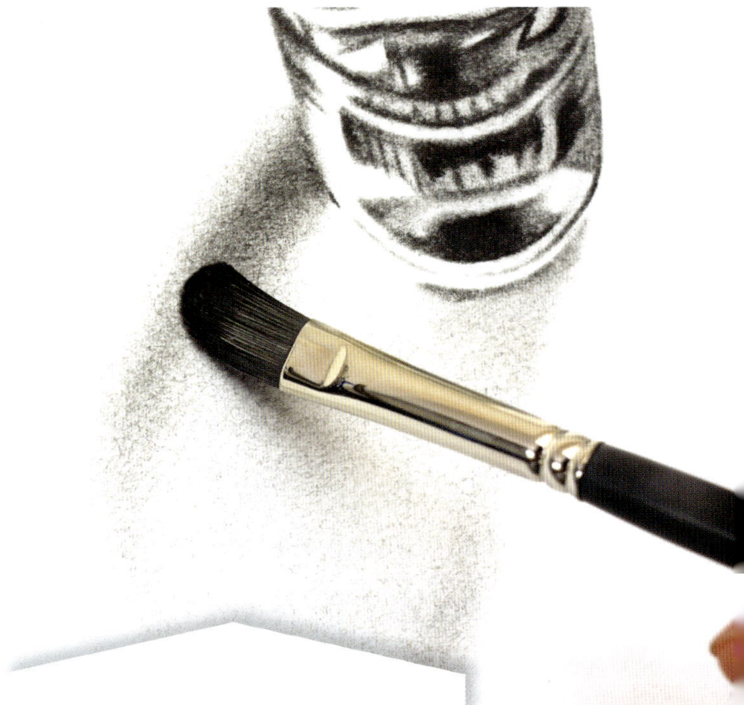

In meinem Atelier fällt das Licht von rechts auf meinen Arbeitstisch, darum muss der Schatten des Glases nach links fallen.

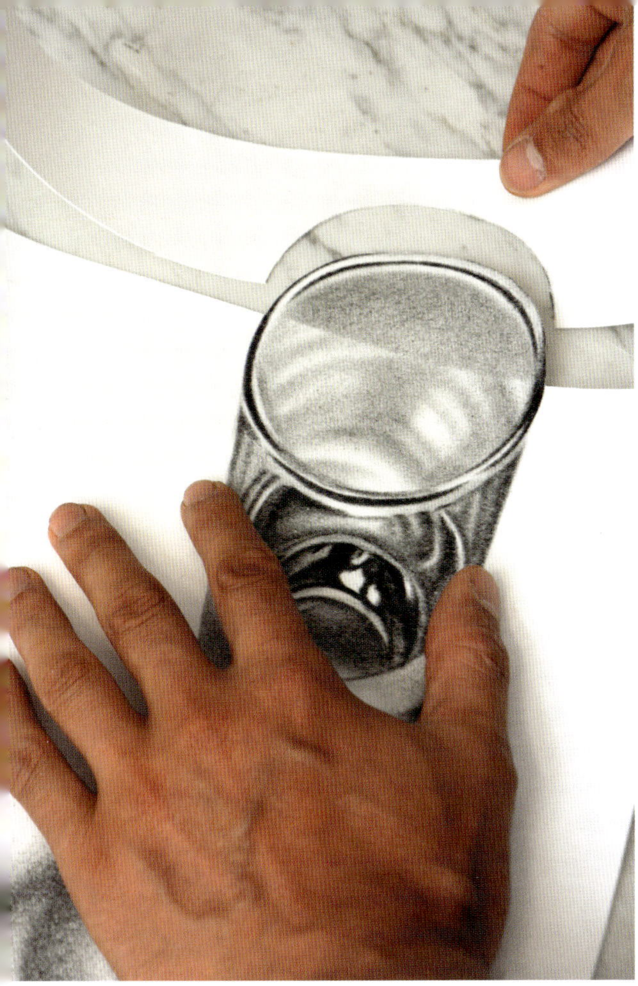

4 ÜBER DIE GRENZE

Wenn Sie das Glas nun von der Seite betrachten, sollte es wie ein dreidimensionales Objekt aussehen, das auf dem Papier steht. Der Effekt lässt sich noch verstärken, indem man das Papier im oberen Bereich wegschneidet. Ein Lineal an der Linie anlegen, die den dunkleren Bereich des Glases vom helleren trennt (entstanden durch die Papierabdeckung in Schritt 2). Mit einem Cutter oder einer Schere auf dieser Linie schneiden. Dabei das Glas nicht durchschneiden, sondern seiner oberen Kontur folgen.

5 PERFEKTE ILLUSION

Wenn Sie das Bild von der Seite betrachten, scheint das Wasserglas über das Papier rauszuragen. Für die Augen ist es nicht erklärlich, warum ein Bild über den Papierrand hinausstehen kann, darum zieht das Gehirn automatisch die Schlussfolgerung, dass das Glas nicht Teil des Papiers ist, sondern auf ihm steht. Die optische Täuschung ist gelungen!

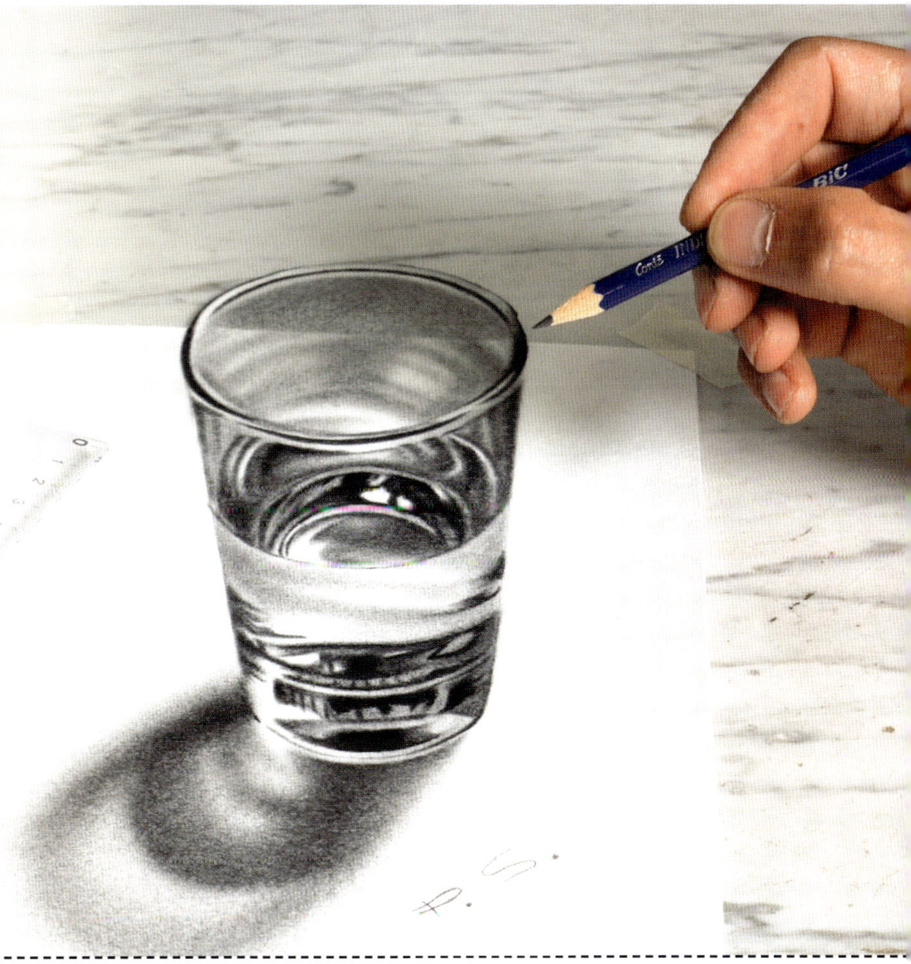

PROJEKT ACHT

MARIENKÄFER

Ein Lebewesen wie dieser Marienkäfer ist etwas anspruchsvoller zu malen. Wenn der Eindruck entstehen soll, der Käfer könne jeden Moment wegfliegen, müssen die Proportionen glaubwürdig und die Farben naturgetreu sein. Konzentrieren Sie sich beim Malen auf die Linien und die Farbübergänge. Denken Sie immer daran, dass das Motiv ein Lebewesen ist – das hilft, dem Bild Energie zu verleihen.

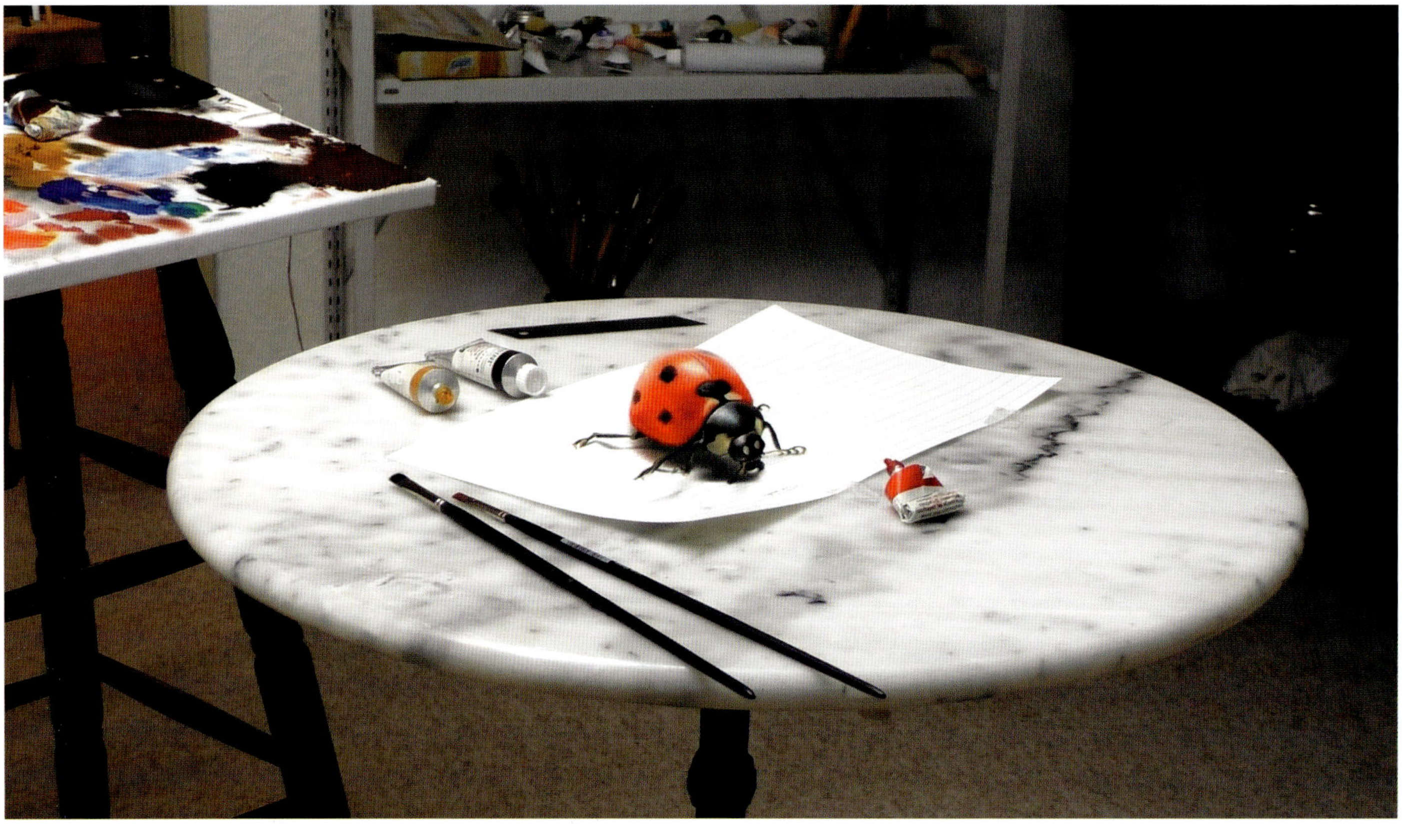

MATERIAL

- Weißes Zeichenpapier (DIN A3)
- Bleistift
- Lineal
- Ölfarbe in Schwarz, Rot, Ockergelb und Weiß
- Flachpinsel, Synthetikhaar
- Katzenzungenpinsel, Nr. 4 und 12
- Kugelschreiber
- Schere oder Cutter

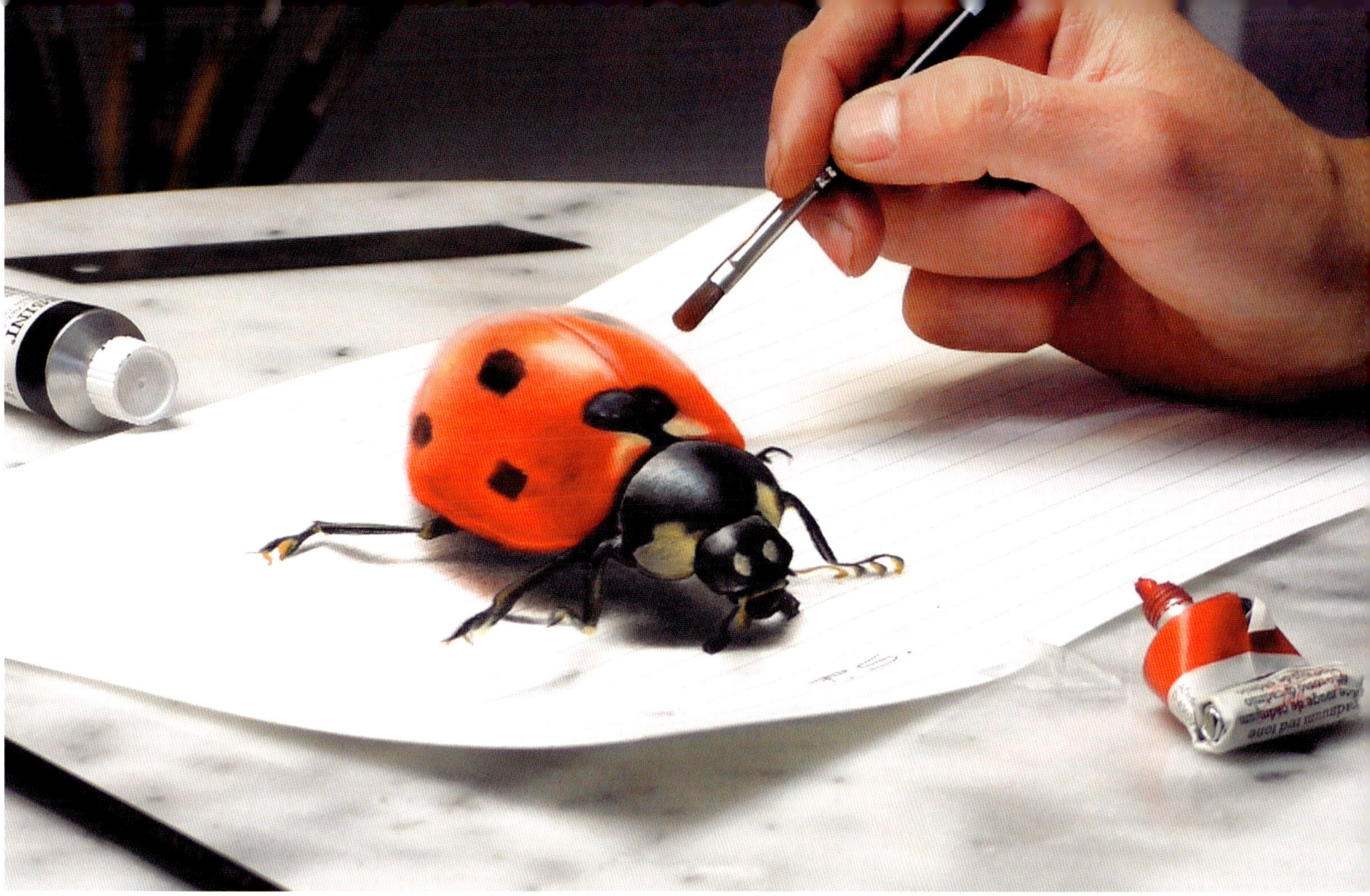

1 KONTUREN

Der Marienkäfer soll von der Seite mit den richtigen Proportionen gezeichnet werden. Wie beim Würfel auf Seite 18 haben Sie zwei Möglichkeiten:

Variante 1: Studieren Sie das Motiv oben und kopieren Sie es mit Bleistift. Wenden Sie die Schlüsselloch-Methode an (siehe Seite 15).

Variante 2: Kopieren Sie diese verzerrte Zeichnung. Um die Proportionen richtig zu erfassen, können Sie ein weißes Blatt Papier auf mein Bild legen und es mit Bleistift durchpausen.

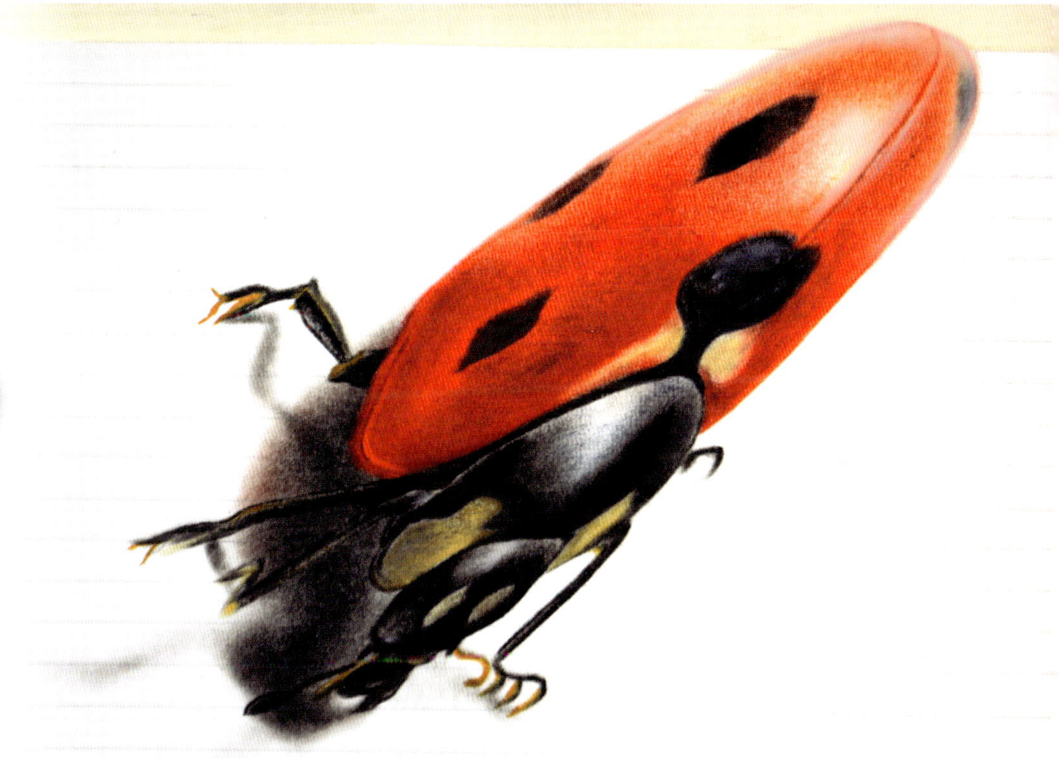

MARIENKÄFER

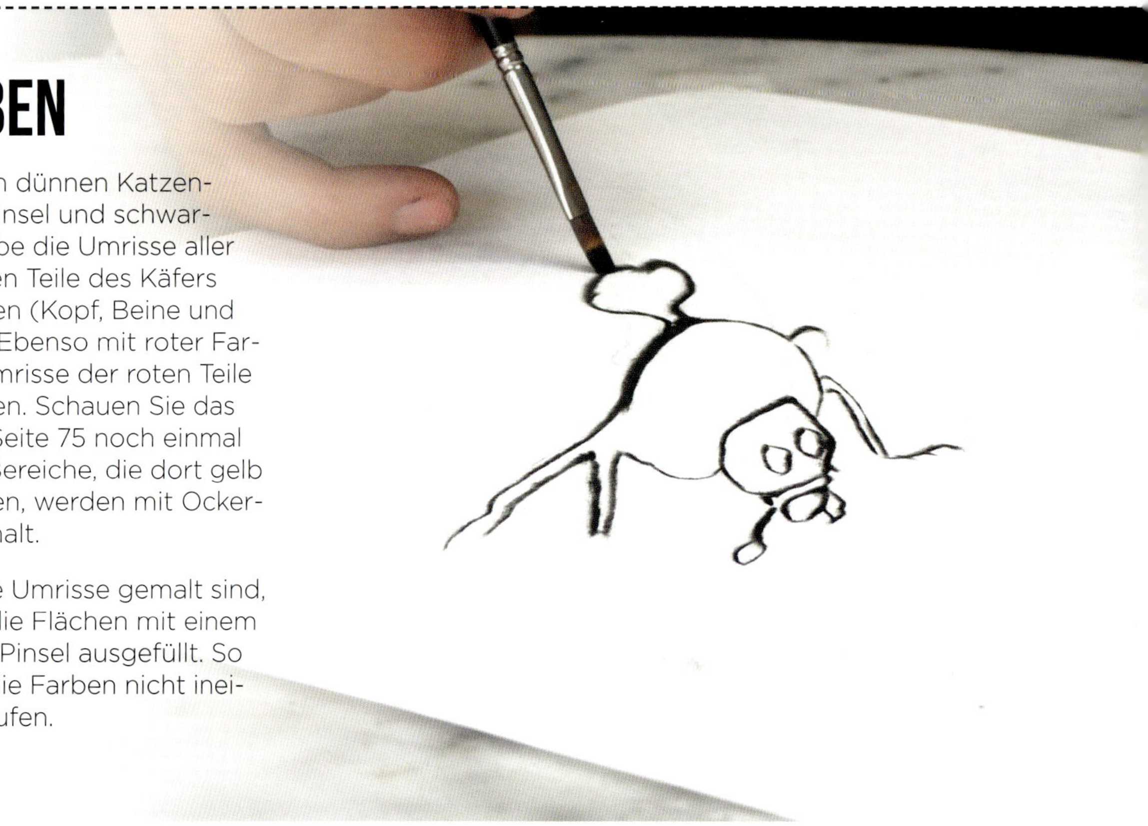

2

FARBEN

Mit einem dünnen Katzenzungenpinsel und schwarzer Ölfarbe die Umrisse aller schwarzen Teile des Käfers nachmalen (Kopf, Beine und Punkte). Ebenso mit roter Farbe die Umrisse der roten Teile nachmalen. Schauen Sie das Bild auf Seite 75 noch einmal an. Alle Bereiche, die dort gelb erscheinen, werden mit Ockergelb gemalt.

Wenn die Umrisse gemalt sind, werden die Flächen mit einem dickeren Pinsel ausgefüllt. So können die Farben nicht ineinanderlaufen.

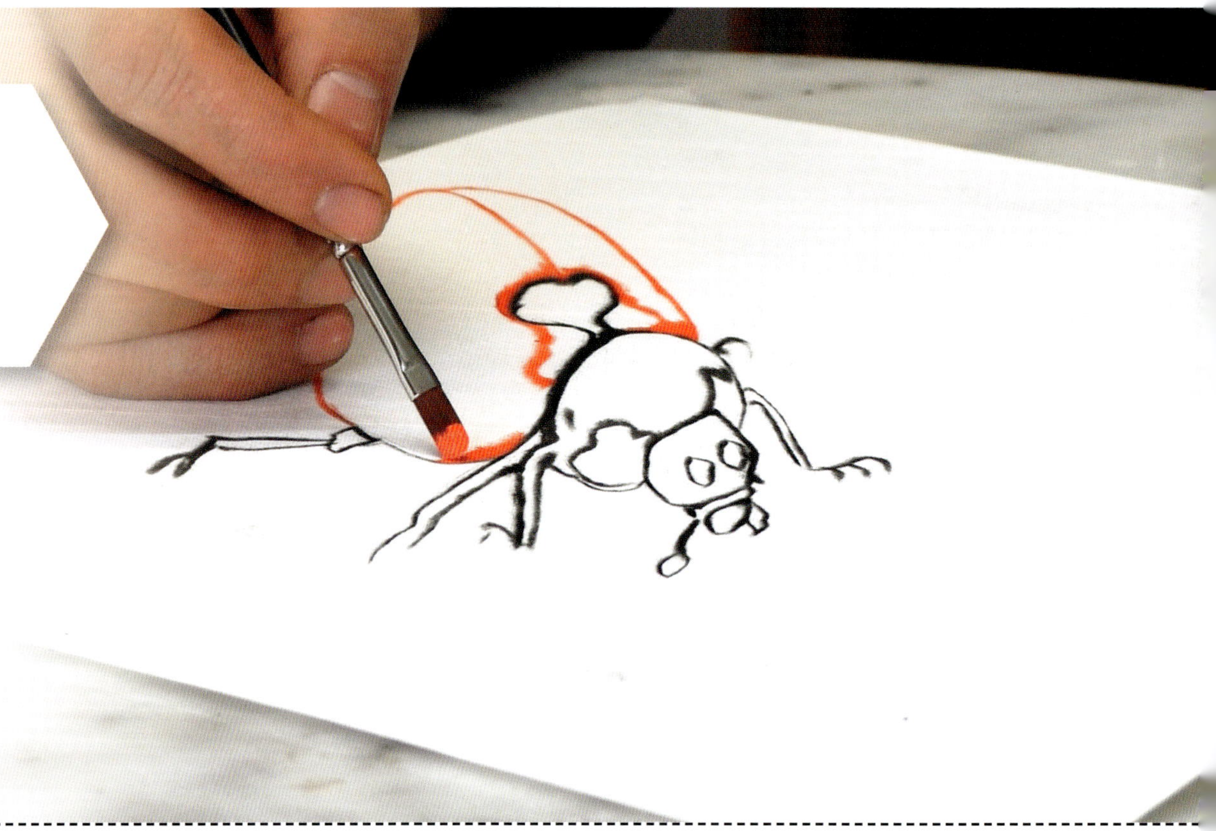

Durch weiche, fließende Farbübergänge wirkt der Marienkäfer lebensecht.

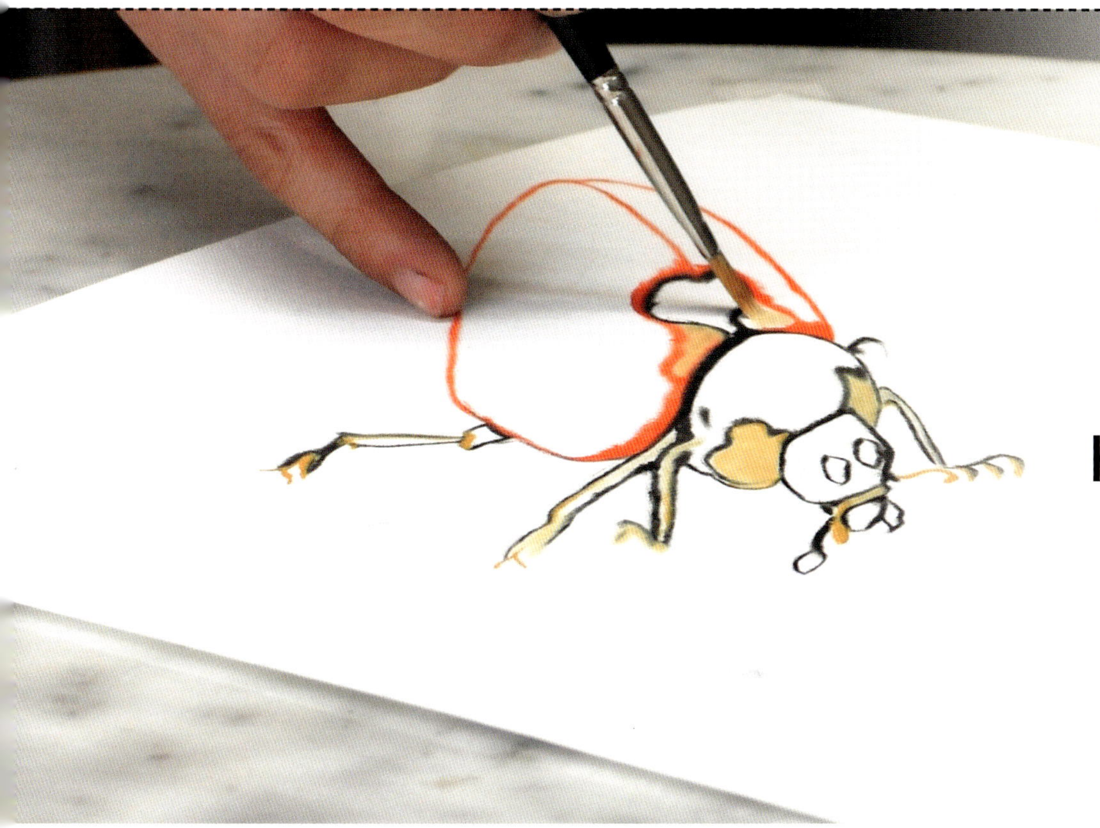

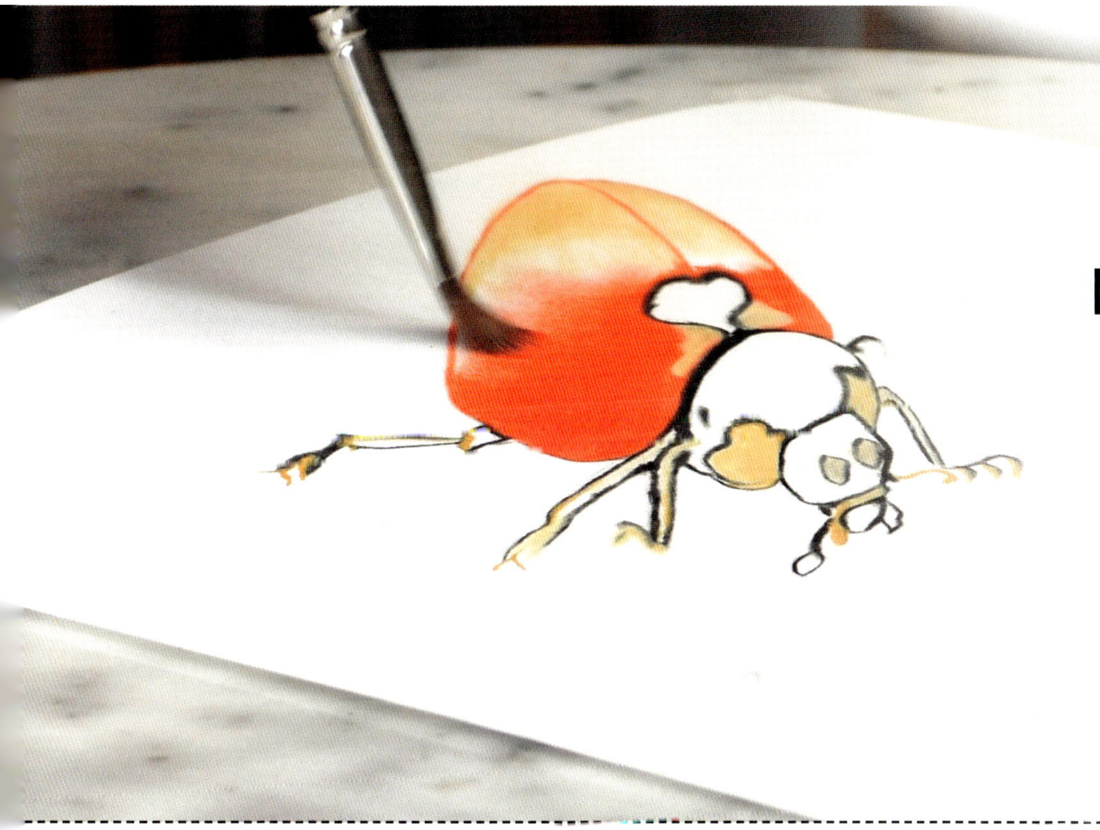

UM DIE HAND BEIM MALEN FEINER DETAILS RUHIG ZU HALTEN, SETZEN SIE DIE NAGELSPITZE DES KLEINEN FINGERS AUF DAS ZEICHENPAPIER. SO GELANGT KEIN HAUTFETT AUF DAS PAPIER, UND DIE HAND WIRD DENNOCH AUSREICHEND STABILISIERT.

MARIENKÄFER

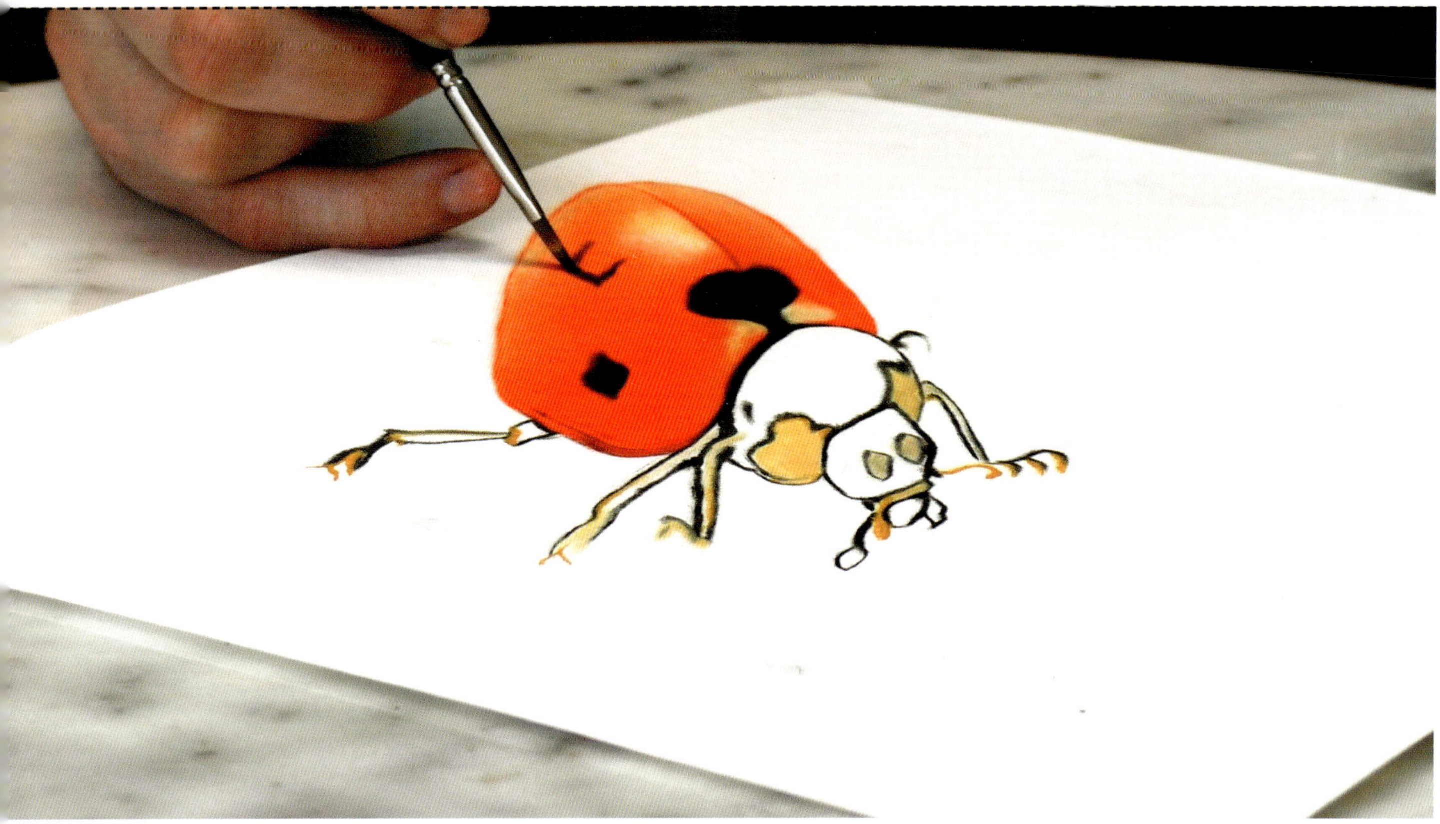

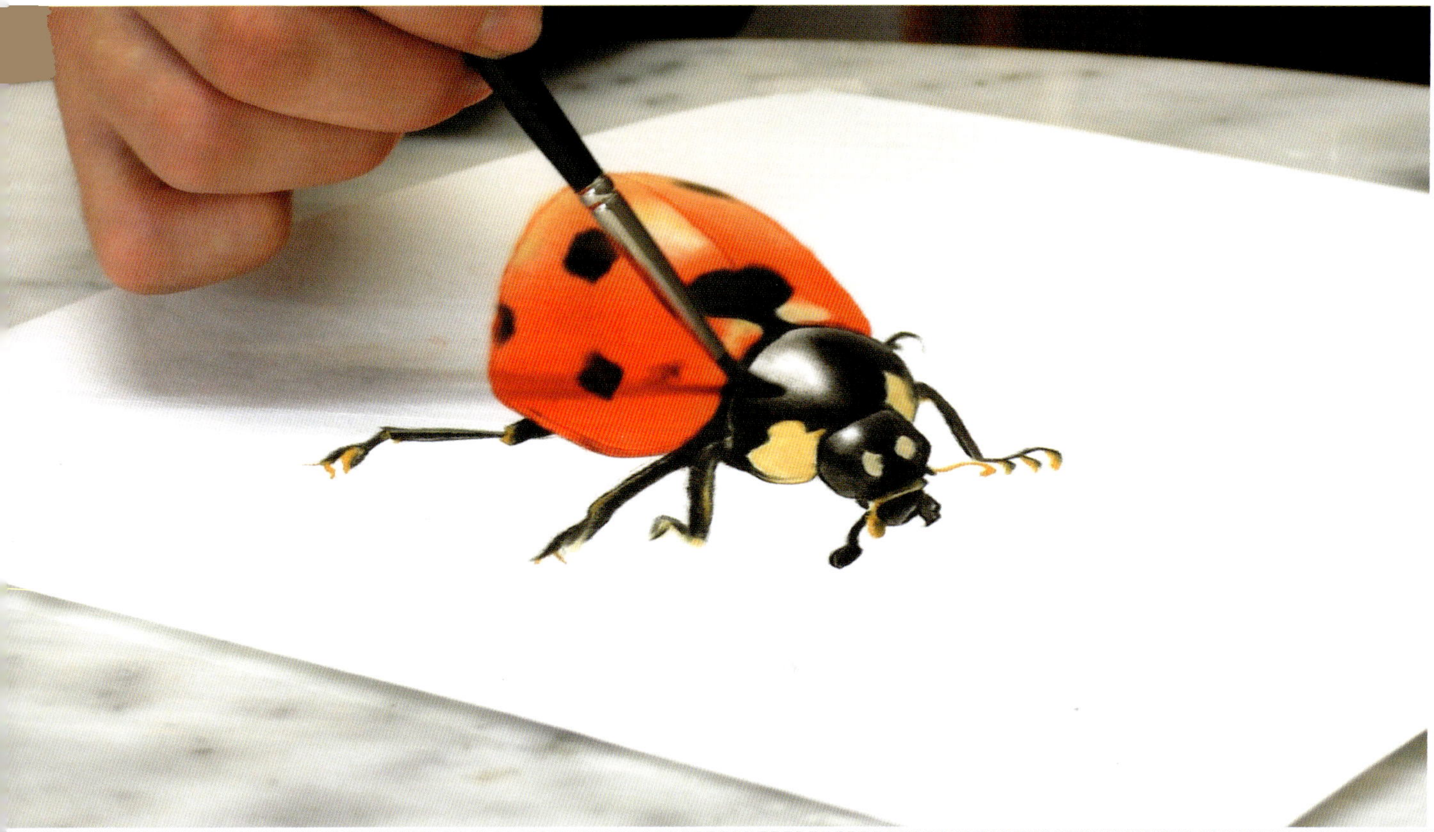

3

SCHATTEN

Der Käfer sieht schon realistisch aus und auch die Farben wirken lebensecht. Der Bezug zum Hintergrund fehlt aber noch. Damit der Eindruck entsteht, der Käfer würde über das Papier krabbeln, muss unter seinem Körper noch ein Schlagschatten eingefügt werden.

Mit der Trockenpinseltechnik (siehe Seite 16), schwarzer Ölfarbe und einem Pinsel Nr. 12 den Schatten mit fließenden Pinselstrichen immer von dunkel nach hell malen. Für Feinheiten wie die Schatten der Beine einen dünneren Pinsel verwenden.

Weil ein echter Marienkäfer auch Licht auf das Papier reflektieren würde, tupfen Sie etwas rote Farbe an die Ränder des Schattens. Glanzlichter werden mit Weiß aufgehellt.

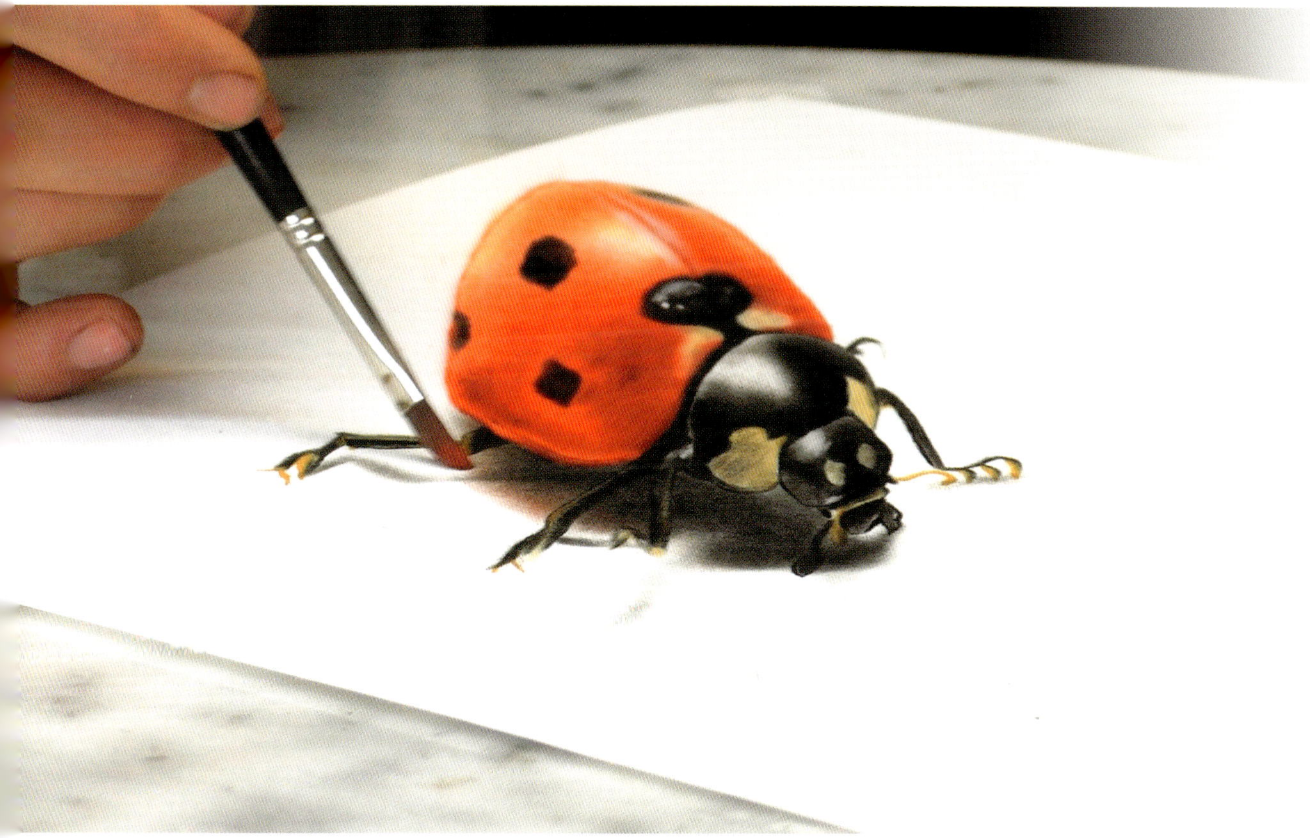

MARIENKÄFER

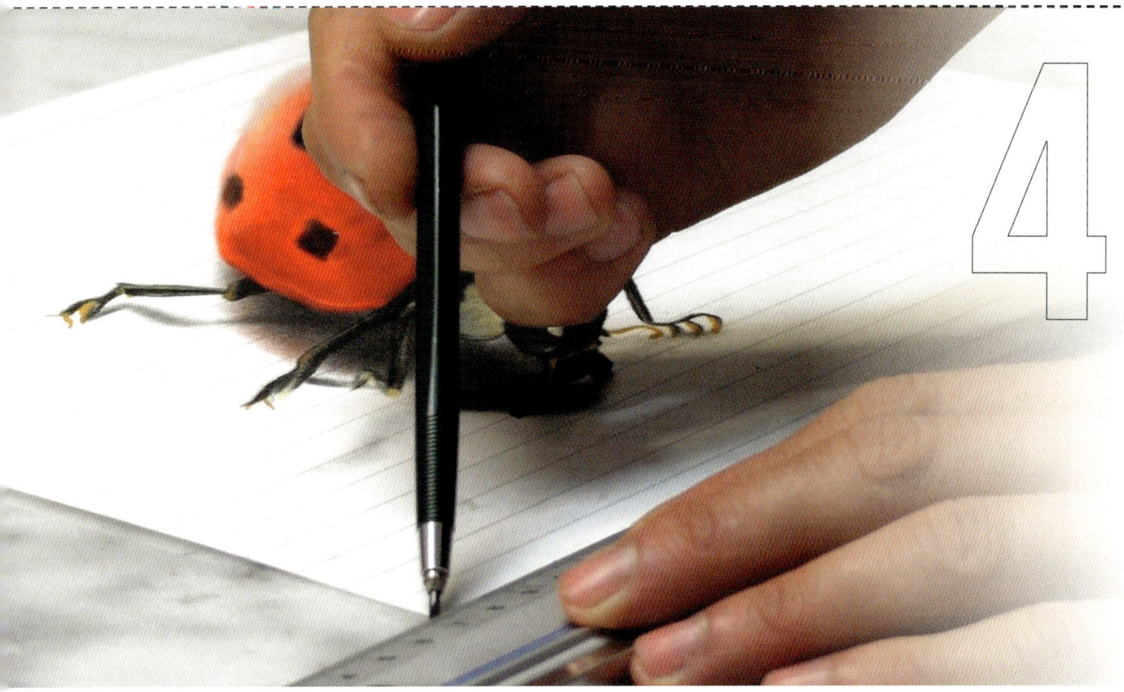

4 DAS GEHIRN TÄUSCHEN

Durch den Schatten wirkt der Marienkäfer schon sehr realistisch. Der 3D-Effekt lässt sich aber noch verstärken, indem man Linien auf das Papier zeichnet, die dem Auge als Orientierungshilfe dienen. Die Linien mit Bleistift und Lineal quer über das Papier – aber nicht über den Käfer – ziehen.

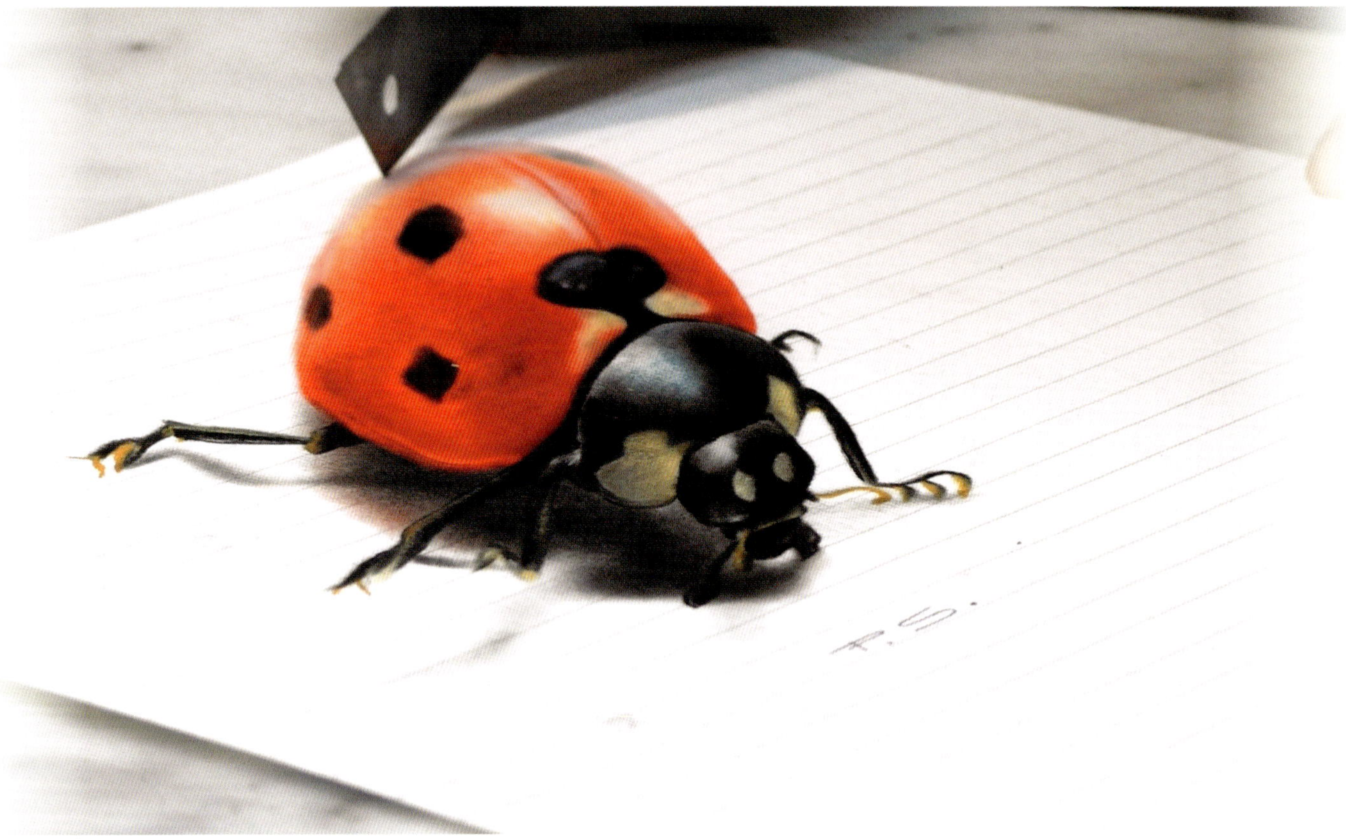

5 SCHNEIDEN

Mit dem letzten Trick wird das Gehirn ebenfalls getäuscht. Er verstärkt den Eindruck, dass der Marienkäfer auf dem Papier sitzt. Den oberen Teil des Papiers abschneiden, dabei sauber um den Käfer herumarbeiten, sodass sein Rücken leicht über den Rand des Papiers hinausragt.

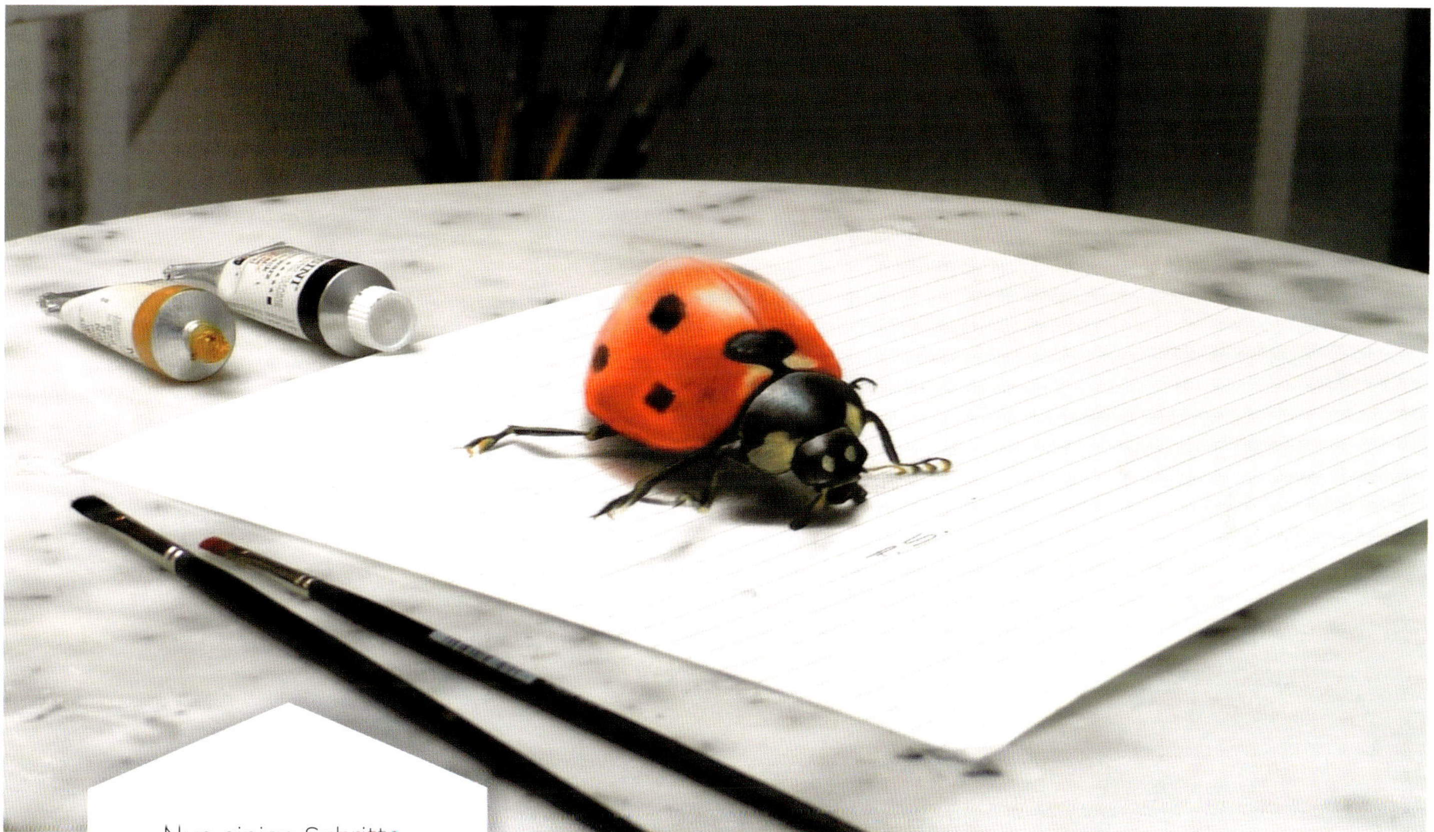

Nun einige Schritte zurücktreten und das Bild aus einem 20-Grad-Winkel begutachten. Wenn die optische Illusion gelungen ist, »sitzt« ein dreidimensionaler Käfer auf dem Papier.

PROJEKT NEUN

AUTO

3D-Bilder können im Hochformat und im Querformat gemalt werden, die optische Täuschung tritt aber nur ein, wenn man sie von der Seite betrachtet. Hier lernen Sie, einen klassischen Oldtimer von schräg vorn zu malen.

MATERIAL

- Zeichenpapier (DIN A3)
- Bleistift
- Ölfarbe in Kobaltblau, Kobaltgrün, Kadmiumrot, Gelb und Titanweiß
- Flachpinsel, Synthetikhaar
- Katzenzungenpinsel, Nr. 4 und 12
- Mehrzwecköl
- Lineal
- Schere

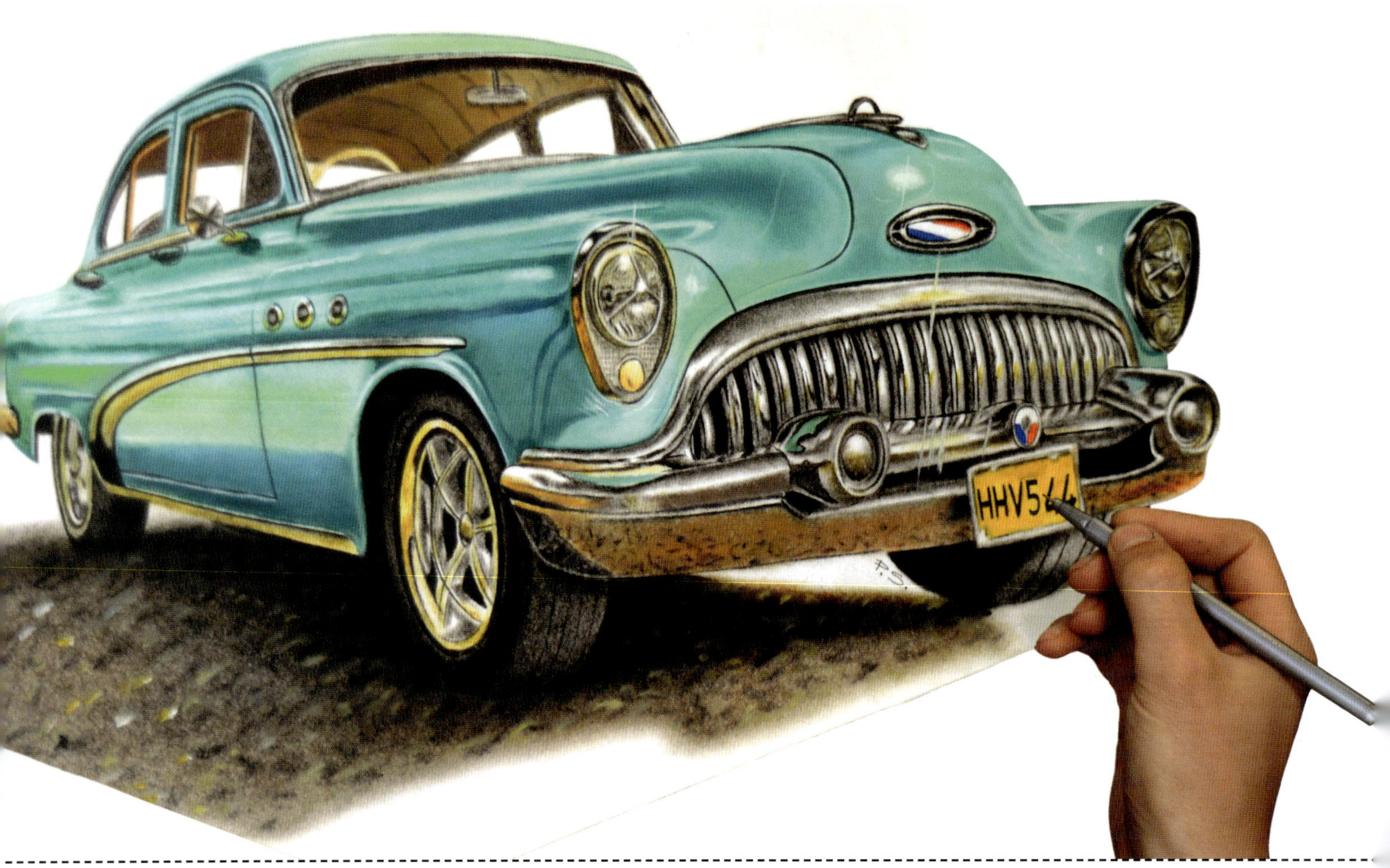

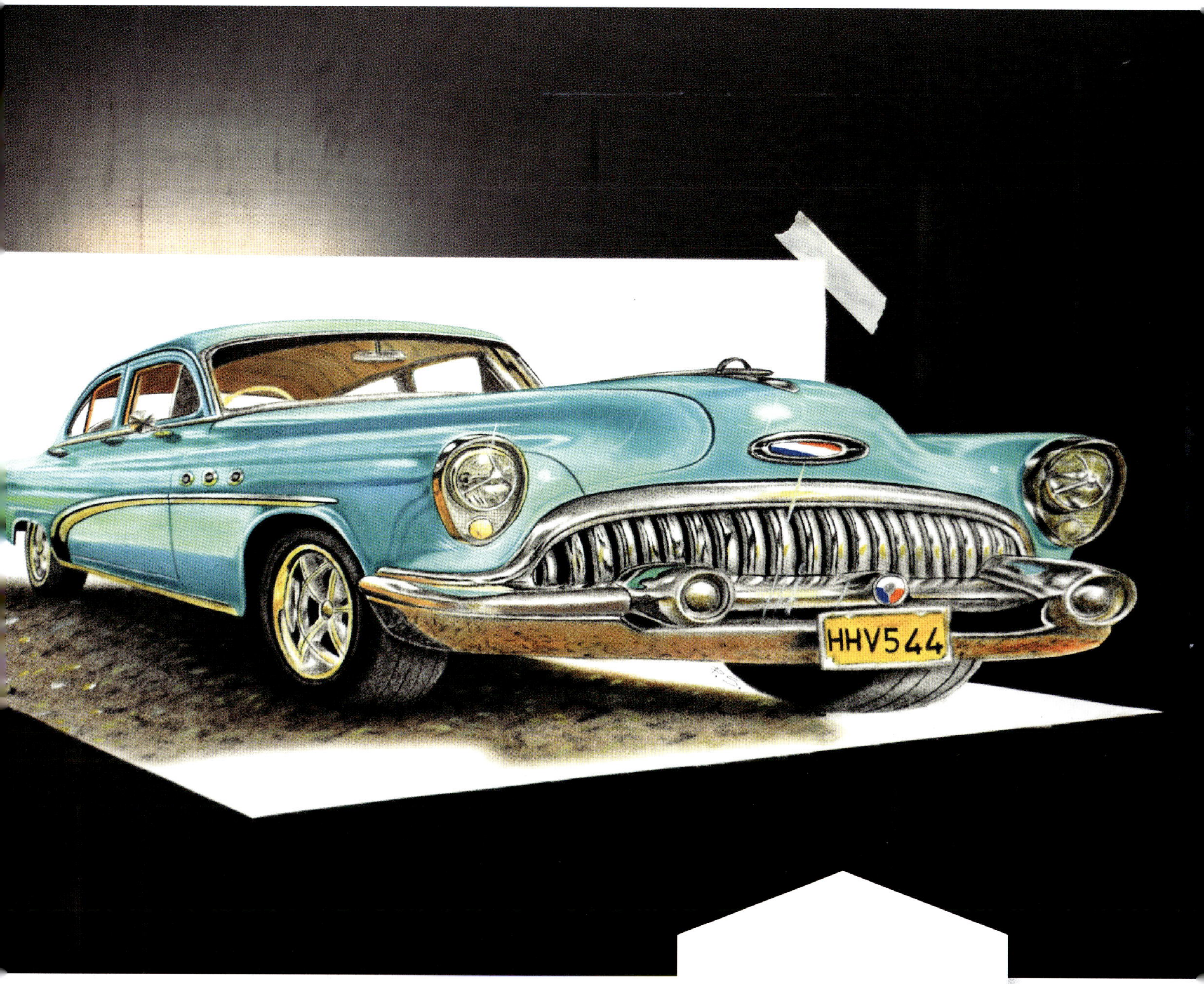

1

VORZEICHNEN

Damit das Auto später dreidimensional wirkt, muss es in der Breite verzerrt werden. Auch die Länge, die perspektivisch gezeichnet wird, ist verzerrt. Aus einem seitlichen Blickwinkel erscheinen die Proportionen später richtig und der Betrachter gewinnt den Eindruck, das Auto schräg von vorn zu sehen.

Das Zeichnen eines anamorph verzerrten Bildes ist schwierig, darum empfehle ich, das Foto (oben) als Vorlage zu verwenden. Sie können es kopieren oder freihändig abzeichnen.

AUTO

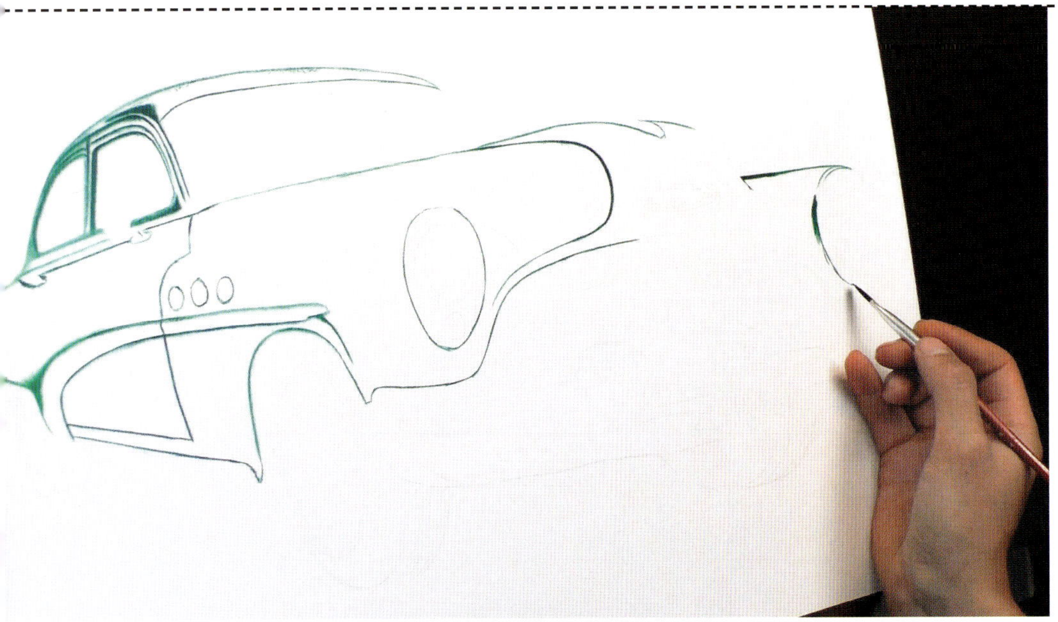

2 GRUNDFARBE

Auf dem Foto auf Seite 83 ist zu sehen, dass die Lackierung des Autos viele Farbtöne aufweist. Tragen Sie zuerst die Grundfarbe auf – ein Grün mit einer Tendenz zum Türkis. Diese Farbe wird aus Kobaltgrün mit etwas Kobaltblau gemischt.

Mit dieser Mischung die Umrisse des Autos mit einem kleinen Flachpinsel malen, dann die umrandeten Bereiche mit derselben Farbe ausfüllen. Verwenden Sie einen dünnen Pinsel für kleine Flächen und einen Pinsel Nr. 12 für größere. Scheinwerfer, Reifen, Fenster und andere Details bleiben frei, sie werden später ausgemalt.

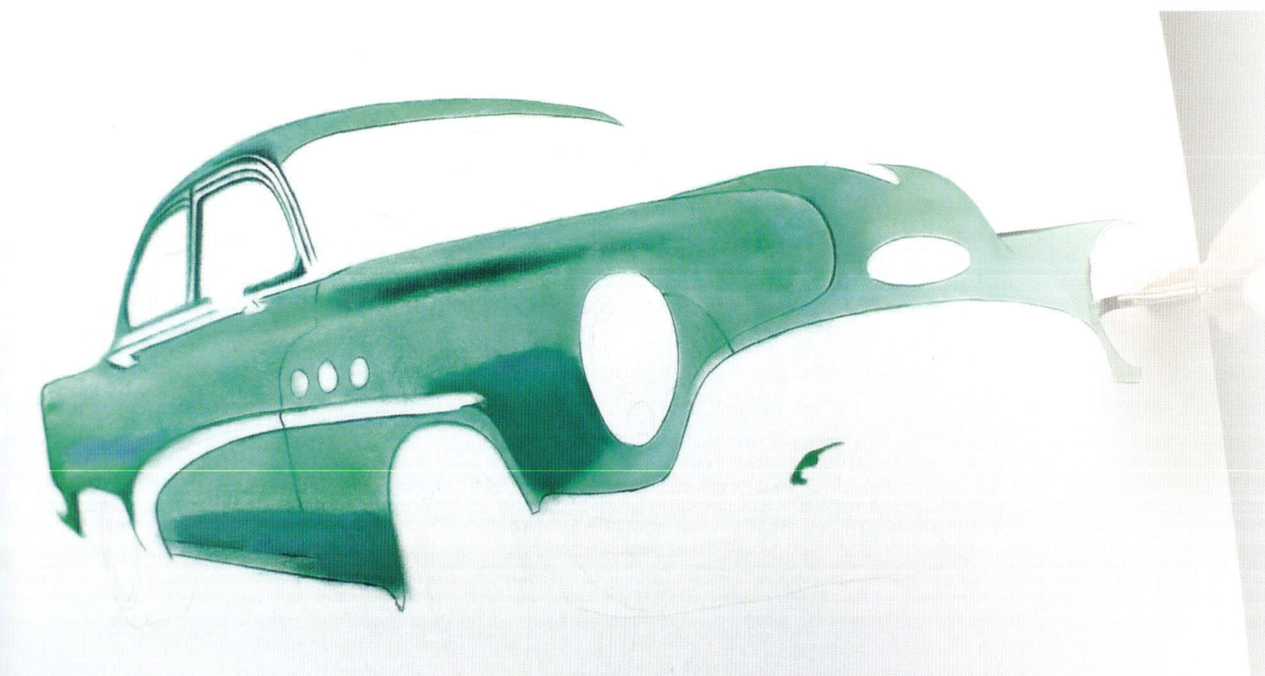

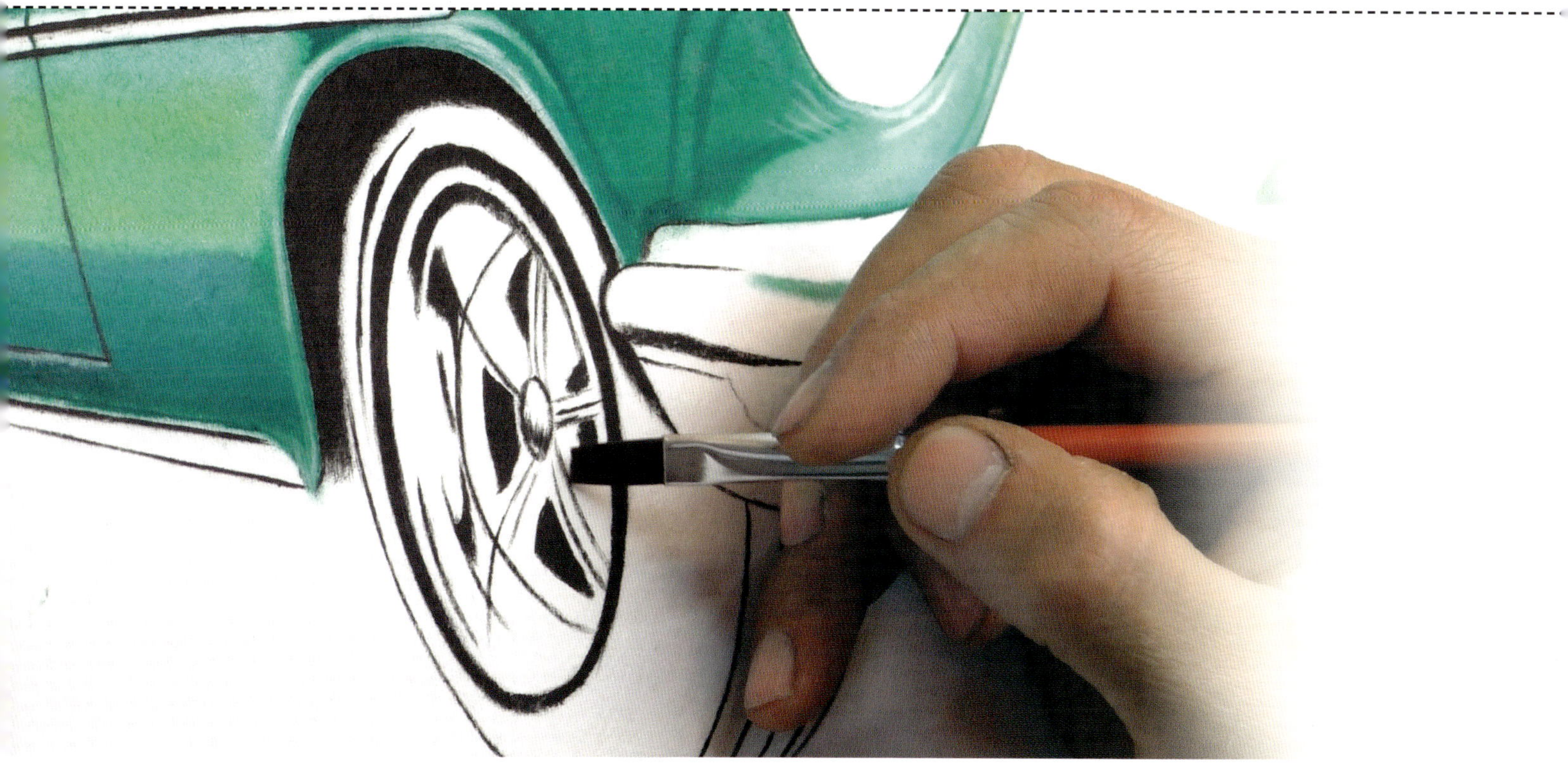

3 3D-EFFEKT

Orientieren Sie sich beim Ausarbeiten der Tonwerte am Foto auf Seite 83. Für dunklere Bereiche Blau verwenden, für hellere Grün und für Lichtreflexe Weiß. So werden die Schatten- und Lichtbereiche und die Reflexe auf dem glänzenden Lack dargestellt.

MIT DEN HELLEREN FARBEN BEGINNEN UND DIE DUNKLEREN, STÄRKER PIGMENTIERTEN DANACH AUFTRAGEN. KLEINE FEHLER MIT HELLEN FARBEN KÖNNEN SIE EINFACH MIT DUNKLEREN ÜBERMALEN. DUNKLE FARBEN LASSEN SICH SCHLECHTER ÜBERDECKEN.

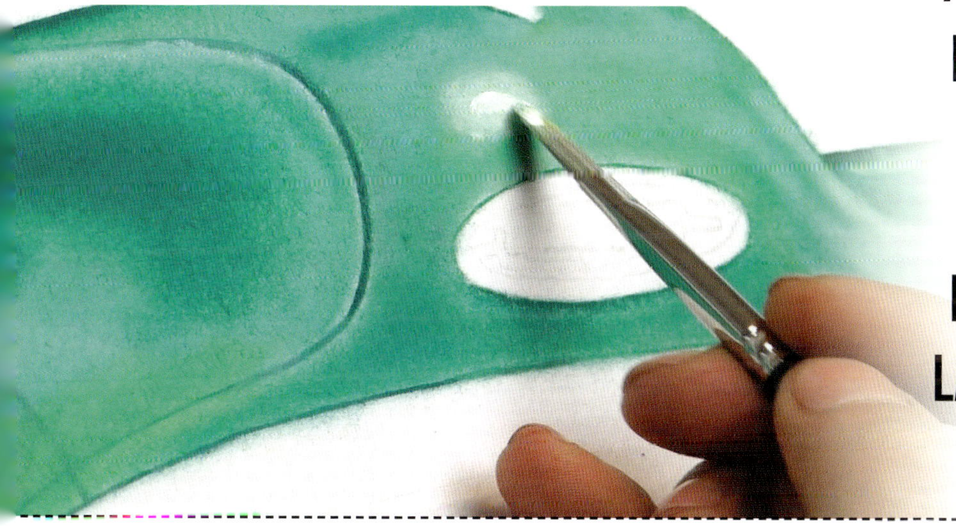

AUTO

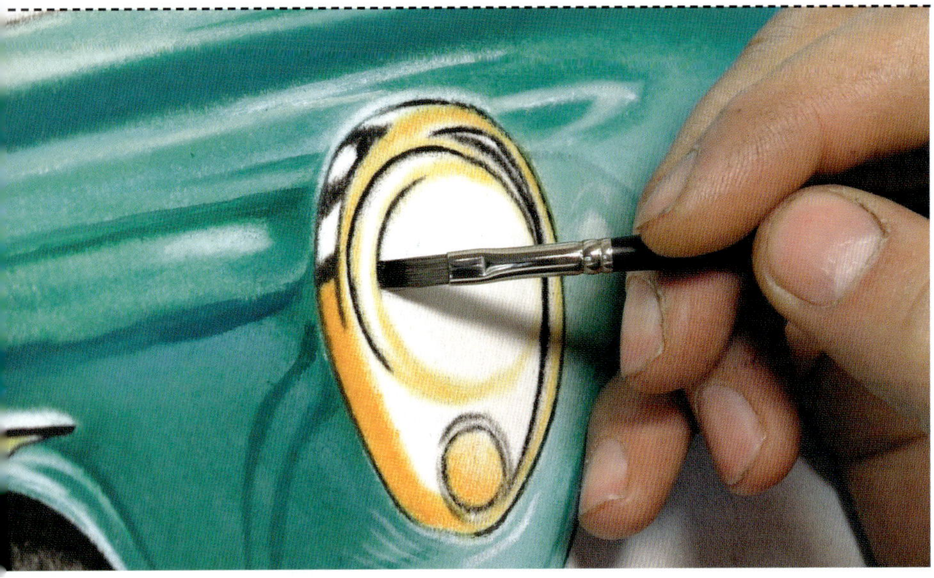

Die schwarzen und gelben Details, beispielsweise an Scheinwerfern und Radkappen, mit einem feinen Pinsel malen. Für Lichtreflexe deckende weiße Farbe verwenden. Die langen, geraden Zierleisten an der Seite des Autos gelingen am besten mit einem Flachpinsel. Vorher die Farbe mit etwas Mehrzwecköl verdünnen.

4 SCHATTEN

Noch fehlt der Schatten, der erkennbar macht, dass das Auto auf dem Boden steht. Das Sonnenlicht ist sehr hell, darum muss der Schatten recht dunkel sein, um realistisch zu wirken.

Das Papier unter dem Auto mit schwarzer Farbe dunkel eintönen. Mit größerer Entfernung zum Auto wird der Schatten etwas heller. Das geschieht von allein, weil der Pinsel beim Malen von dunkel nach hell allmählich Farbe abgibt.

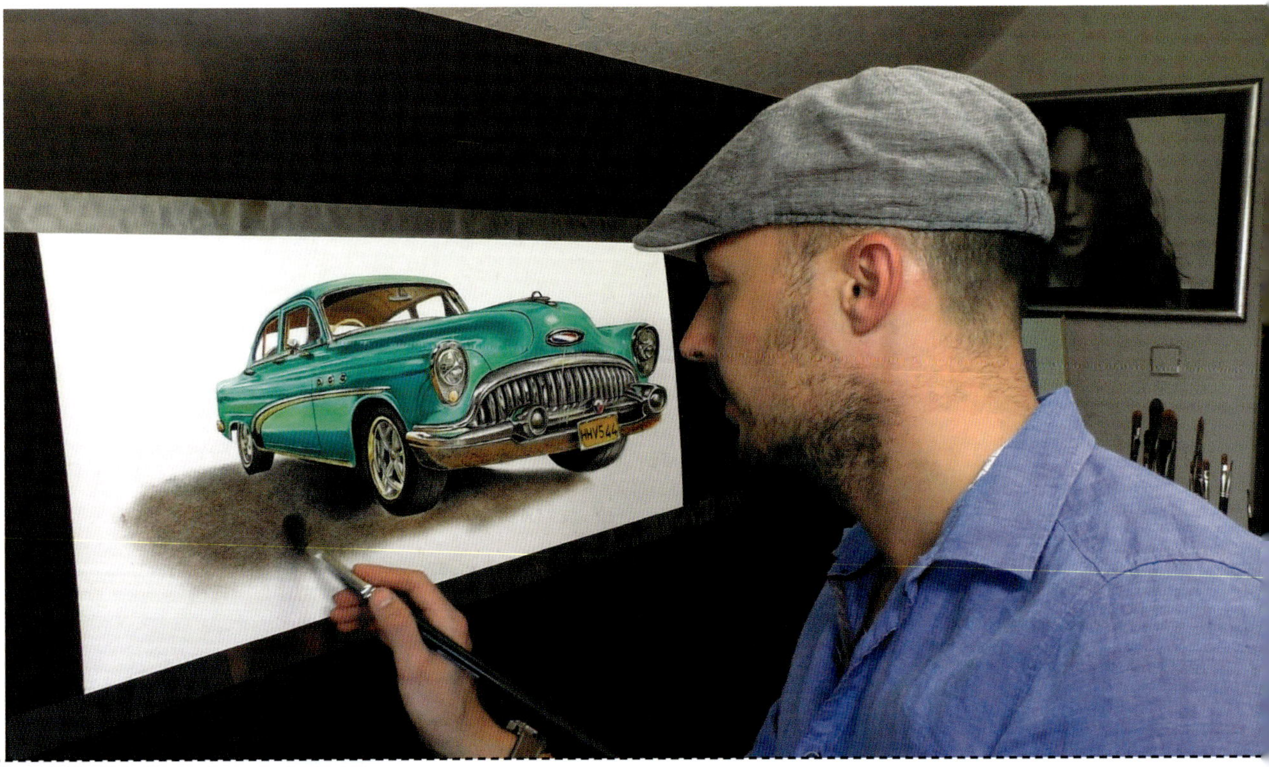

5

NEUE GRENZEN

Der technische Teil des anamorphen Bilds ist geschafft. Um die optische Täuschung perfekt zu machen, können noch weitere Tricks angewandt werden.

Mit Bleistift und Lineal eine senkrechte Linie rechts über der Motorhaube zeichnen, eine weitere Linie unter dem Schatten. Mit einer Schere auf den Linien und um das Auto herum schneiden.

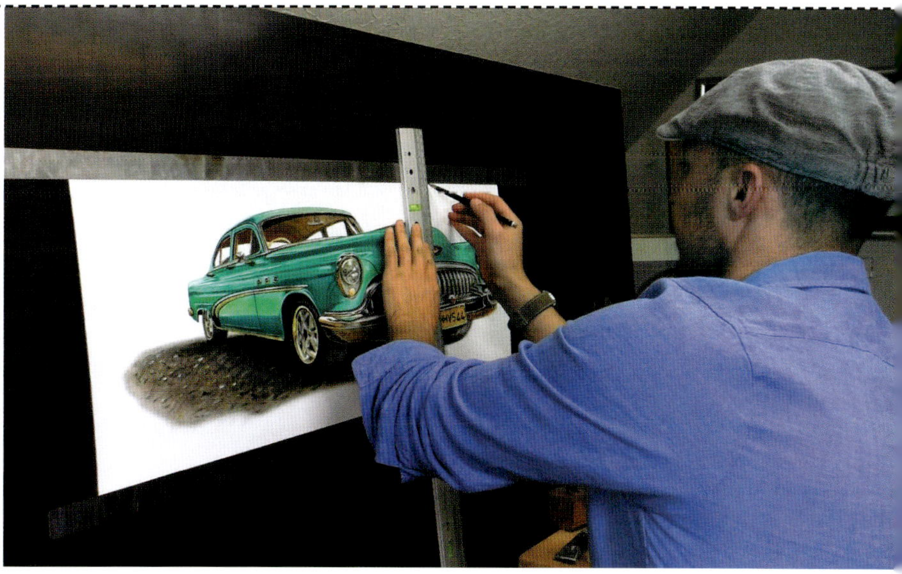

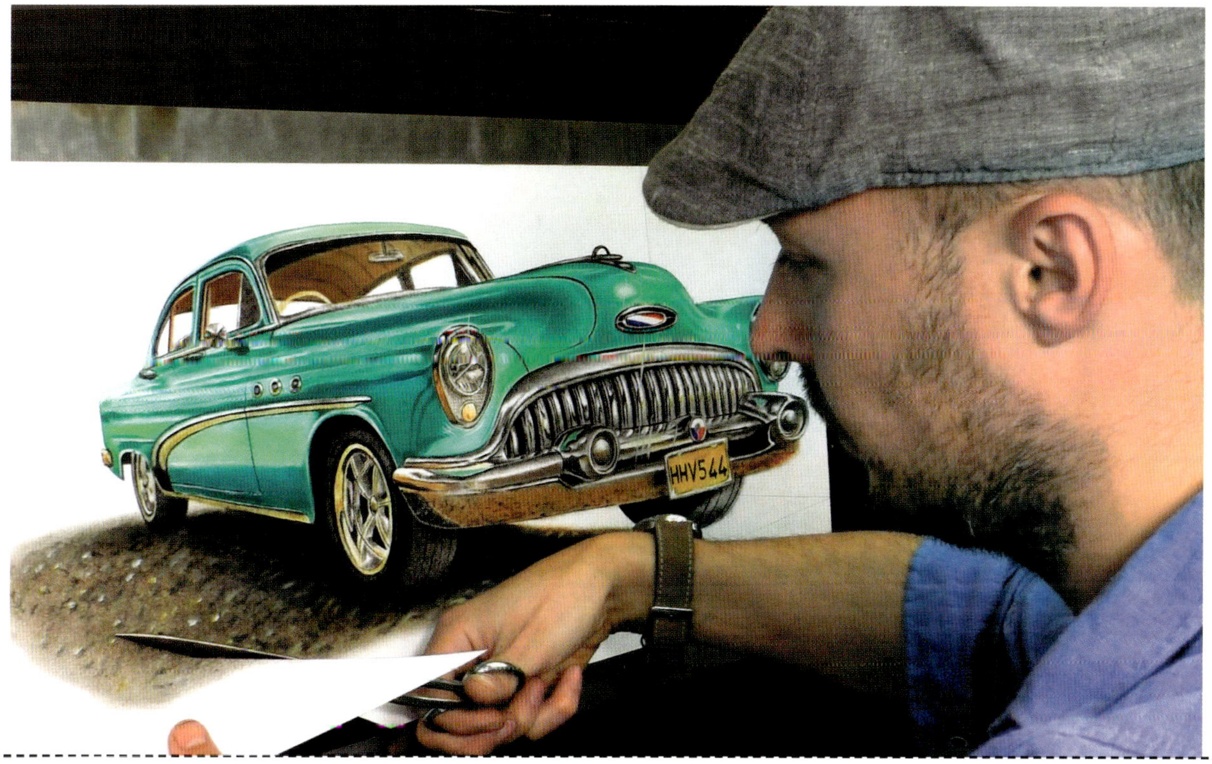

AUTO

6

GAS GEBEN

Jetzt sieht es aus, als ob das Auto gleich vom Papier herunterfahren will.

Treten Sie einige Schritte zurück und betrachten Sie das Bild aus einem Winkel von 45 Grad. Falls nötig, nehmen Sie allerletzte Korrekturen vor. Dann ist das Bild fertig.

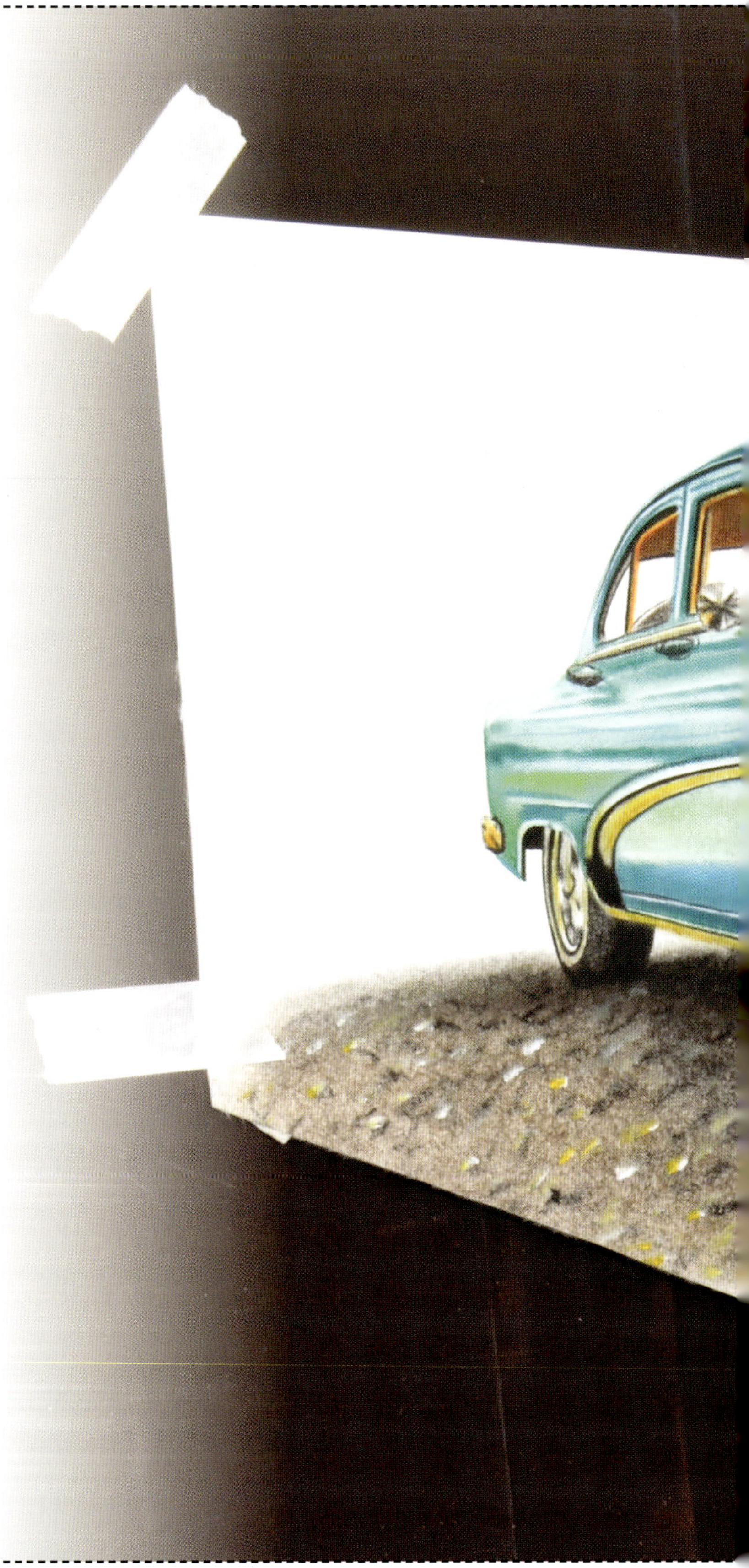

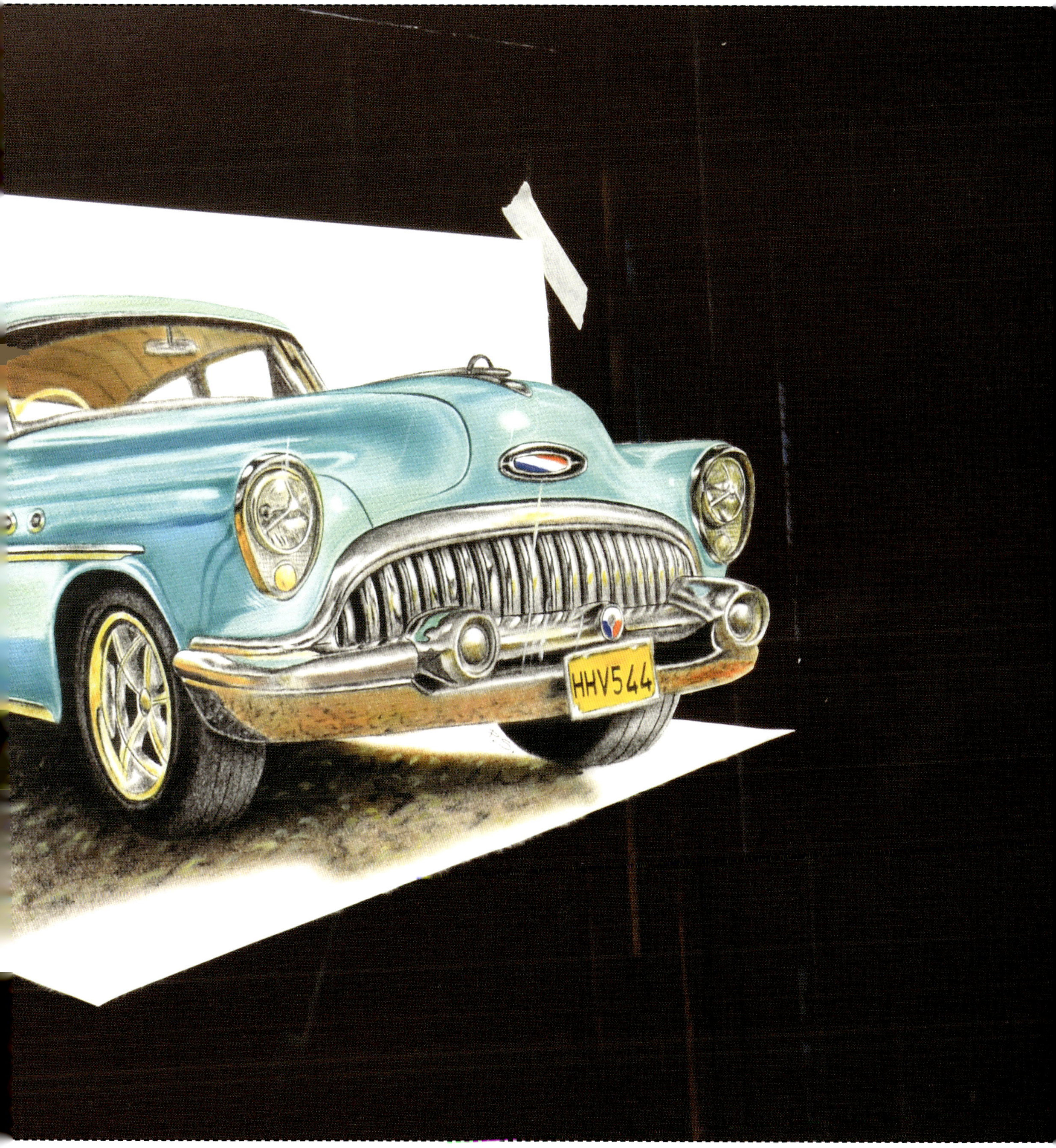
HHV544

PROJEKT ZEHN

CHICHEN ITZA

Die alte Maya-Stadt Chichen Itza liegt in Mexiko auf der Halbinsel Yukatan. Dieses Bild zeigt El Castillo (das Kastell), auch Tempel von Kukulcan genannt, weil es zwischen dem 9. und 12. Jahrhundert zu Ehren der Schlangengottheit Kukulcan errichtet wurde. Mit seiner Architektur bietet es sich für eine 3D-Zeichnung an.

MATERIAL

- Zeichenpapier
- Lineal
- Bleistift
- Ölfarbe in Schwarz
- Dicker Pinsel
- Schere

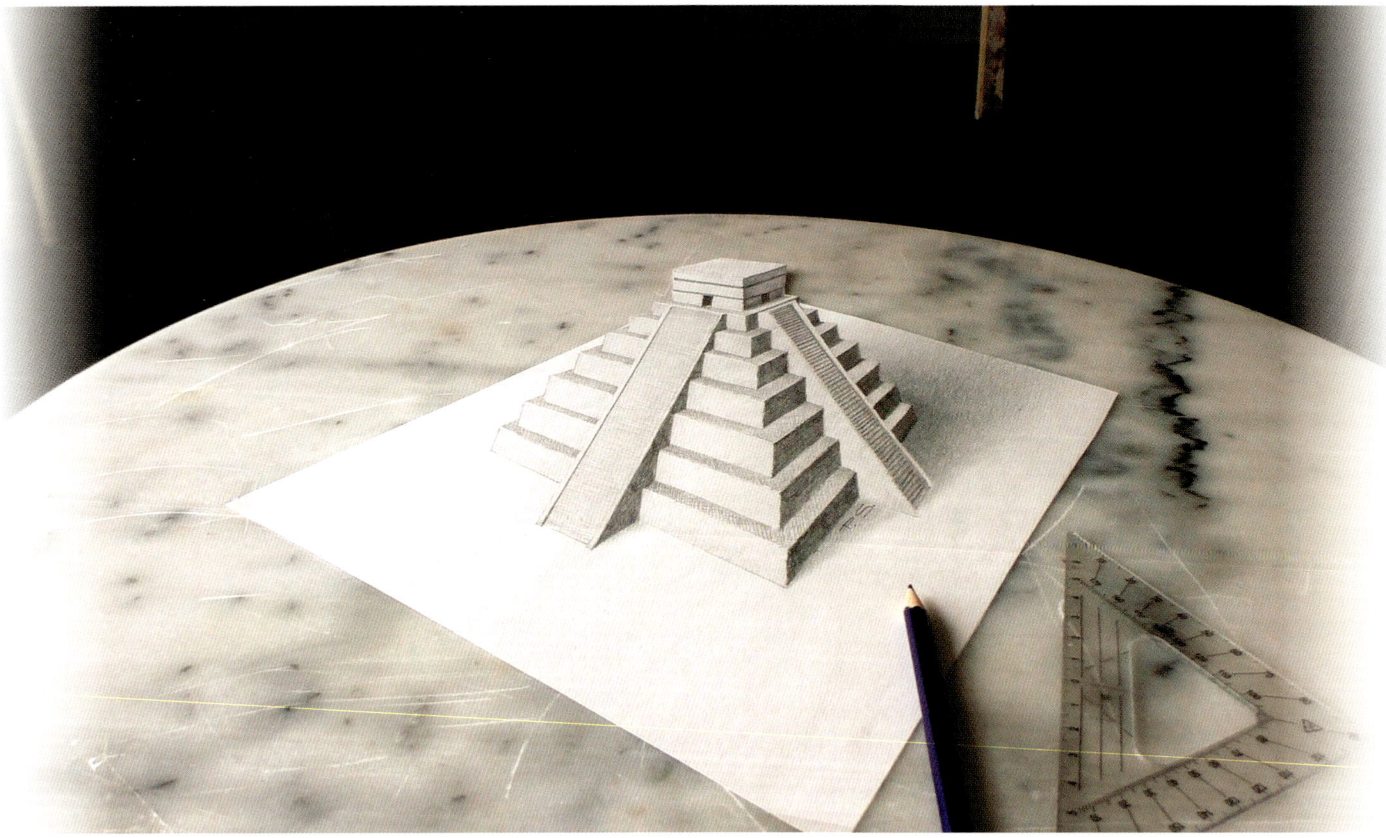

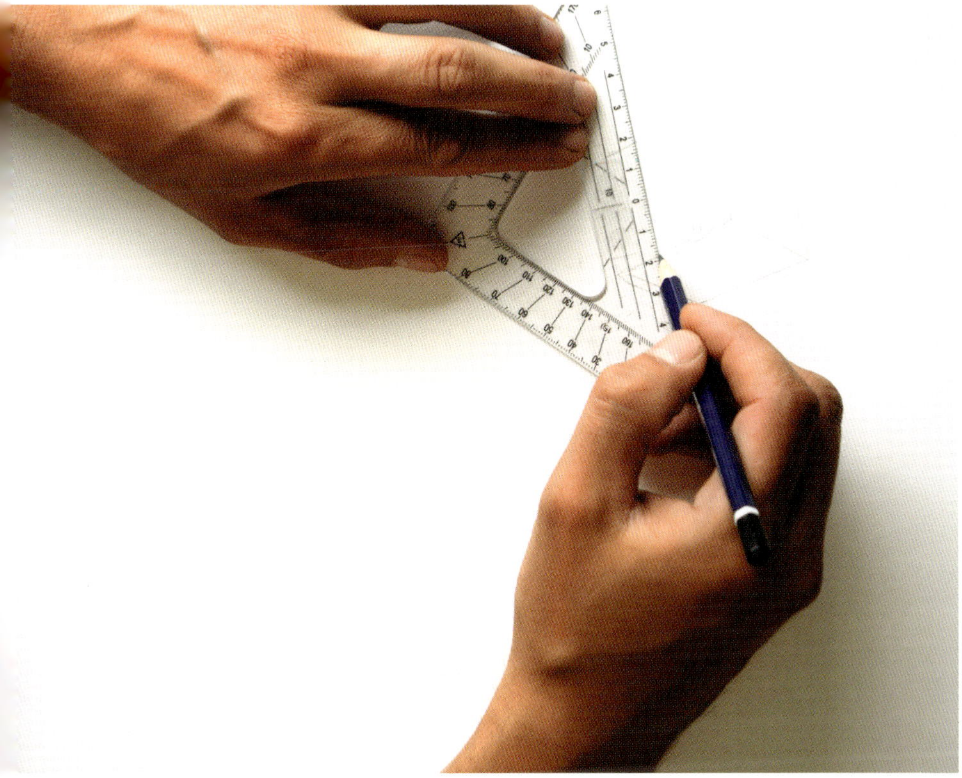

1 VORZEICHNEN

Für den 3D-Effekt muss die Perspektive so verzerrt werden, dass die Pyramide später korrekt proportioniert erscheint. Sie können dafür die Schlüsselloch-Methode (siehe Seite 15) anwenden oder meine Zeichnung kopieren. Die vorgezeichnete Pyramide muss in der Höhe verzerrt werden.

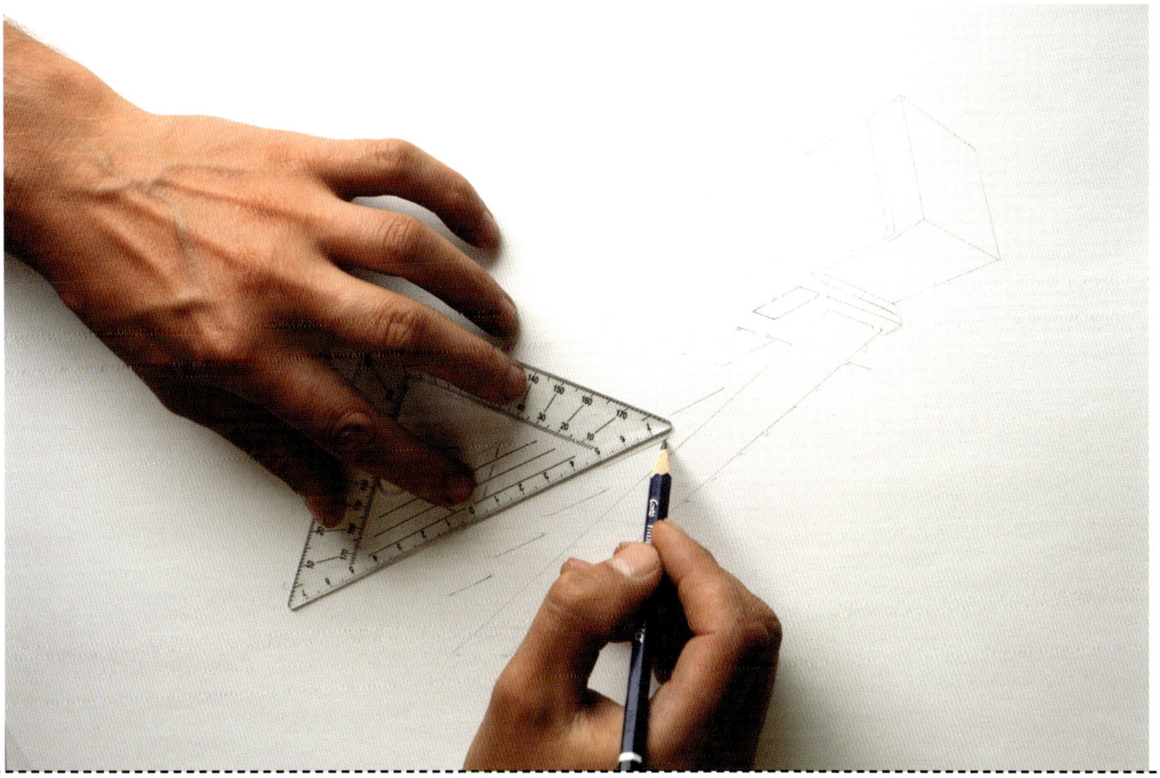

CHICHEN ITZA

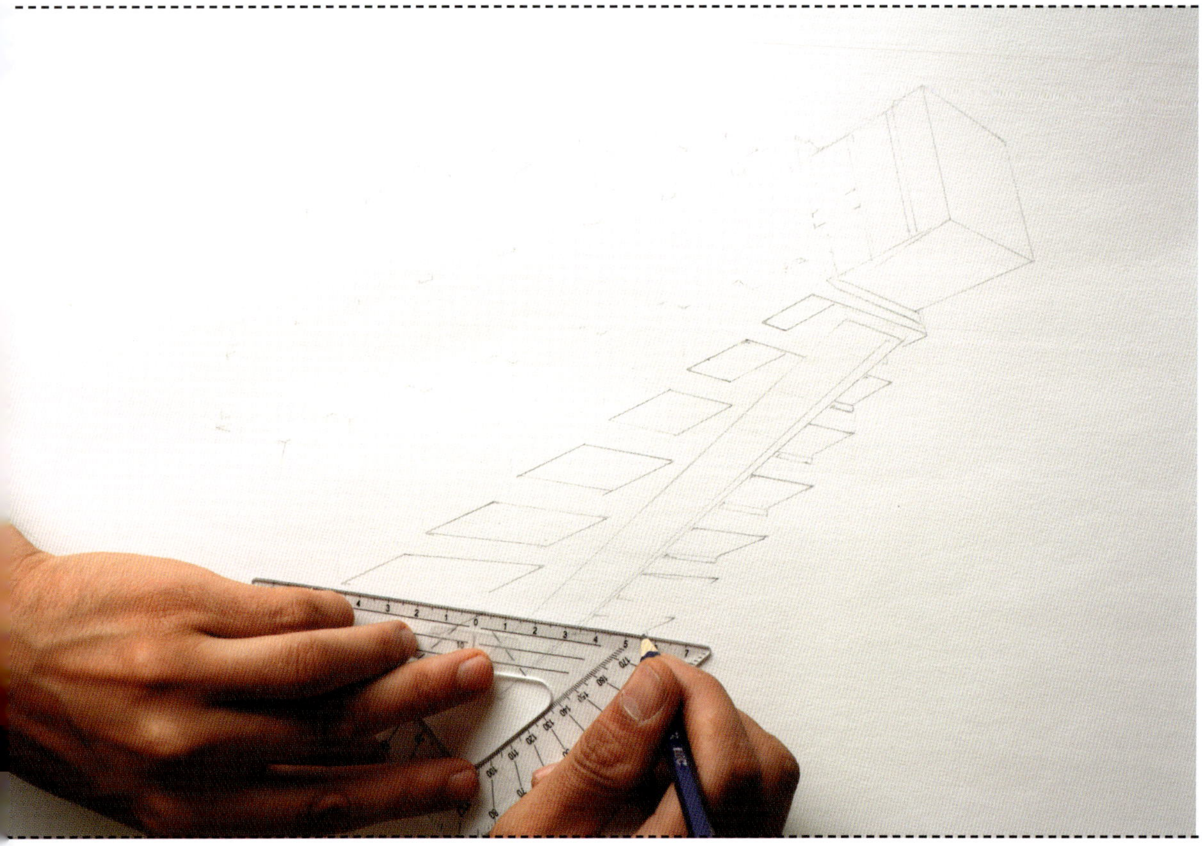

Wenn Sie meine Zeichnung kopieren wollen, orientieren Sie sich an den Fotos auf dieser Seite. Sie brauchen nicht dieselben Abmessungen zu verwenden wie ich, sie müssen aber übereinstimmen. Wenn Sie die Pyramide rechtwinklig zu Ihrem Körper zeichnen, ist es einfacher, die Verzerrung und die Proportionen richtig zu treffen.

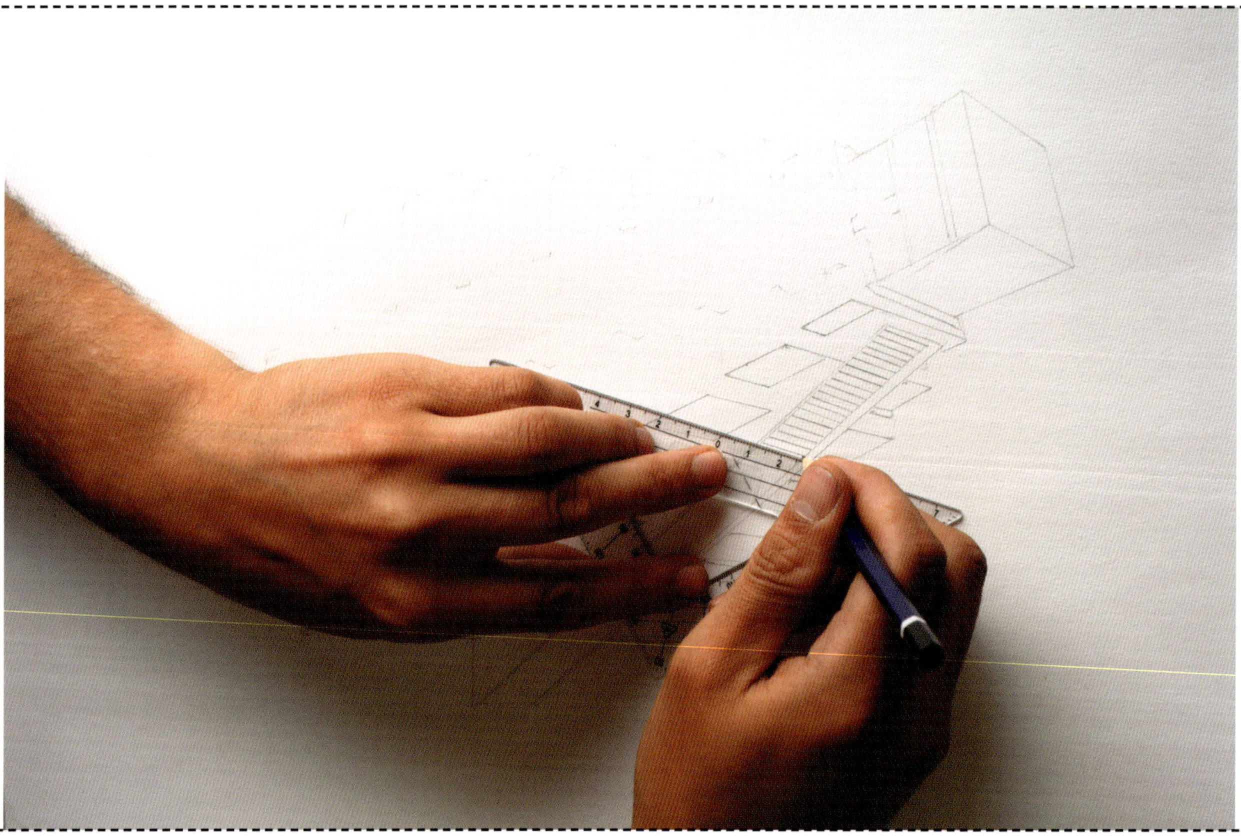

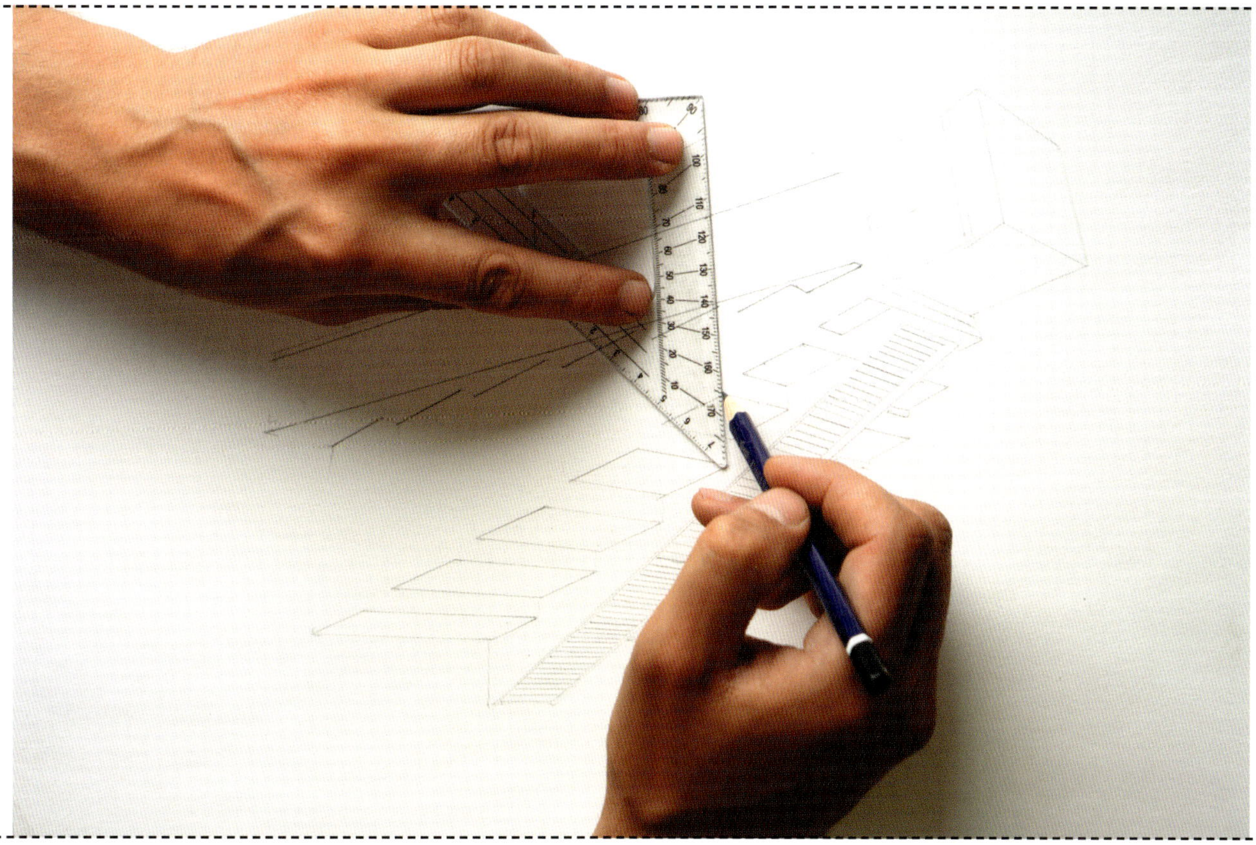

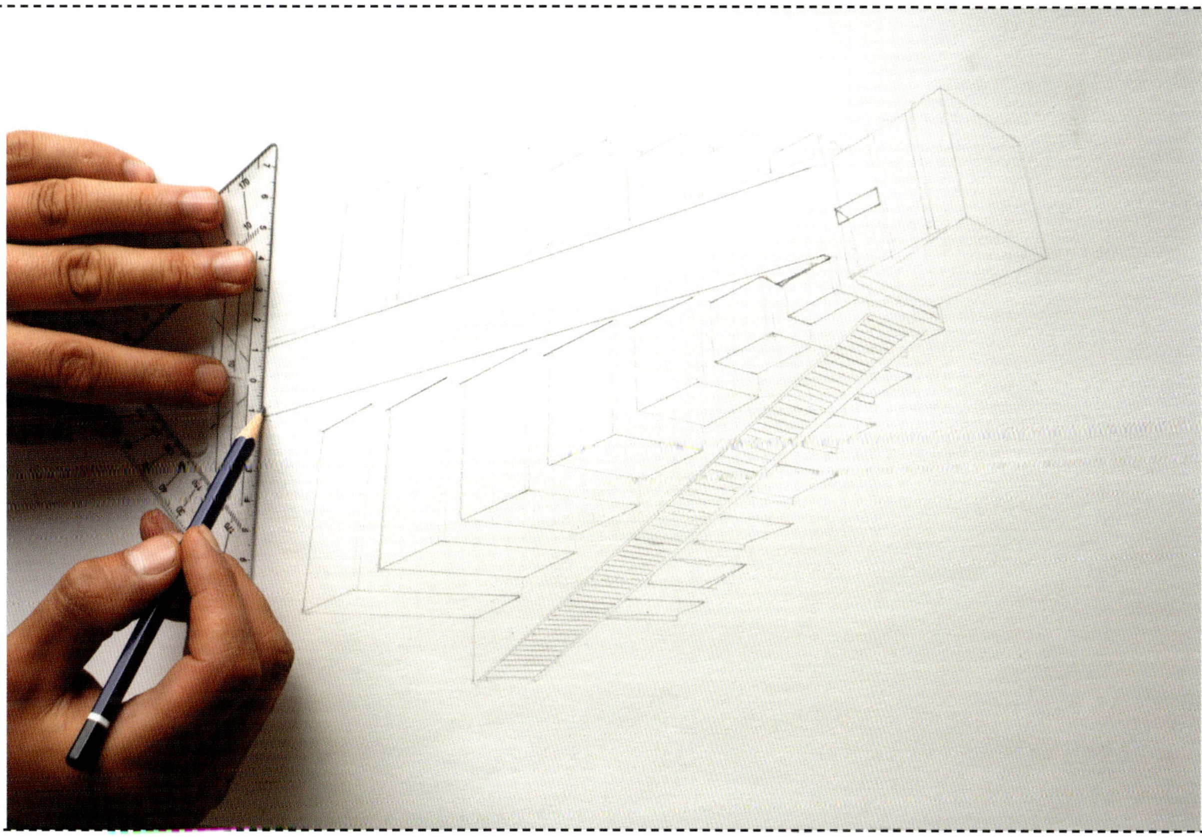

CHICHEN ITZA

2

SCHATTEN

Teile der Pyramide mit dem Bleistift schattieren. Hellere Grautöne entstehen durch einfache Schraffuren mit geringem Druck. Für Mitteltöne mit Kreuzschraffuren (siehe Seite 13) und etwas stärkerem Druck arbeiten. Die dunkelsten Bereiche werden mit kräftigem Druck und sehr dichten Kreuzschraffuren ausgefüllt.

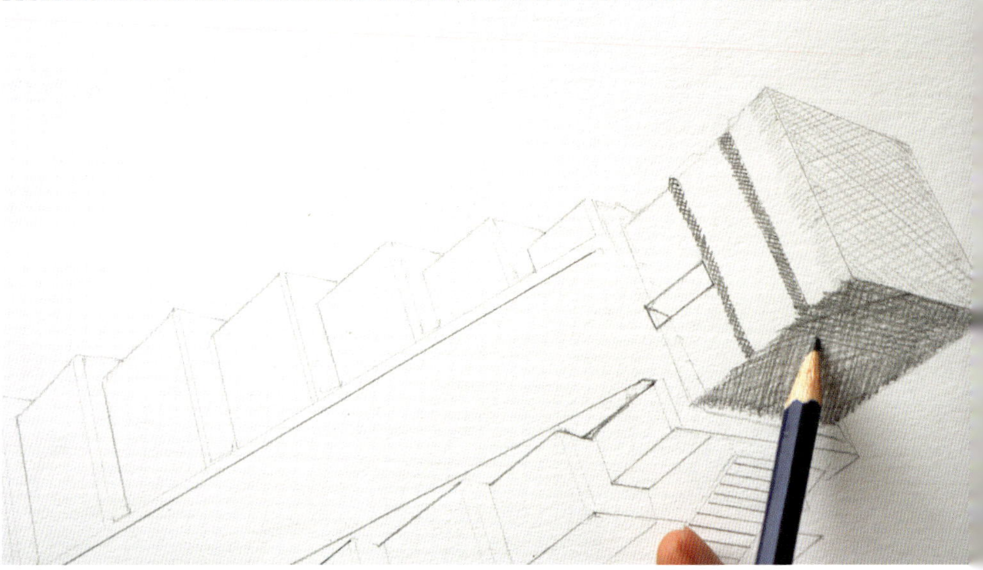

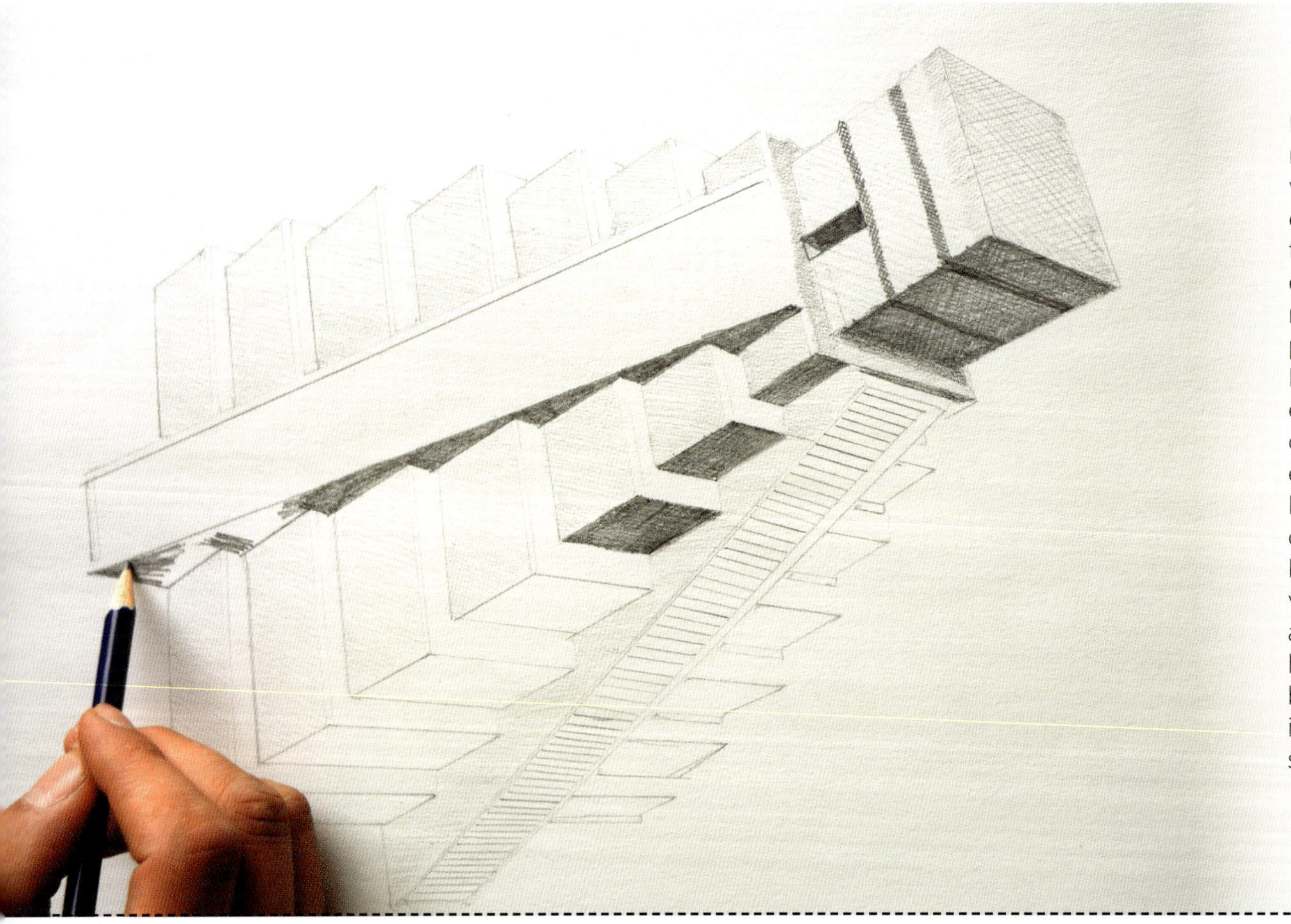

Damit die Pyramide realistisch wirkt, muss sich die Licht-Schatten-Verteilung an den Lichtverhältnissen am Arbeitsplatz orientieren. Ich zeichne an einem Fenster, durch das von einer Seite helles Licht auf den Zeichentisch fällt. Die Pyramide ist also von einer Seite angestrahlt. Ihre linke Seite wird nur blass schattiert, ihre rechte Seite stärker.

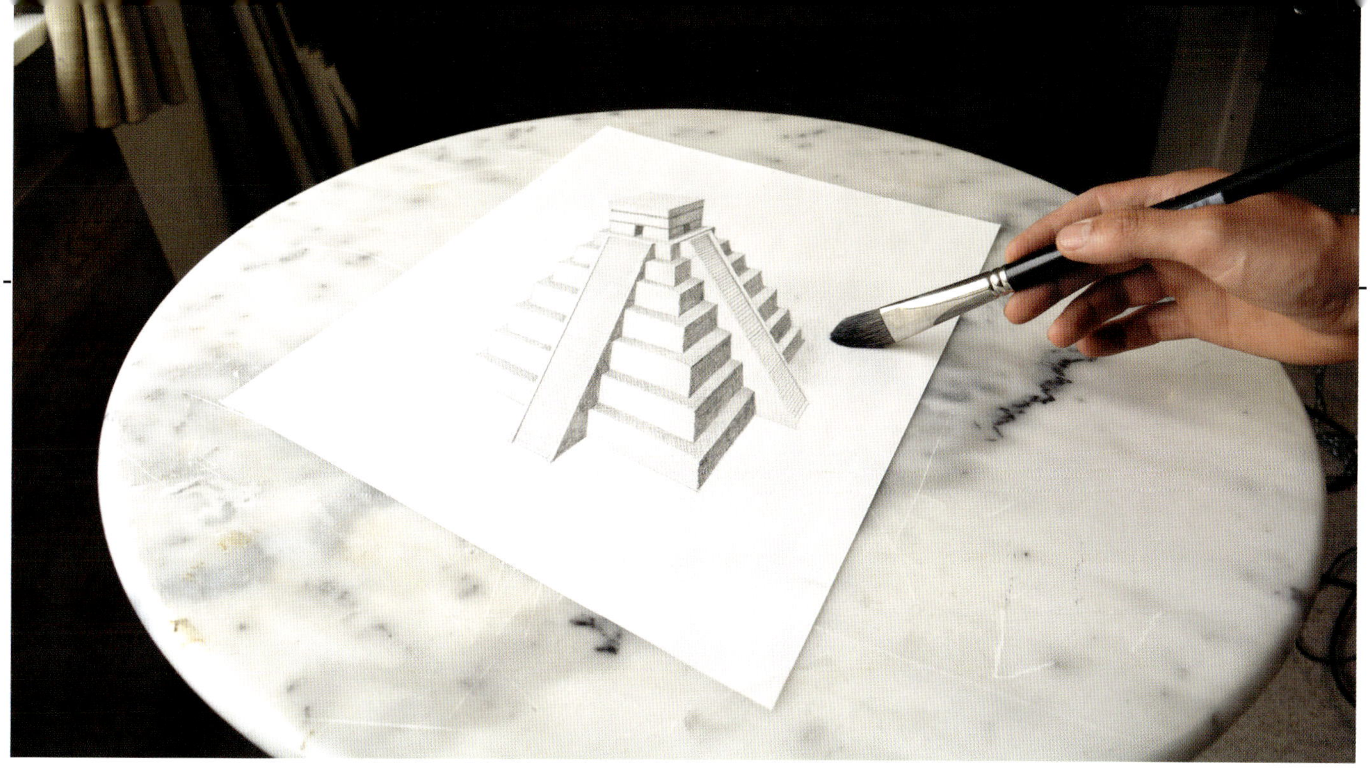

3 SCHLAGSCHATTEN

Die eigentliche Pyramide ist fertig, aber damit sie realistisch wirkt, fehlt ihr noch ein Schatten. Er ist recht dunkel und fällt auf die rechte Seite. Gemalt wird er mit der Trockenpinseltechnik (siehe Seite 16). Verwenden Sie dafür einen dicken Pinsel und schwarze Ölfarbe.

Mit dem Pinsel wenig Farbe aufnehmen und abstreifen. Im dunkelsten Bereich des Schattens aufsetzen und mit leichter Hand zum helleren Bereich hin führen. Auf gleichmäßigen Druck achten, damit der Schatten nicht fleckig wird. Je weicher der Übergang, desto realistischer der Schatten.

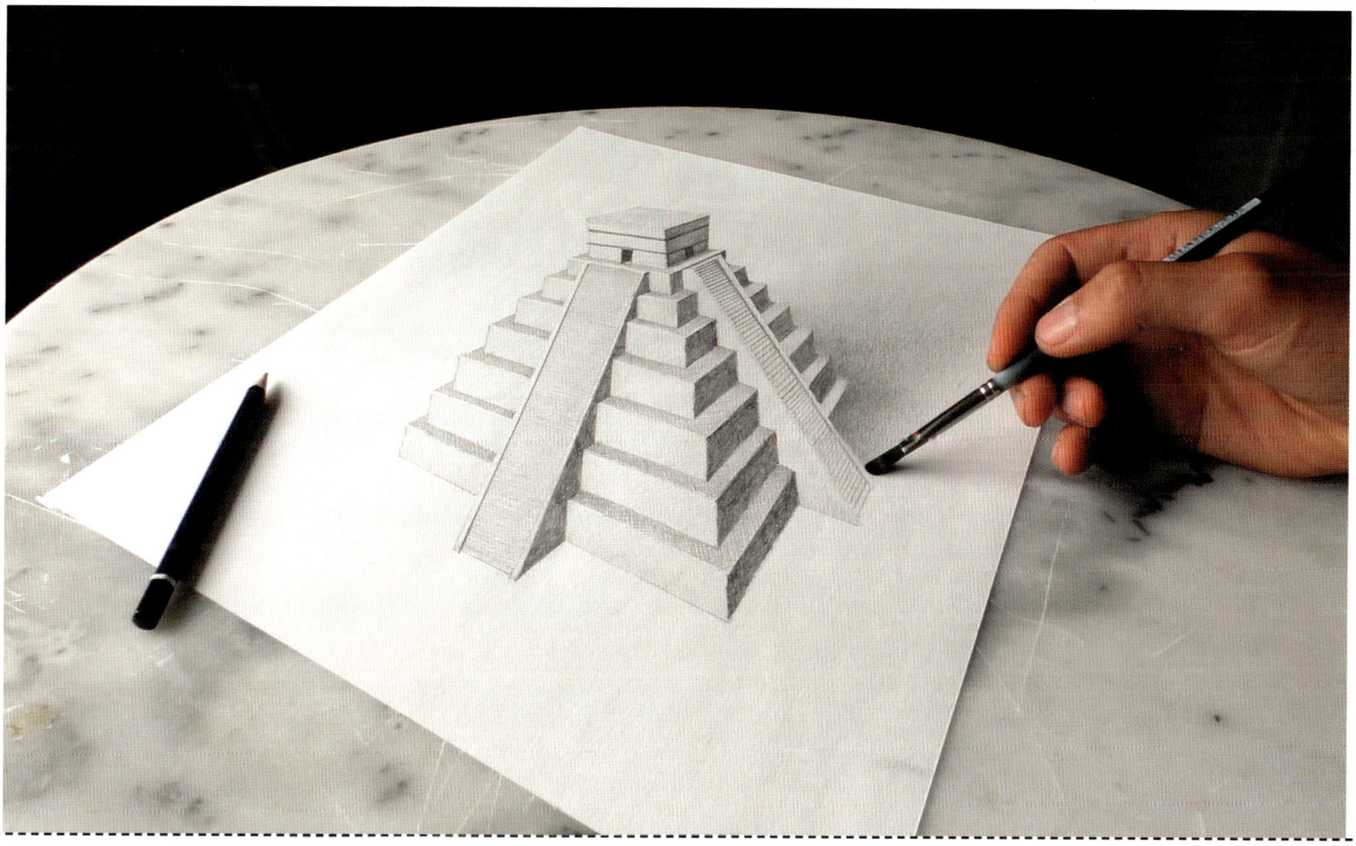

CHICHEN ITZA

4 AUSSCHNEIDEN

Mit dem letzten Schritt wird die Illusion perfekt, denn nun entsteht der Eindruck, dass sich die Pyramide tatsächlich über dem Papier in die Höhe erhebt. Den oberen und linken Rand des Papiers abschneiden, dabei sorgfältig um die Pyramide herum arbeiten, sodass sie über den Papierrand hinausragt. Zum Schluss aus etwas Abstand das Bild noch einmal kritisch begutachten.

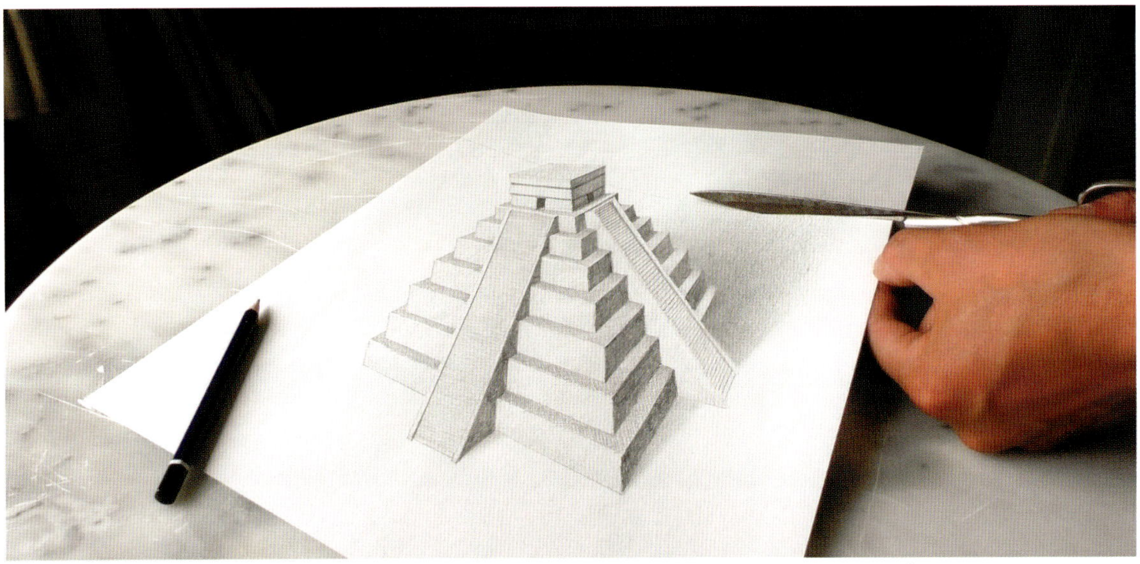

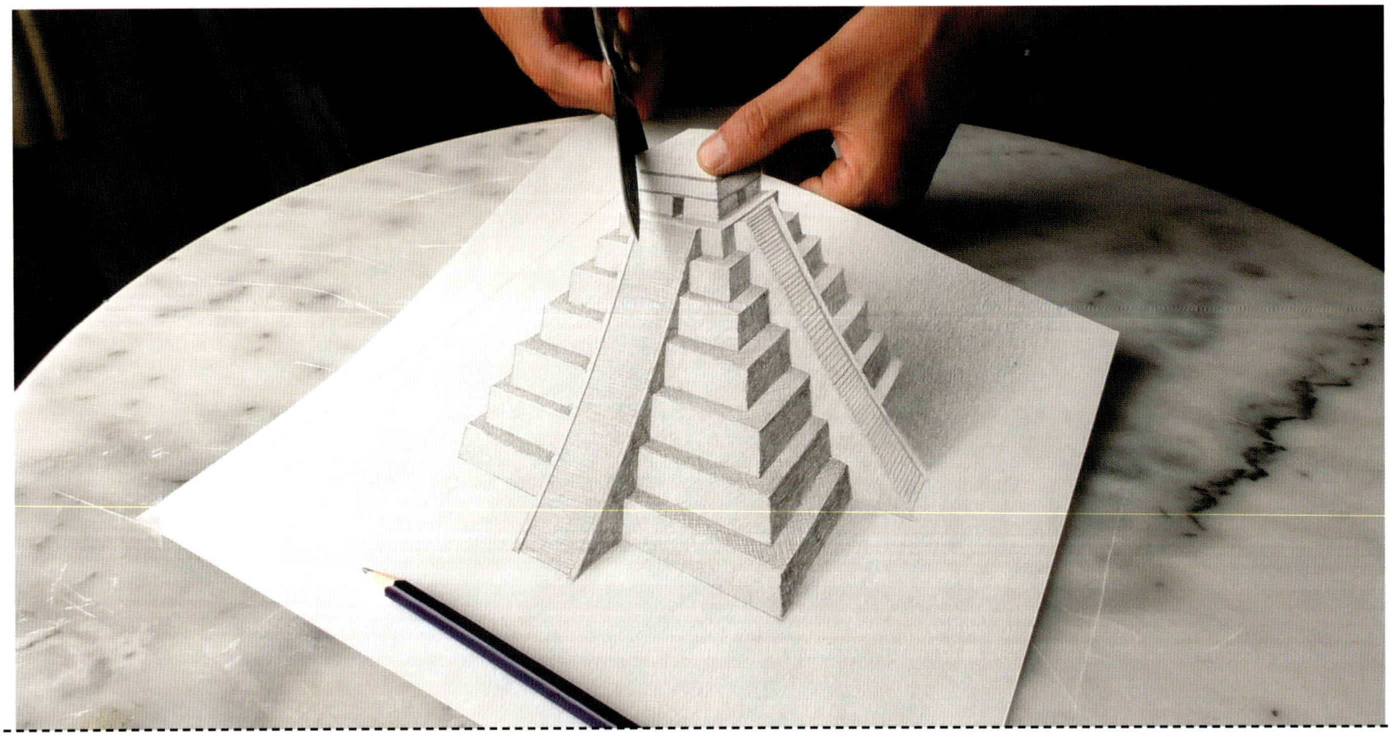

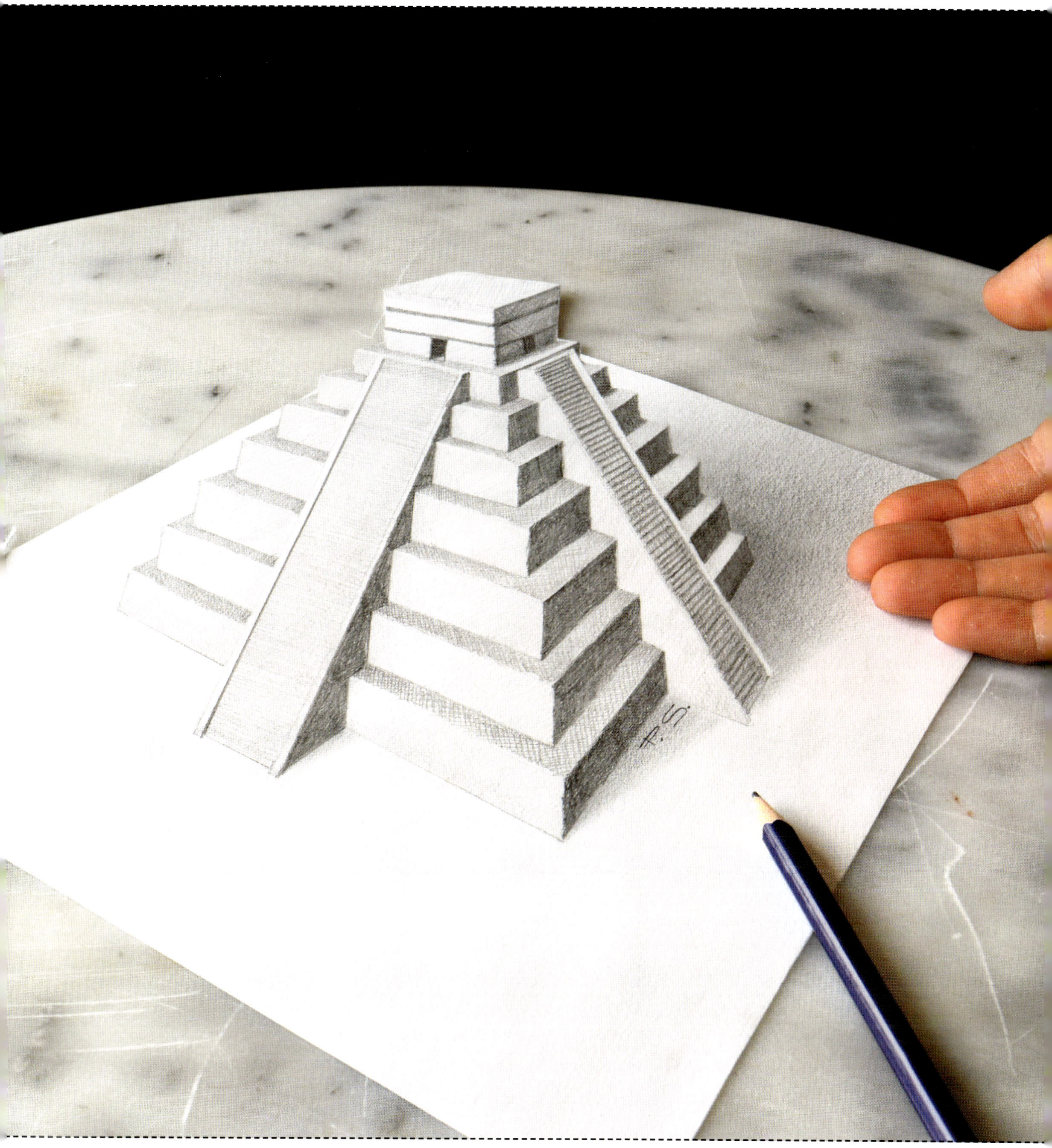

PROJEKT ELF

SCHIEFER TURM VON PISA

Der Schiefe Turm wurde 1372 als Glockenturm für die Kathedrale von Pisa erbaut. Weltberühmt wurde er, weil er nicht gerade steht, sondern in einem Winkel von 3,99 Grad geneigt ist. Bei dieser Zeichnung genügt es nicht, das Bauwerk selbst korrekt darzustellen. Auch sein Neigungswinkel muss richtig erfasst werden.

MATERIAL

- Zeichenpapier
- Bleistift
- Fineliner in Schwarz
- Ölfarbe in Schwarz
- Katzenzungenpinsel, Nr. 4 und Nr. 12 oder 16

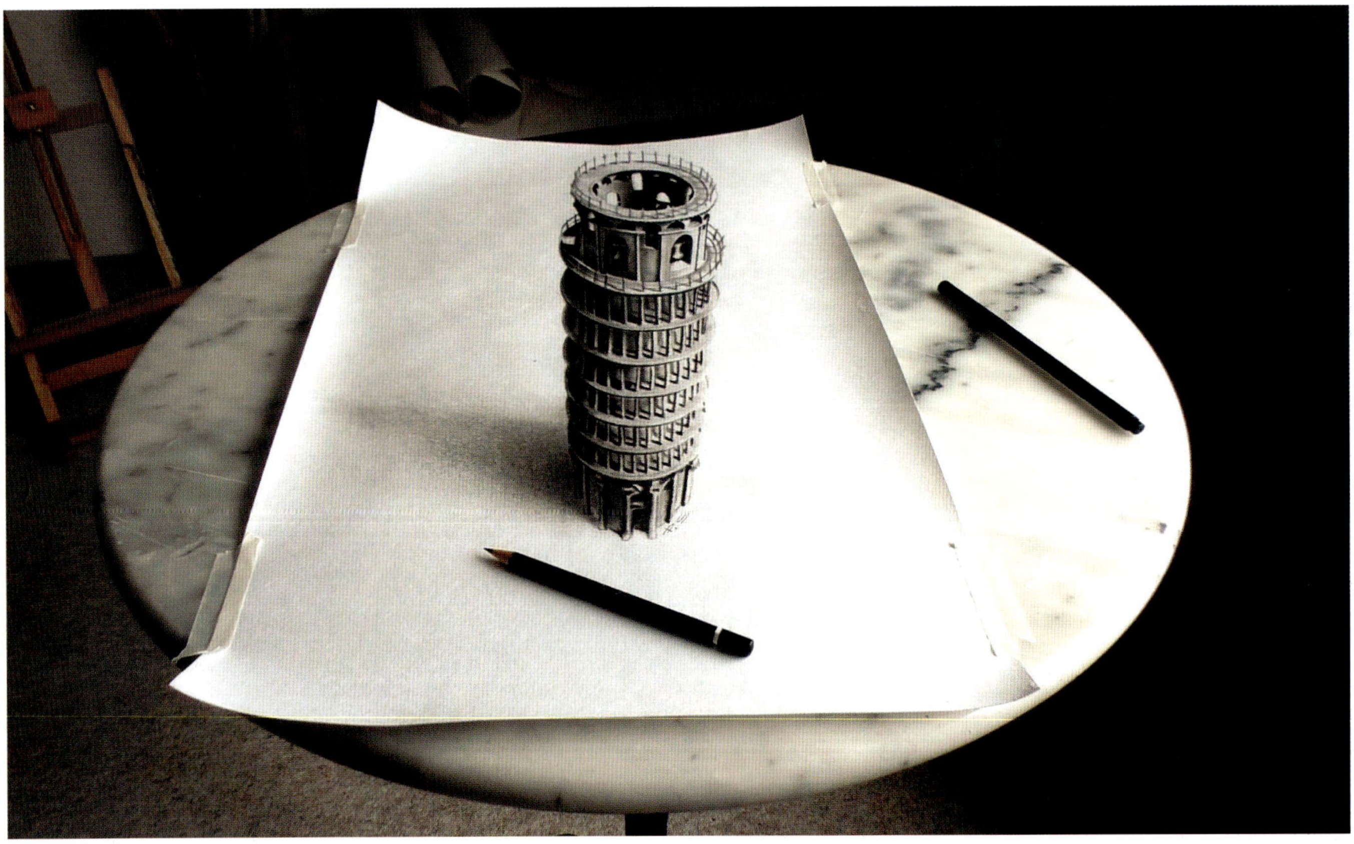

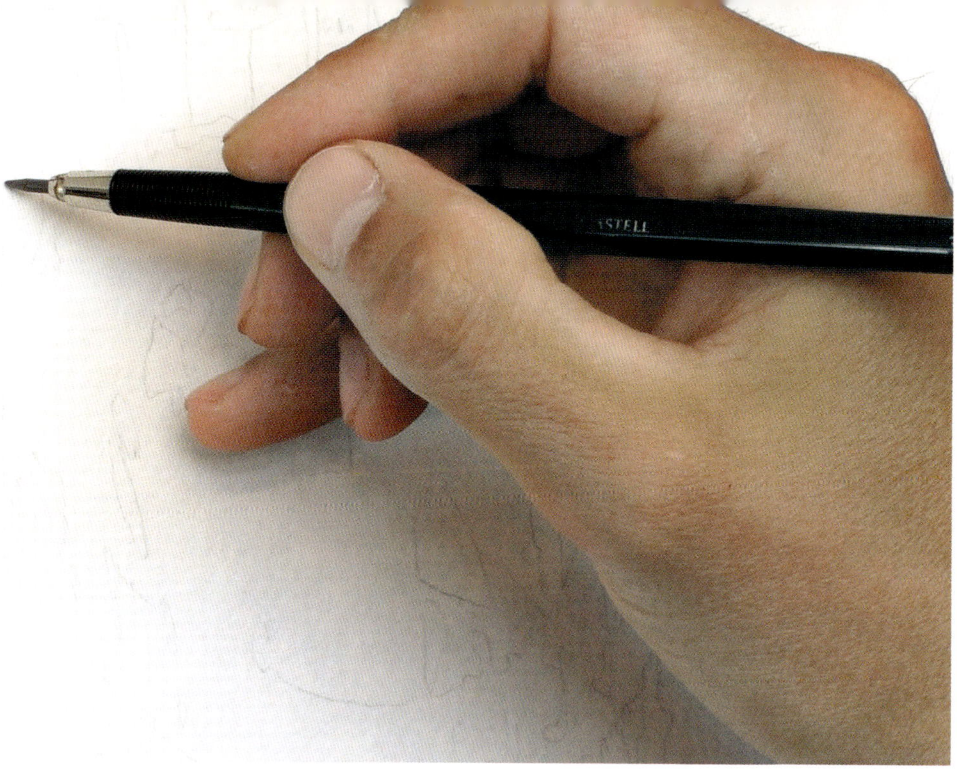

1 VORZEICHNEN

Die fertige Zeichnung soll, wenn man sie von der Seite betrachtet, die richtigen Proportionen aufweisen. Damit das gelingt, muss das Bauwerk im ersten Schritt in der Höhe verzerrt werden.

Sie können ein Foto des Schiefen Turms von Pisa mit der Schlüsselloch-Methode (siehe Seite 15) leicht links von der Mitte auf Ihr Papier zeichnen oder einfach meine Zeichnung kopieren, indem Sie ein Blatt Papier darüber legen und beide an einem hellen Fenster fixieren.

Schauen Sie sich meine Zeichnung oder ein Foto des Turms genau an. Graue Bereiche können mit einem gewöhnlichen Bleistift gezeichnet werden. Für schwarze Bereiche wird ein Fineliner verwendet.

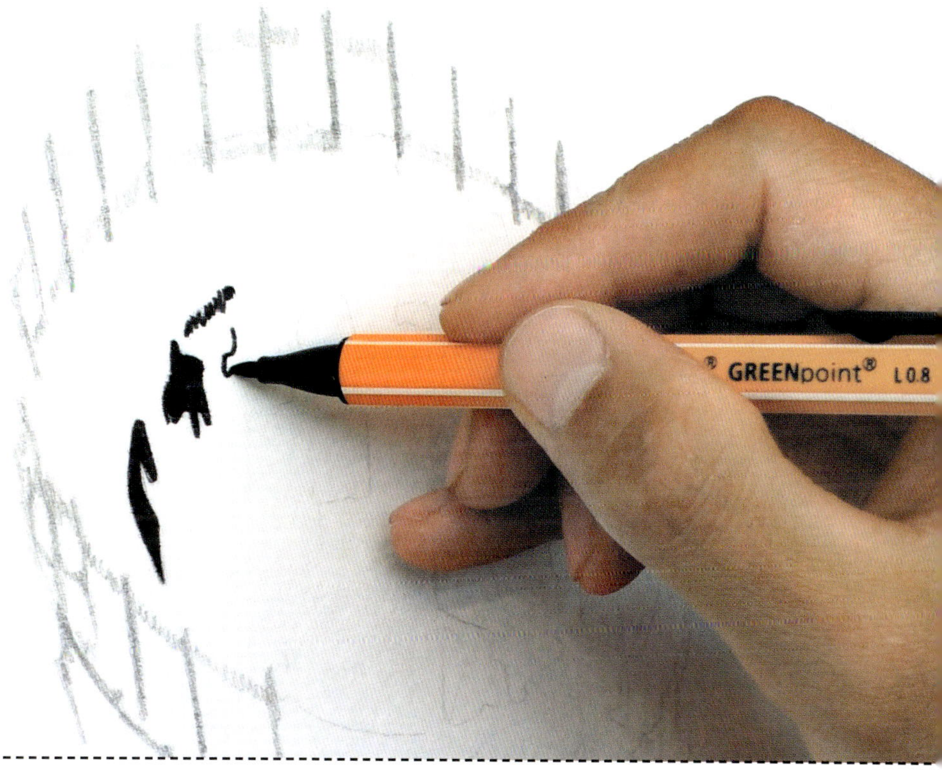

SCHIEFER TURM VON PISA

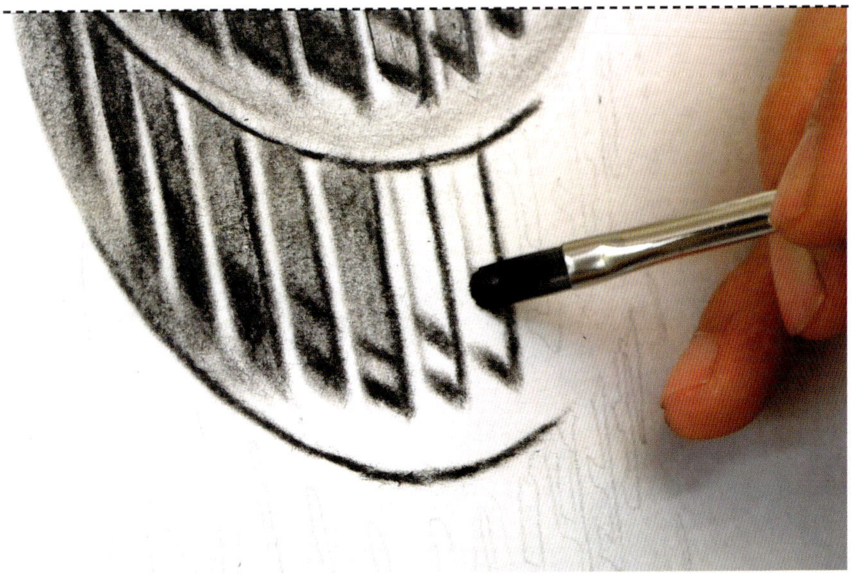

2 FARBE

Die schwarzen Details nochmals mit Ölfarbe nachmalen. Dann mit einem kleinen Katzenzungenpinsel und schwarzer Ölfarbe die Schatten von dunkel nach hell malen. Dabei die Trockenpinseltechnik (siehe Seite 16) anwenden, damit die Farbe nicht verwischt.

GLEICH NACH DEM AUFNEHMEN VON FARBE DIE DUNKELSTEN BEREICHE MALEN. WENN DIE FARBMENGE IM PINSEL ALLMÄHLICH ABNIMMT, DIE HELLEREN DETAILS EINFÜGEN.

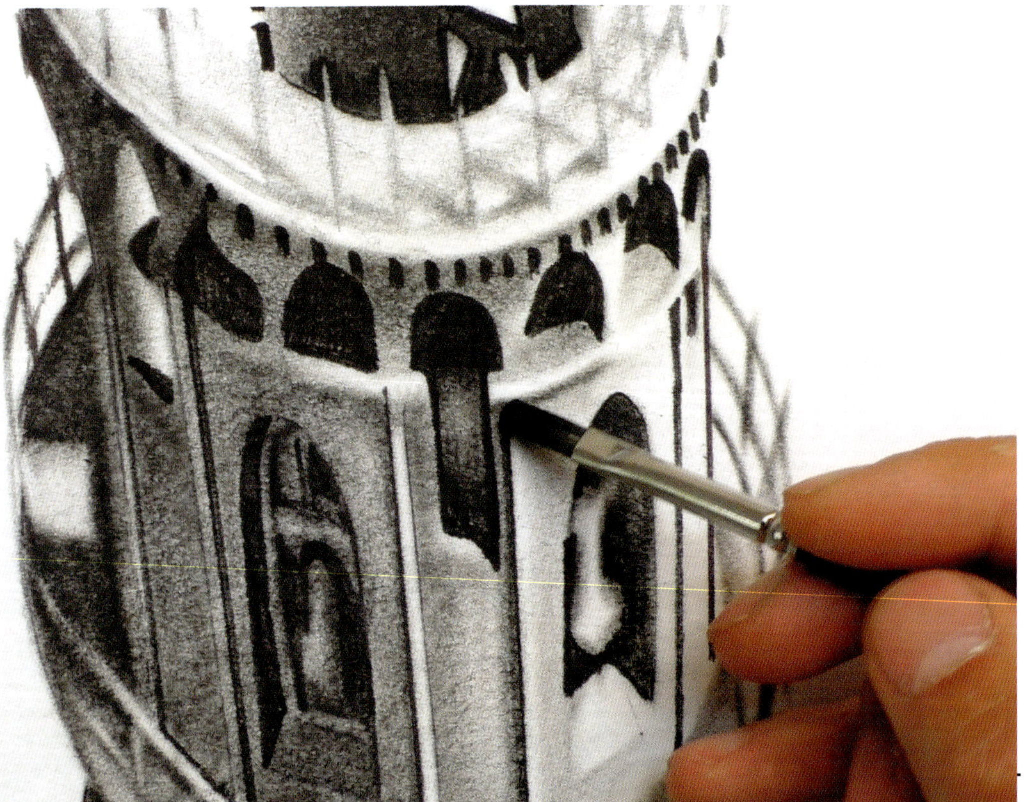

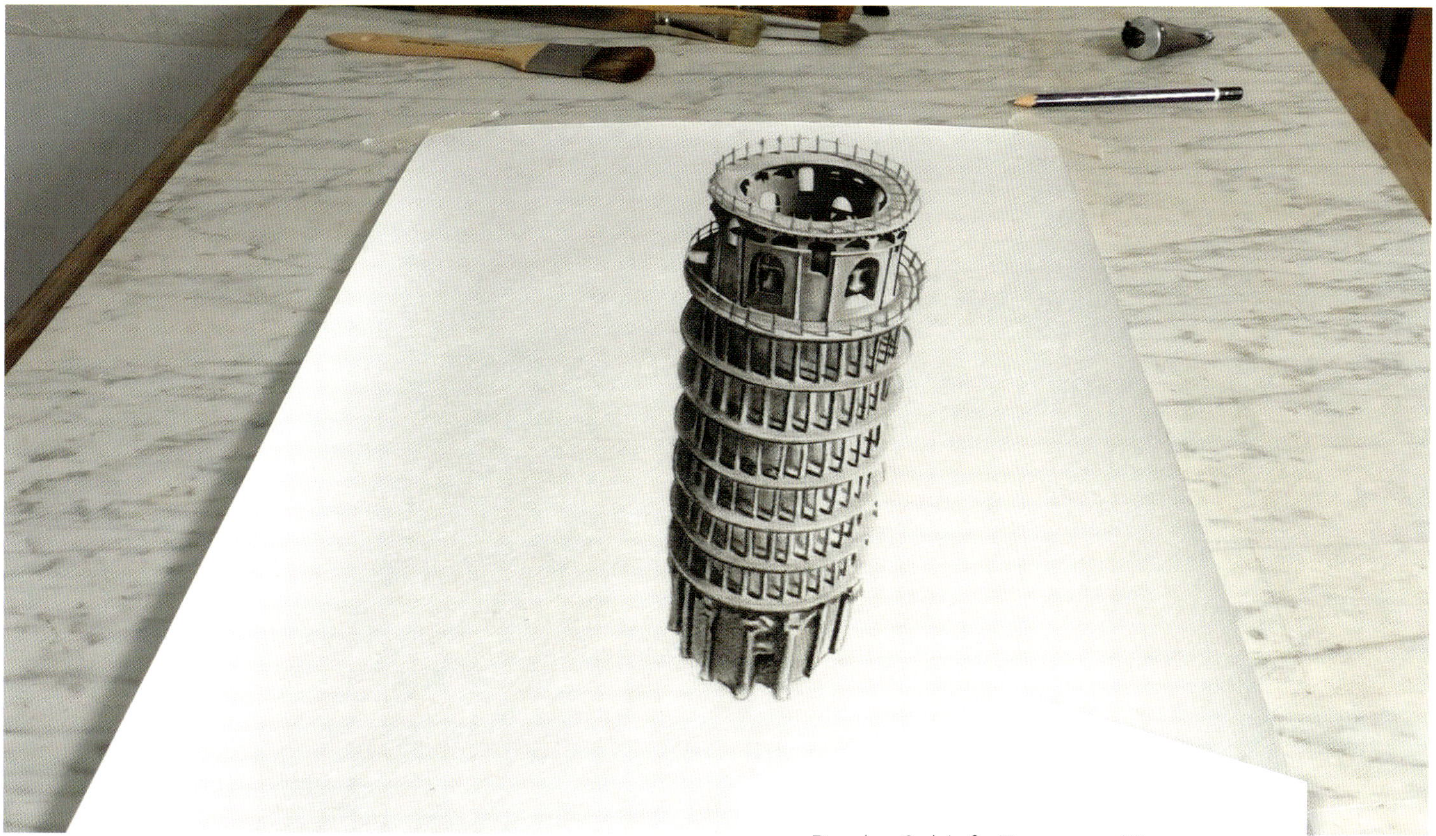

Von der Seite betrachtet sollte Ihr Turm jetzt etwa so aussehen. Das Blatt Papier rahmt ihn ein. Die Schrägstellung ist gut zu erkennen, aber er scheint in der Luft zu schweben. Für die realistische Wirkung fehlt der Schatten.

Da der Schiefe Turm von Pisa so viele Säulen, Fenster und andere Details hat, erfordert das Malen etwas Zeit und Geduld. Dennoch müssen alle sorgfältig gemalt werden, damit die optische Täuschung funktioniert. Auch Licht und Schatten sind sehr wichtig. Durch die starken Hell-Dunkel-Kontraste wird die runde Form des Turms erst erkennbar.

SCHIEFER TURM VON PISA

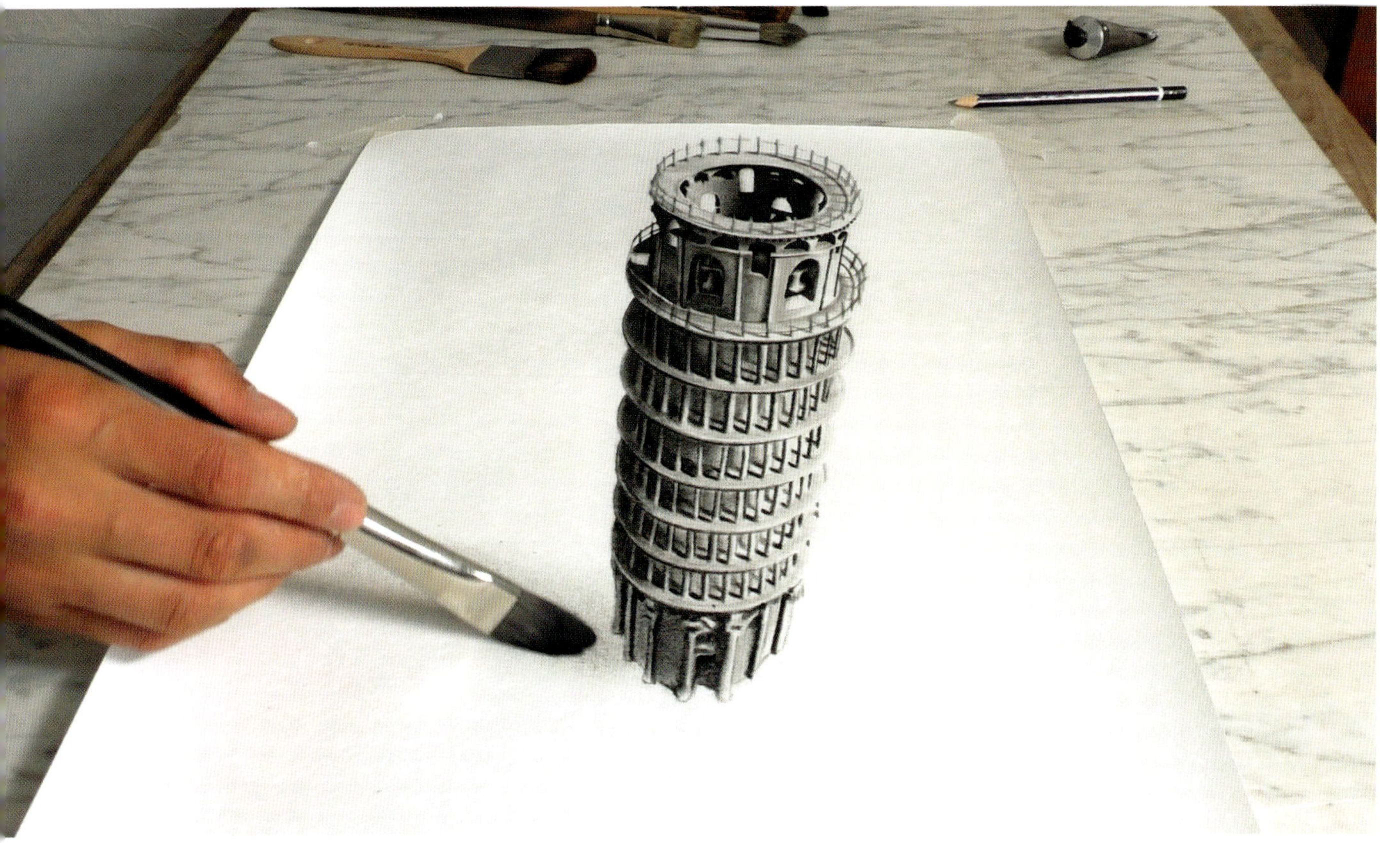

3

SCHLAGSCHATTEN

Da das Licht von rechts auf den Schiefen Turm fällt, muss sein Schatten auf seiner linken Seite liegen. Schatten wirken nur realistisch, wenn die Hell-Dunkel-Übergänge weich und fließend gemalt werden.

Mit einem dicken, weichen Katzenzungenpinsel und sehr wenig schwarzer Farbe in der Trockenpinseltechnik arbeiten. Den Pinsel direkt nach dem Aufnehmen der Farbe direkt am Turm ansetzen, wo der Schatten am dunkelsten ist, und vom Turm weg arbeiten.

Den Schatten mit fließenden Bewegungen malen, damit er nicht fleckig wird. Je weniger Farbe sich im Pinsel befindet, desto gleichmäßiger gelingt der Auftrag. Nach außen hin sollte der Übergang zum weißen Papier ebenfalls weich und fließend sein.

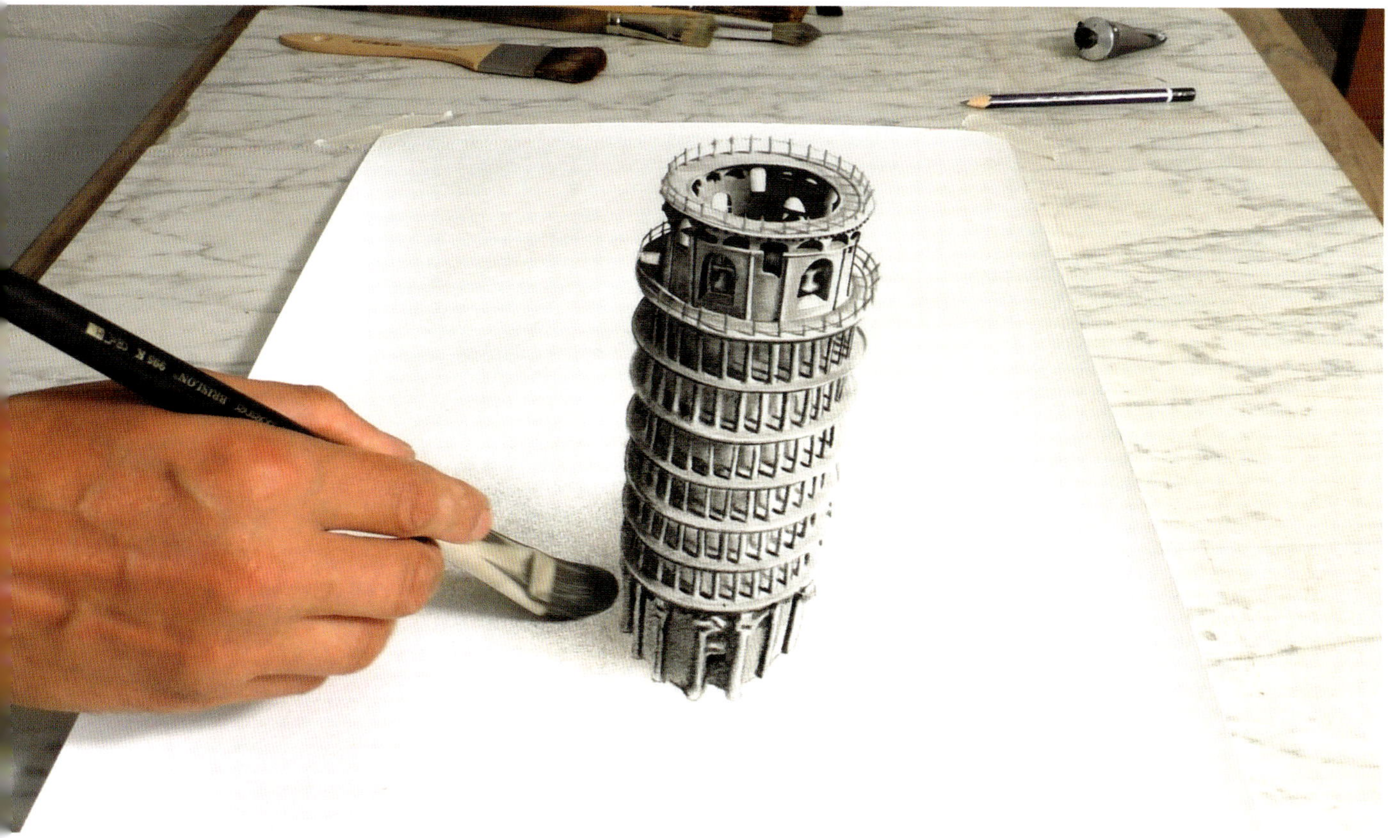

Damit der Schatten nicht fleckig wird, nur wenig Farbe aufnehmen. Direkt am Turm kann ein dünnerer Pinsel verwendet werden.

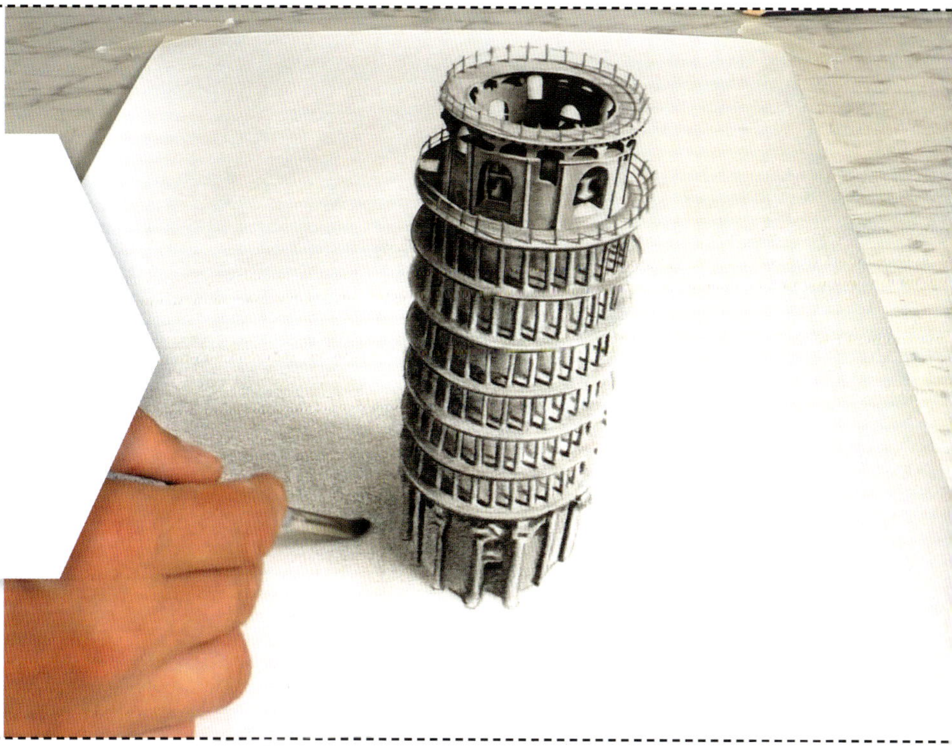

SCHIEFER TURM VON PISA

4

VERZERRUNG

Aus dem richtigen Blickwinkel sollte der Turm jetzt so aussehen.

Der 3D-Effekt kommt nur aus diesem Blickwinkel zum Tragen. Bewegt man sich einen Schritt zur Seite, sieht der Turm nicht mehr stimmig aus.

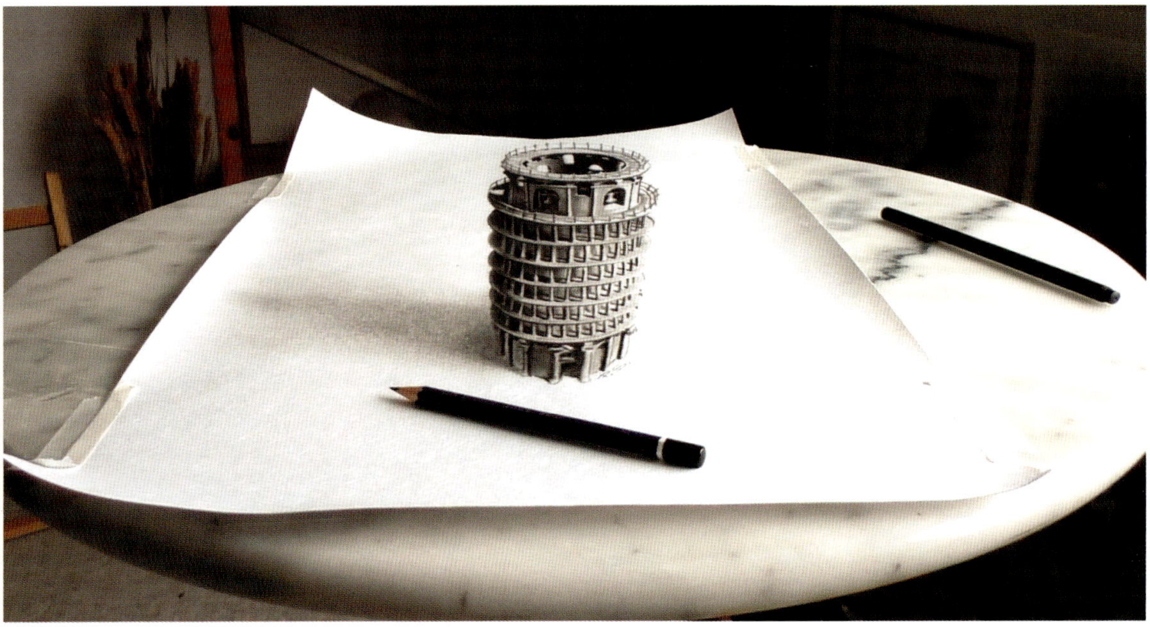

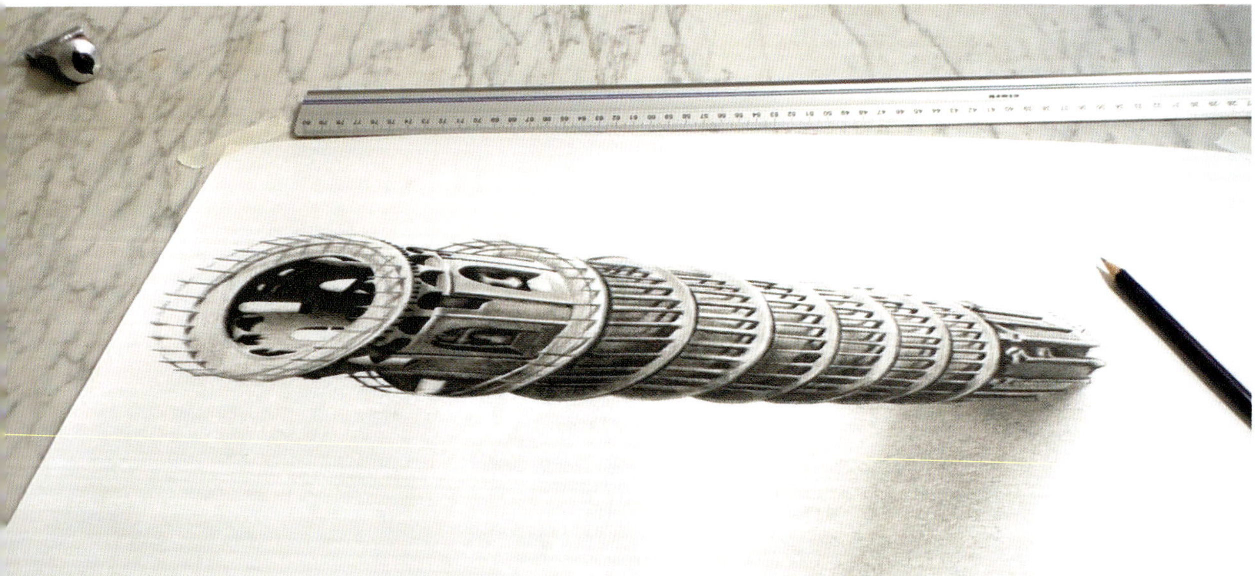

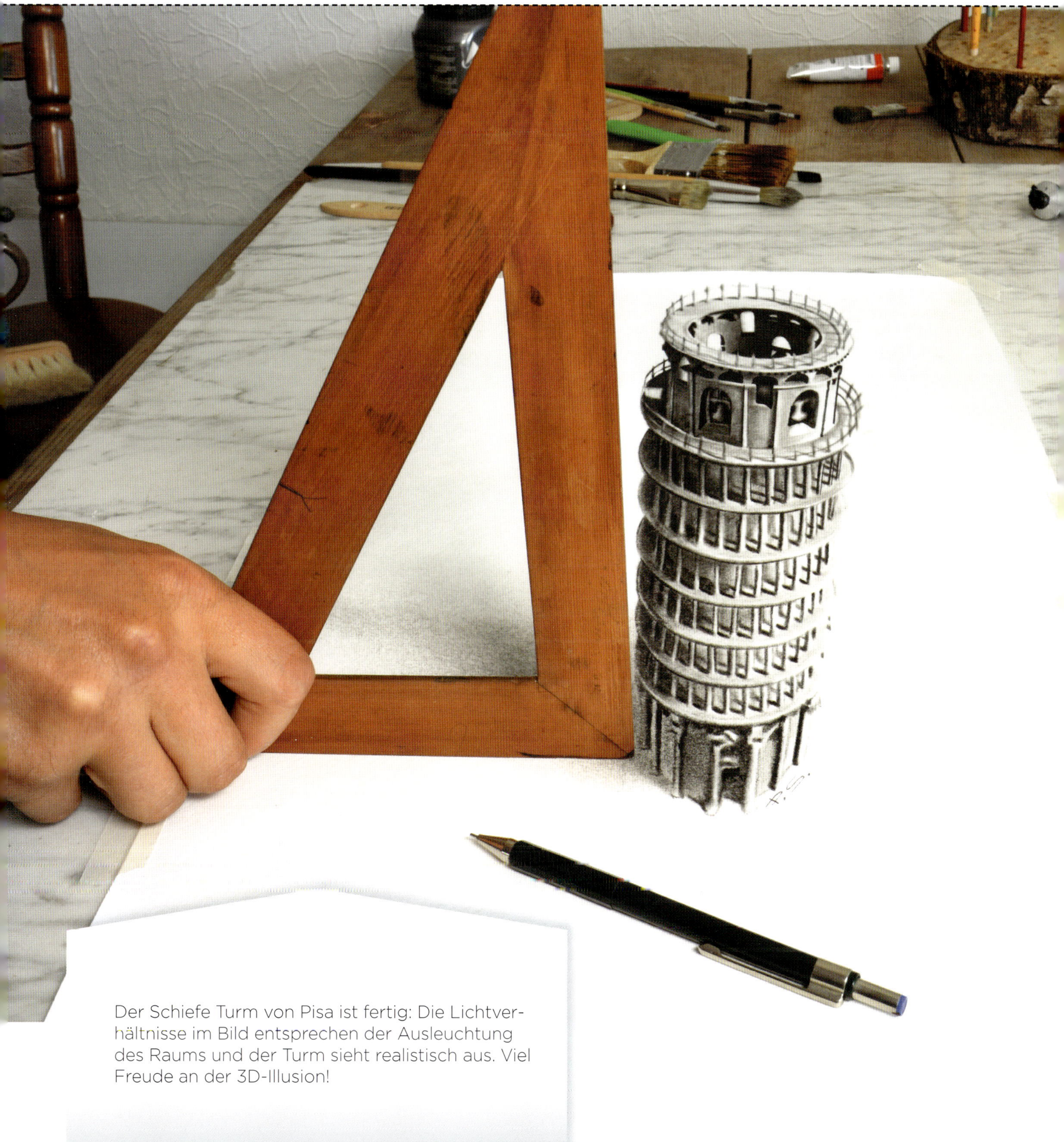

Der Schiefe Turm von Pisa ist fertig: Die Lichtverhältnisse im Bild entsprechen der Ausleuchtung des Raums und der Turm sieht realistisch aus. Viel Freude an der 3D-Illusion!

PROJEKT ZWÖLF

SPRINGENDES KIND

Selbst für versierte Maler kann ein Porträt eine Herausforderung sein. Dabei eignen sich Menschen ausgezeichnet für dreidimensionale Illusionen – sofern man die richtigen Techniken anwendet. Hier kommt es darauf an, die Proportionen richtig zu treffen und die Person möglichst fotorealistisch darzustellen. Bei diesem Jungen soll außerdem erkennbar werden, dass er hoch in die Luft springt.

MATERIAL

- Zeichenpapier (DIN A3)
- Bleistift
- Ölfarbe in Umbra gebrannt, Schwarz, Goldocker, Blau, Dunkelblau, Marsbraun und Englischrot
- Mehrere dünne und ein dicker Pinsel
- Lineal
- Schere oder Cutter

1 VORZEICHNEN

Verwenden Sie das Bild auf Seite 106 als Vorlage. Sie können es aus freihand abzeichnen oder durchpausen.

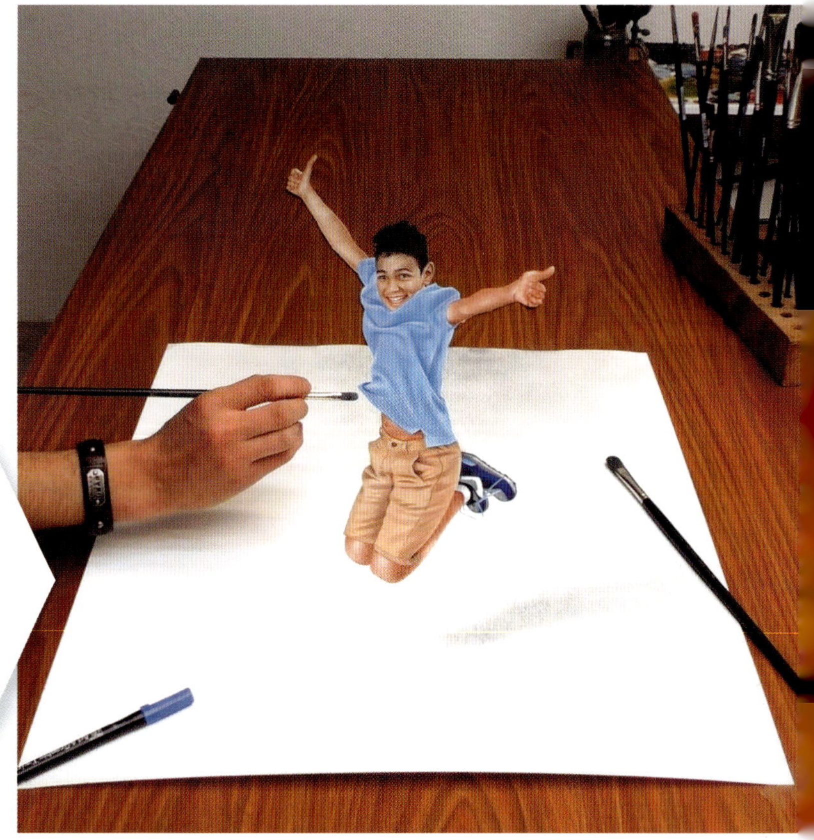

Damit die 3D-Illusion gelingt, müssen die Proportionen des Motivs verzerrt werden. Das ist vor allem beim Gesicht nicht ganz einfach.

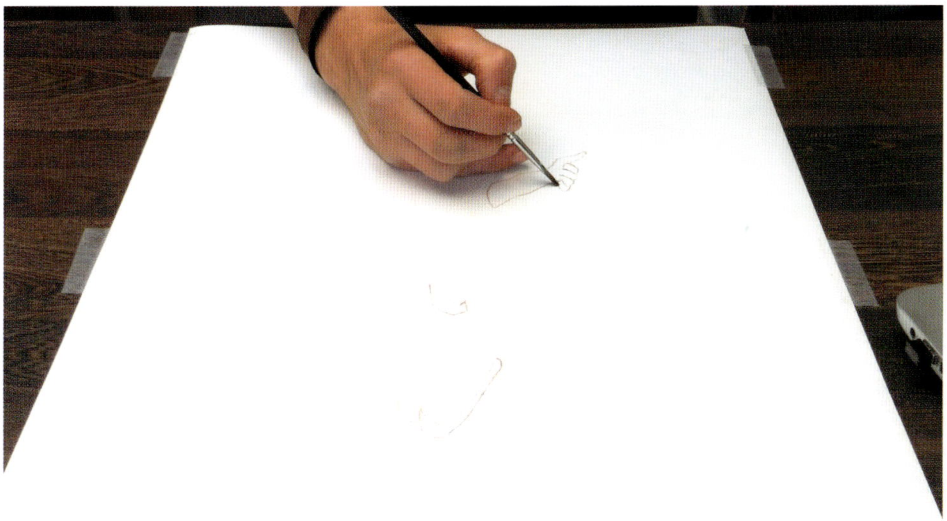

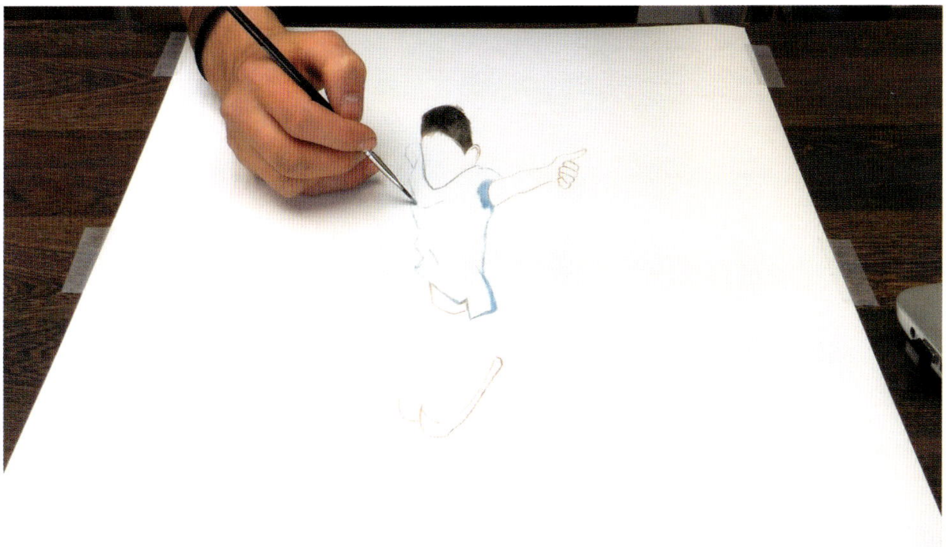

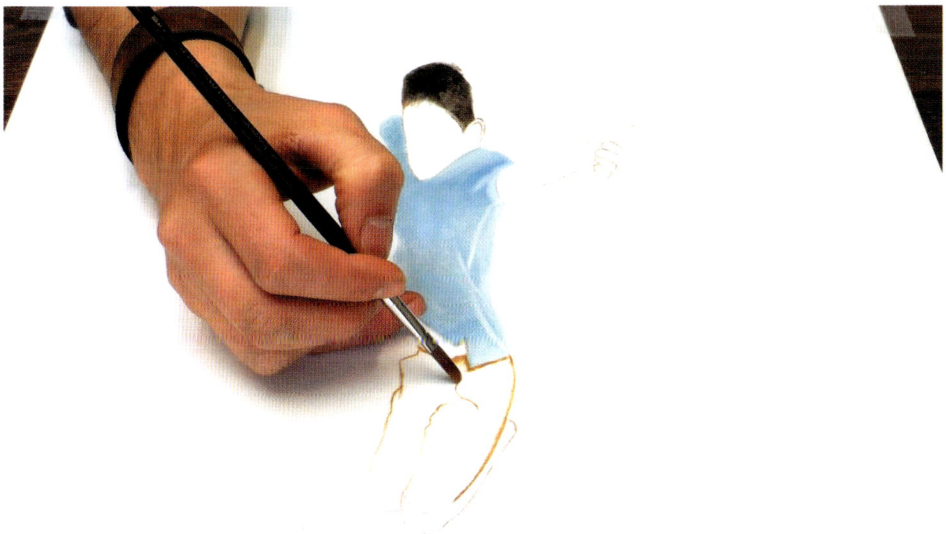

2 FARBE

Mit einem dünnen Pinsel (Nr. 4) Beine, Arme und Hände des Jungen mit Umbra gebrannt konturieren. Die Haare schwarz malen, aber stellenweise das weiße Papier durchscheinen lassen. Für das Shirt Blau verwenden und den unteren Rand des Shirts mit Goldocker nachziehen. Die Hose mit Goldocker ausfüllen, dabei die Trockenpinseltechnik (siehe Seite 16) anwenden und stellenweise das Papier durchschimmern lassen. Für Schatten und Falten der Kleidung jeweils dunklere Farbtöne verwenden. Die Schuhe malen.

DIE KNIE DES JUNGEN BEFINDEN SICH IN DER MITTE DES ZEICHENPAPIERS, DER KOPF NAHE DER OBERKANTE. DIESE ANORDNUNG WIRD SPÄTER WICHTIG.

SPRINGENDES KIND

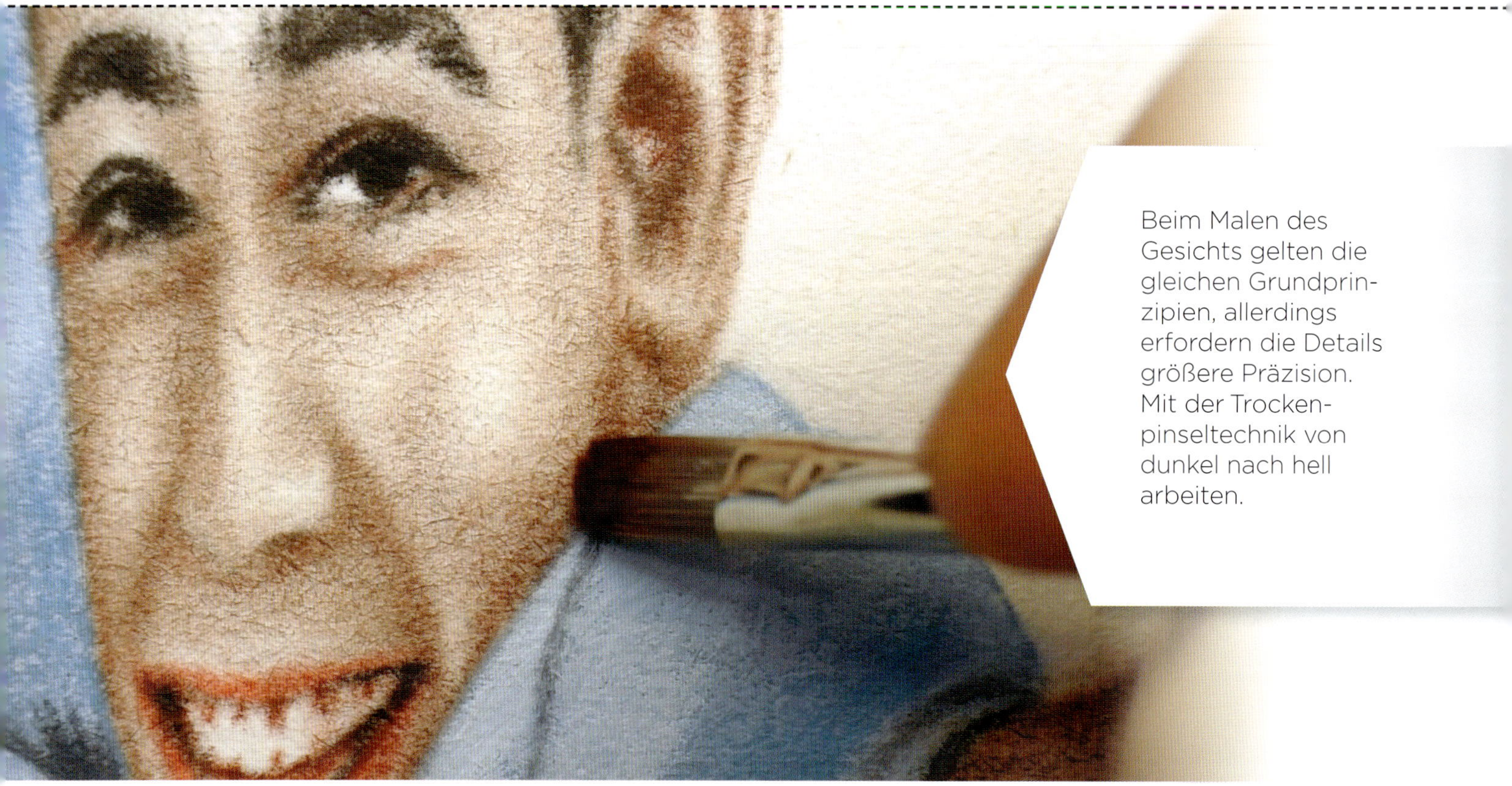

Beim Malen des Gesichts gelten die gleichen Grundprinzipien, allerdings erfordern die Details größere Präzision. Mit der Trockenpinseltechnik von dunkel nach hell arbeiten.

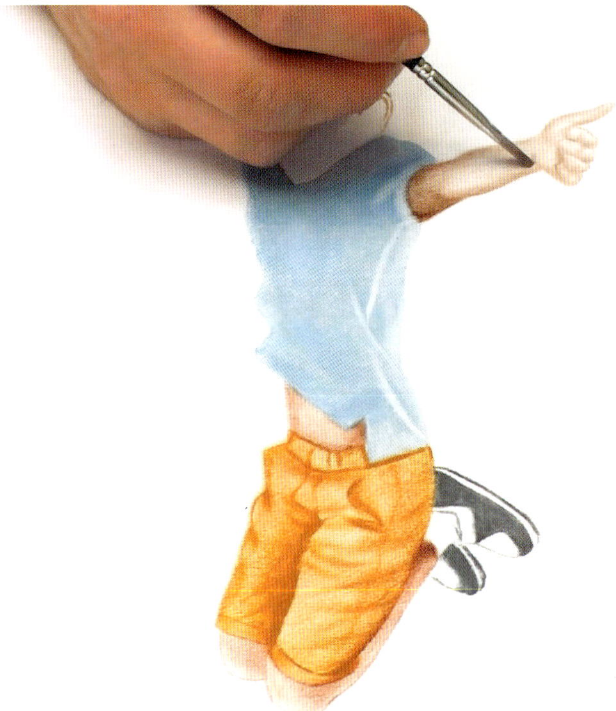

Mit einem sauberen Pinsel aus Marsbraun und Englischrot einen realistischen Hautton mischen. Mit dieser Farbe mit der Trockenpinseltechnik zuerst die dunkelsten Partien der Haut färben. Für die Schattenbereiche mehr Farbe verwenden, für die im Licht liegenden Teile weniger. Dadurch sehen Arme und Beine realistischer aus.

Jetzt aus einigem Abstand das Bild kritisch prüfen. Wenn nichts zu verbessern ist, geht es auf Seite 110 weiter.

3 ÜBER DIE GRENZEN HINAUS

Das Blatt Papier rahmt den Jungen ein. Von der Seite gesehen sollte er jetzt dreidimensional und richtig proportioniert erscheinen.

Ein Lineal auf Brusthöhe anlegen und eine gerade Linie ziehen. Das Papier auf dieser Linie schneiden und den oberen Teil des Körpers akkurat ausschneiden.

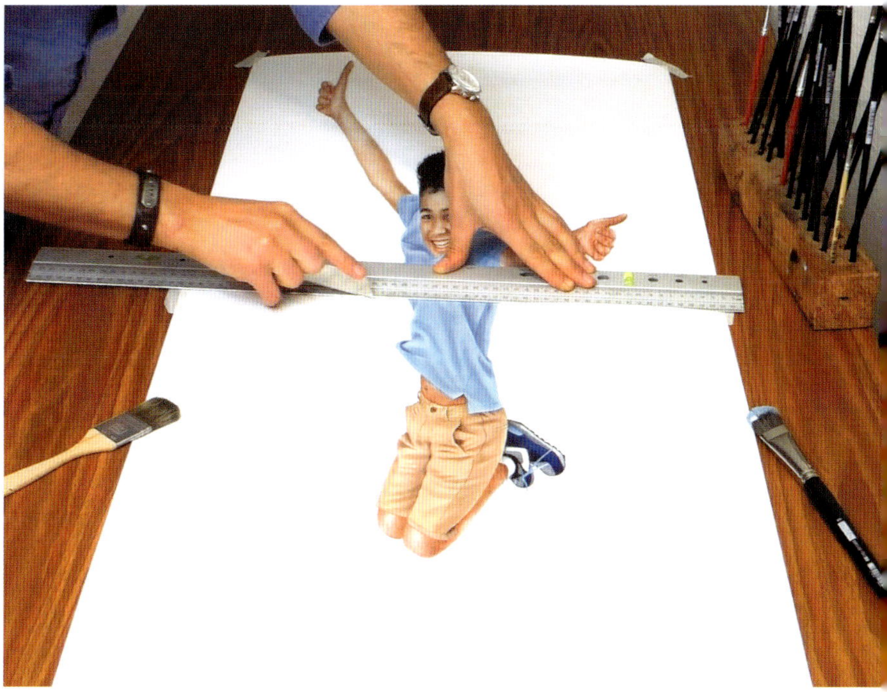

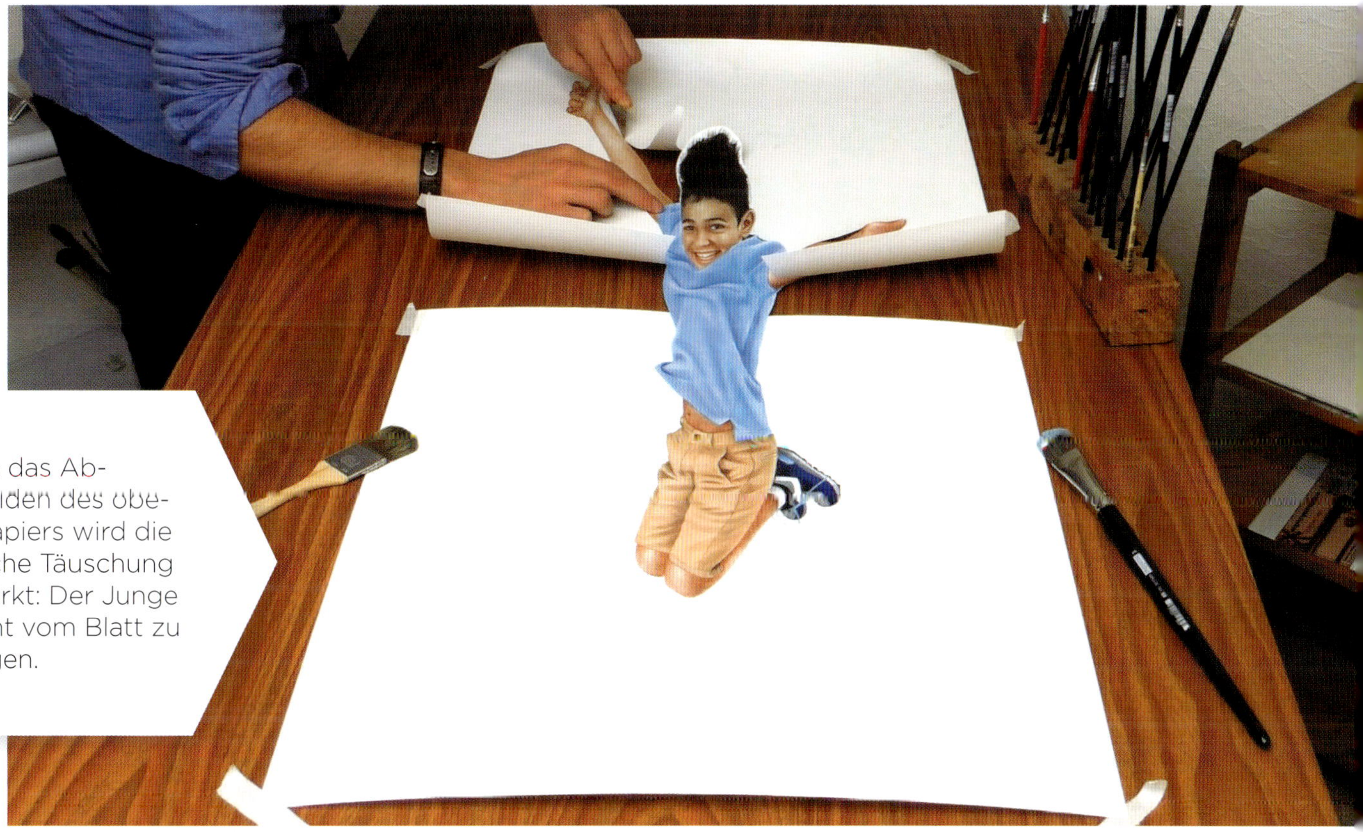

Durch das Abschneiden des oberen Papiers wird die optische Täuschung verstärkt: Der Junge scheint vom Blatt zu springen.

SPRINGENDES KIND

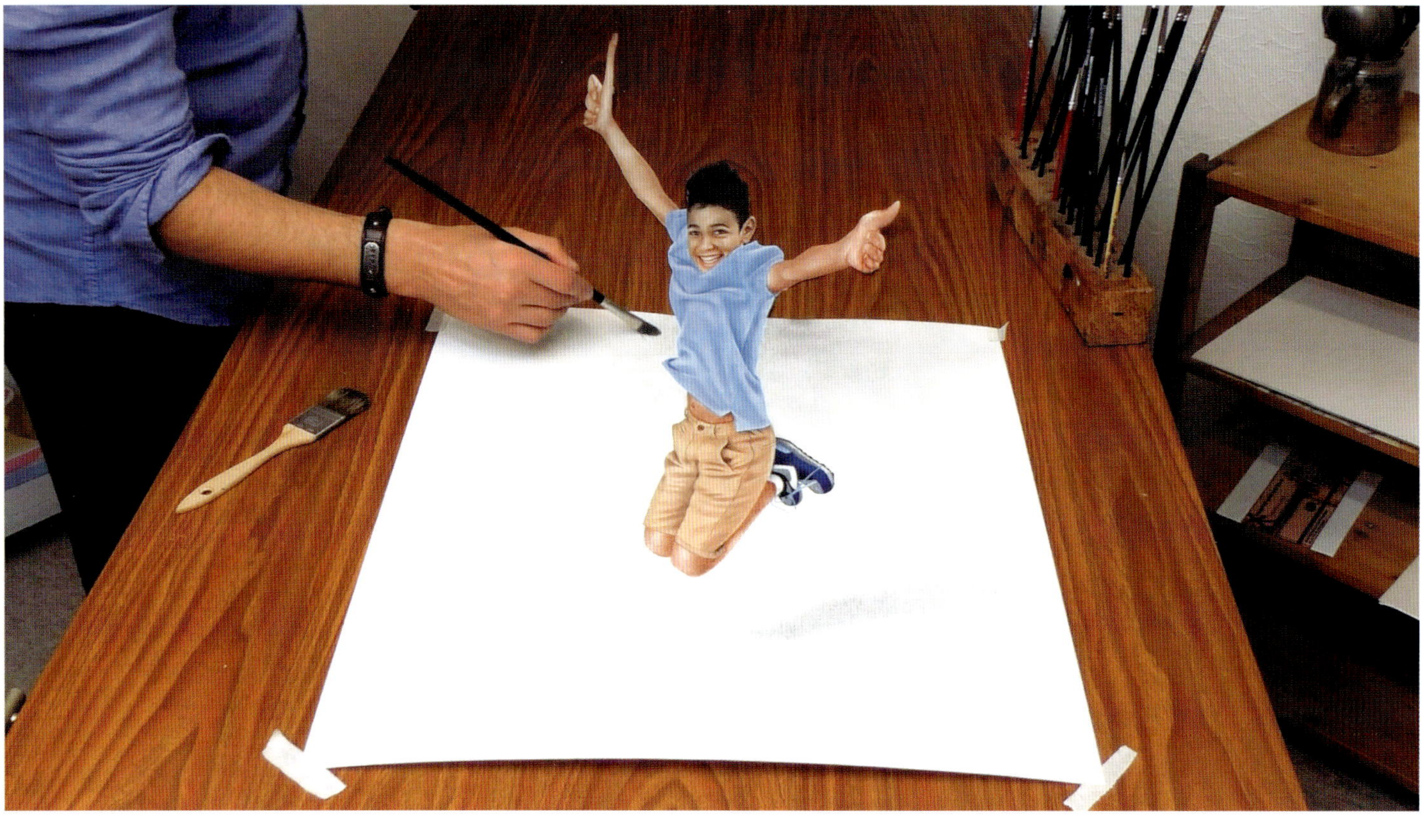

4 ERDUNG

Wenn ein realer Junge springt, wirft er einen Schatten. Auch im Bild wird ein Schatten eingefügt, damit das Motiv nicht »in der Luft hängt«. Um die Sprunghöhe zu verdeutlichen, muss der Schatten etwas Abstand zu den Füßen des Jungen haben.

Mit einem dicken Pinsel in der Trockenpinseltechnik mit schwarzer Ölfarbe einen realistisch aussehenden Schatten malen. Den Pinsel mit leichter Hand hin und her führen, dabei allmählich den Druck verstärken. Der Schatten muss gleichmäßig und fleckenlos ausfallen, damit er überzeugend wirkt. Auch hinter dem Jungen das Papier etwas abdunkeln.

BETRACHTET MAN DAS BILD AUS DEM RICHTIGEN BLICKWINKEL, ERSCHEINT ES DREIDIMENSIONAL.

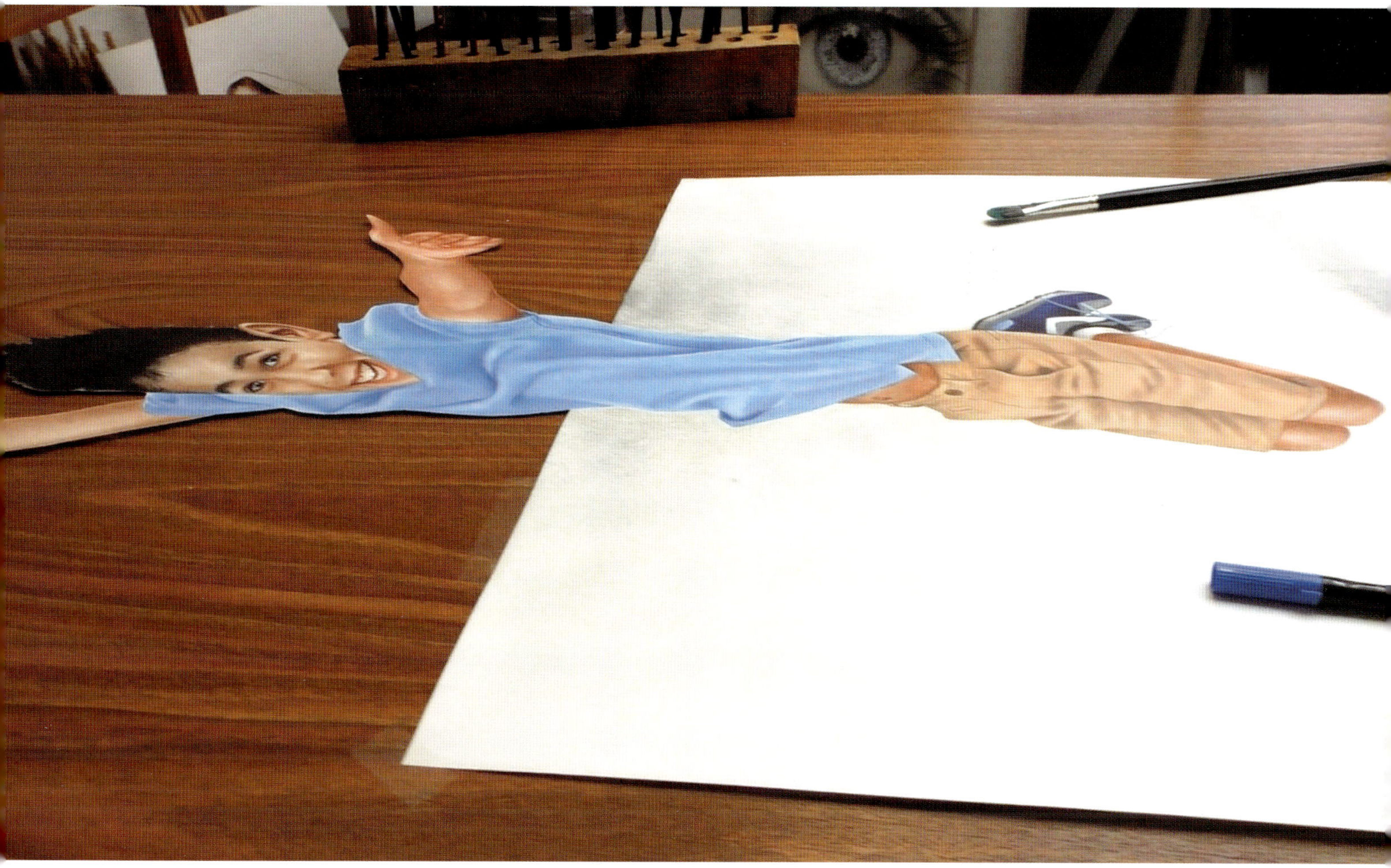

AUS EINEM ANDEREN BLICKWINKEL
WIRKT DAS BILD VERZERRT.

GALERIE

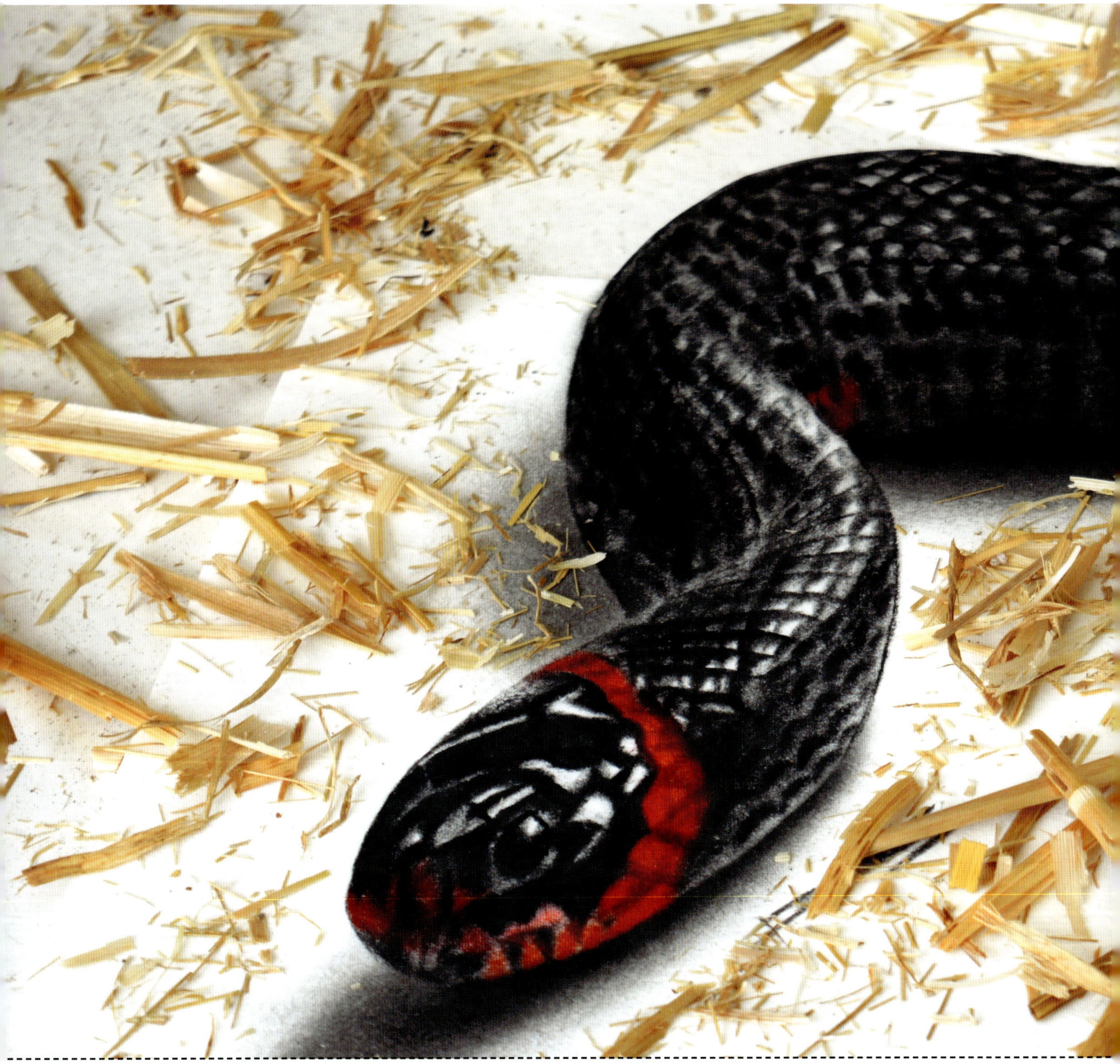

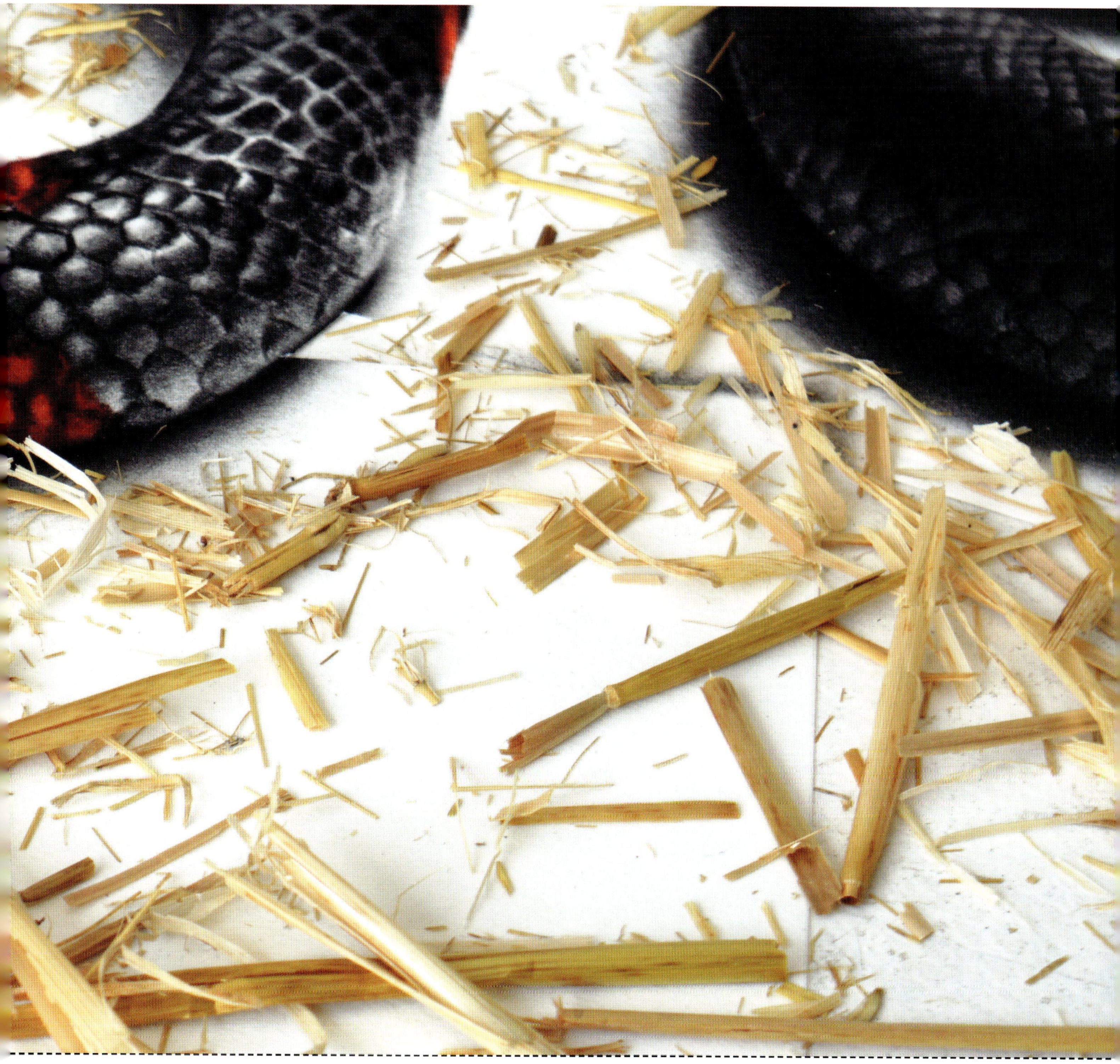

GALERIE

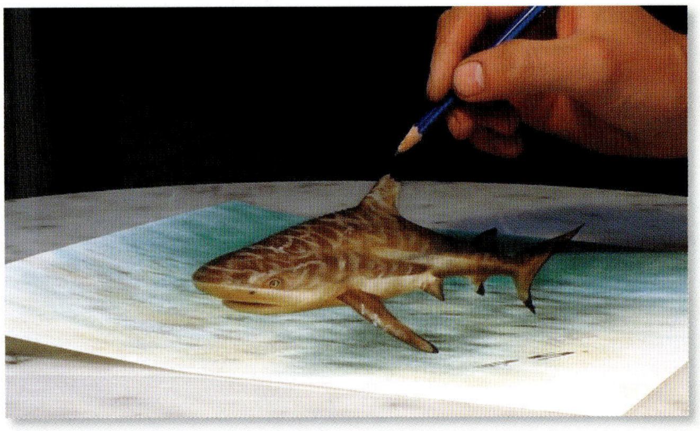

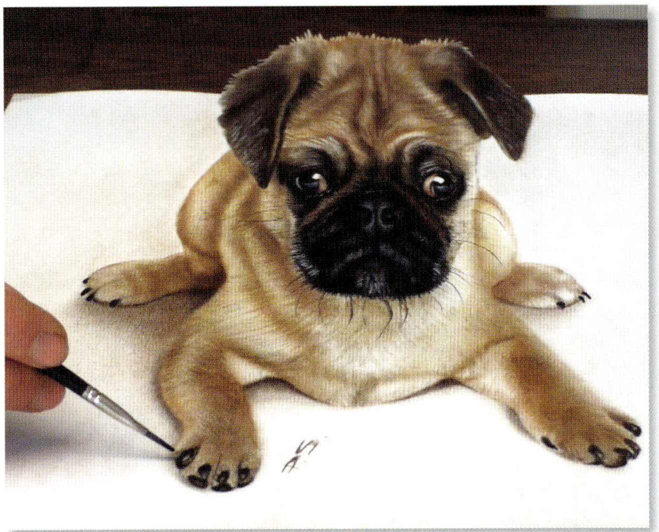

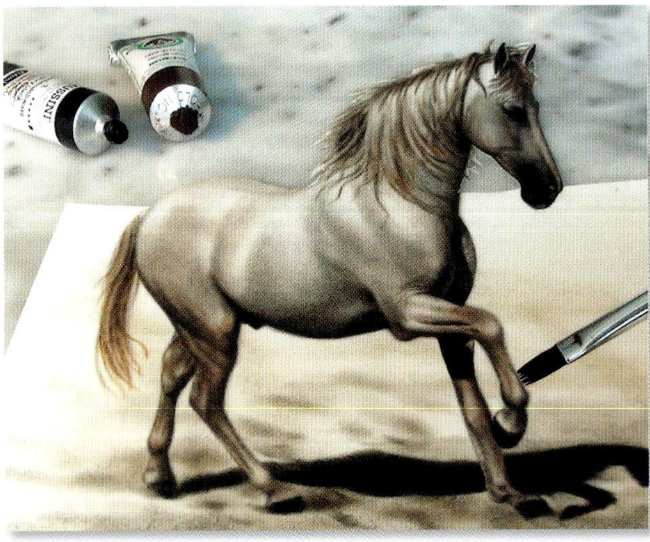

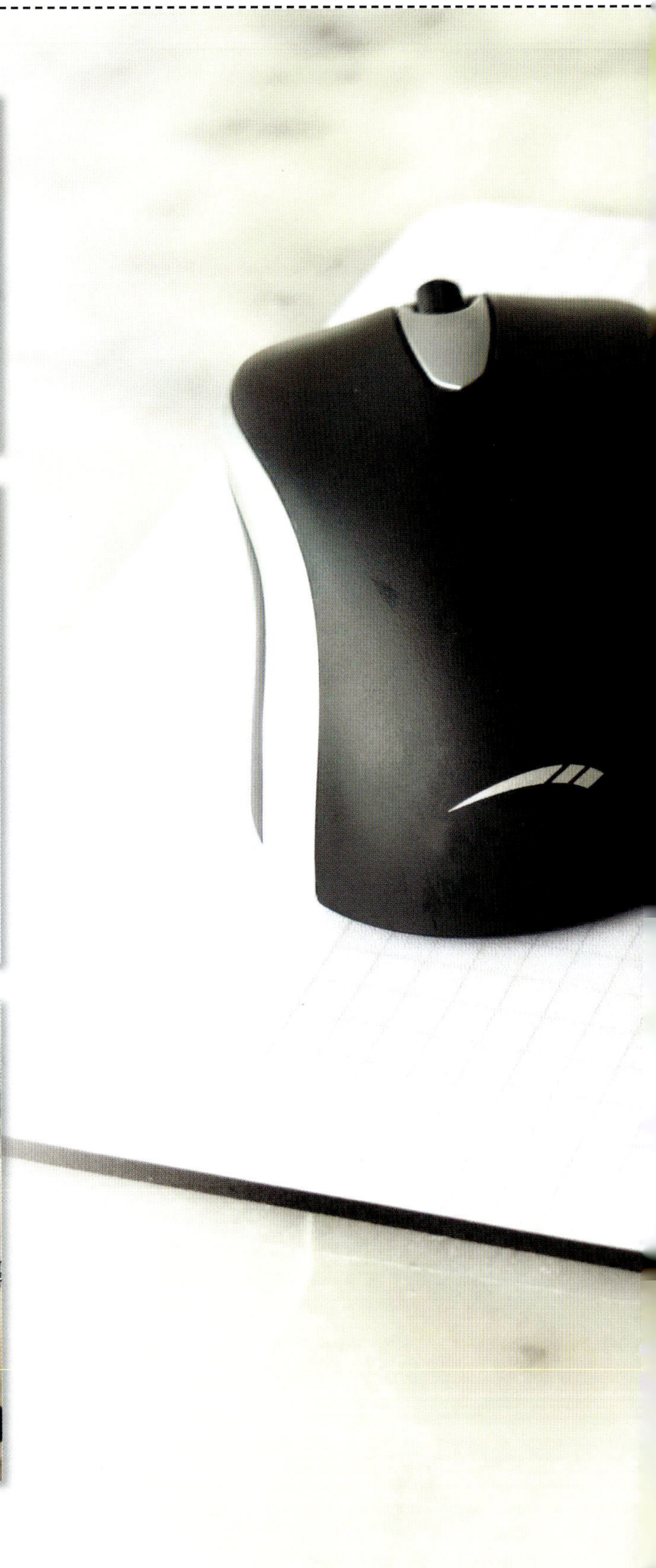

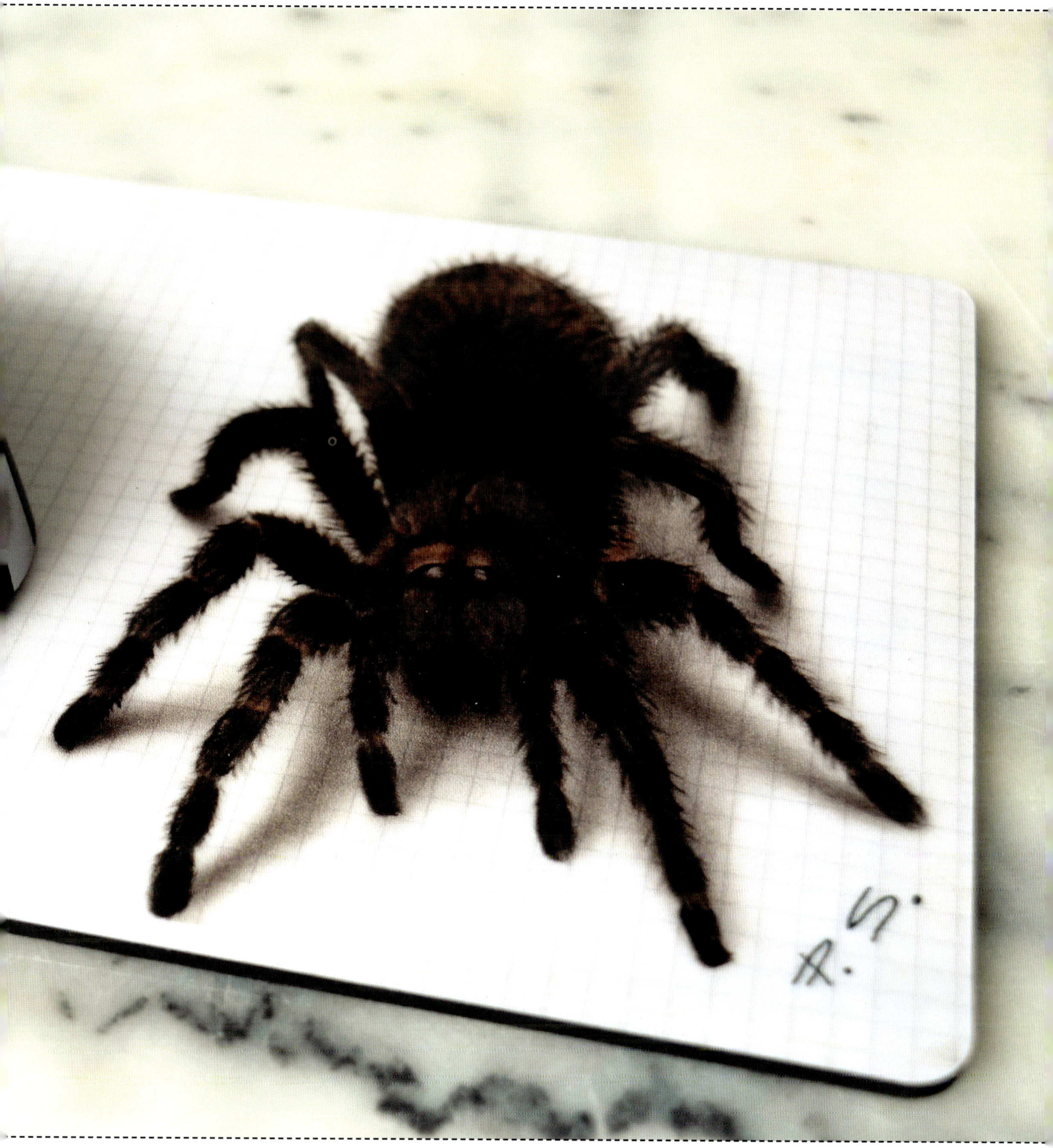

GALERIE

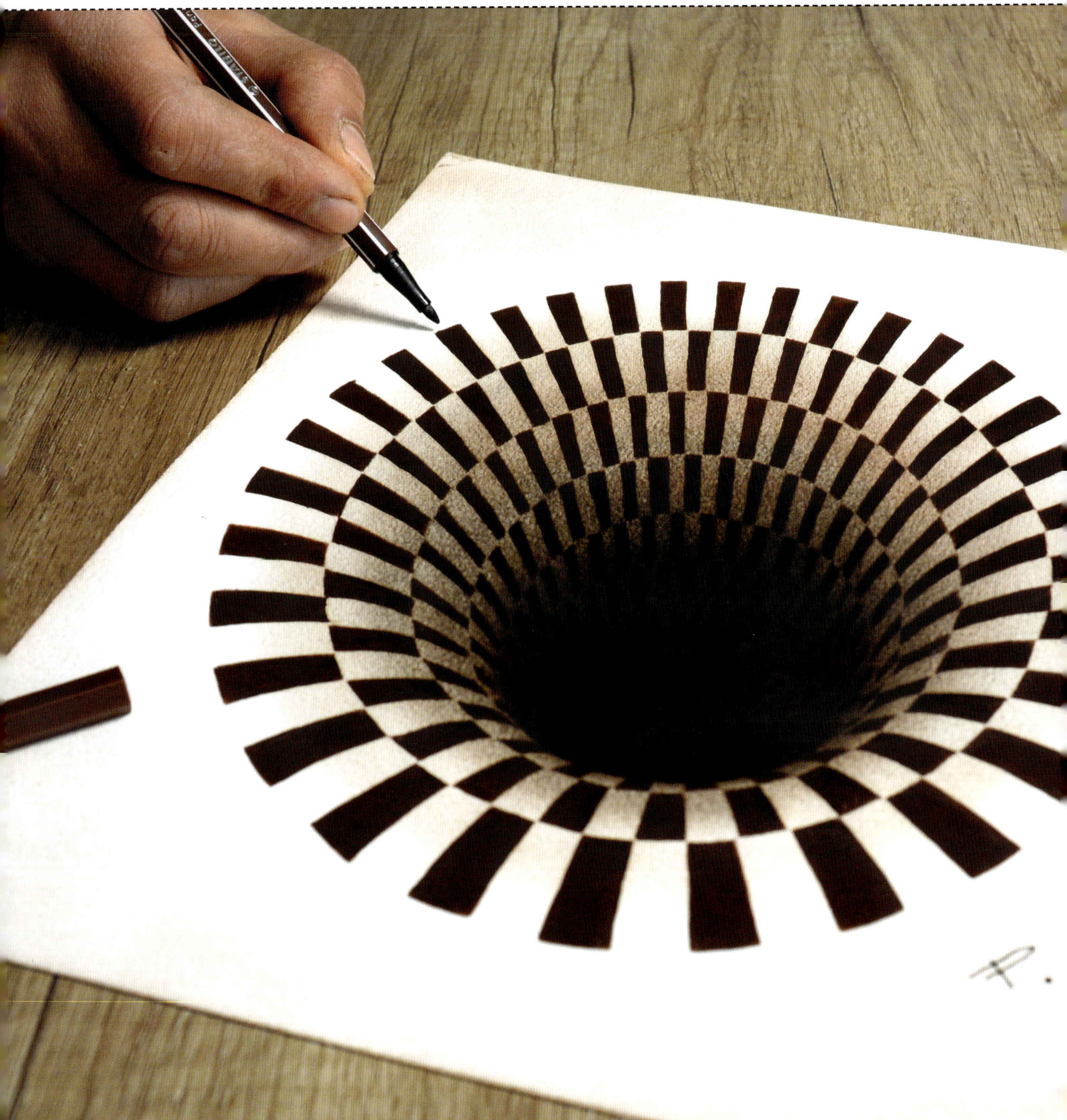

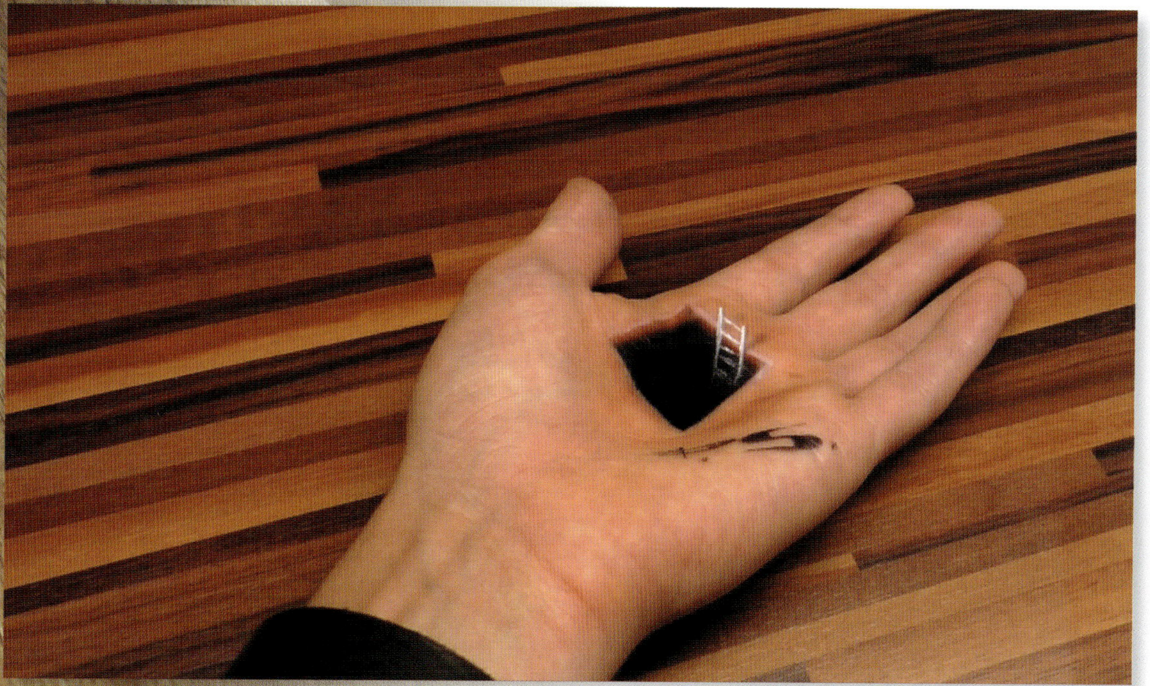

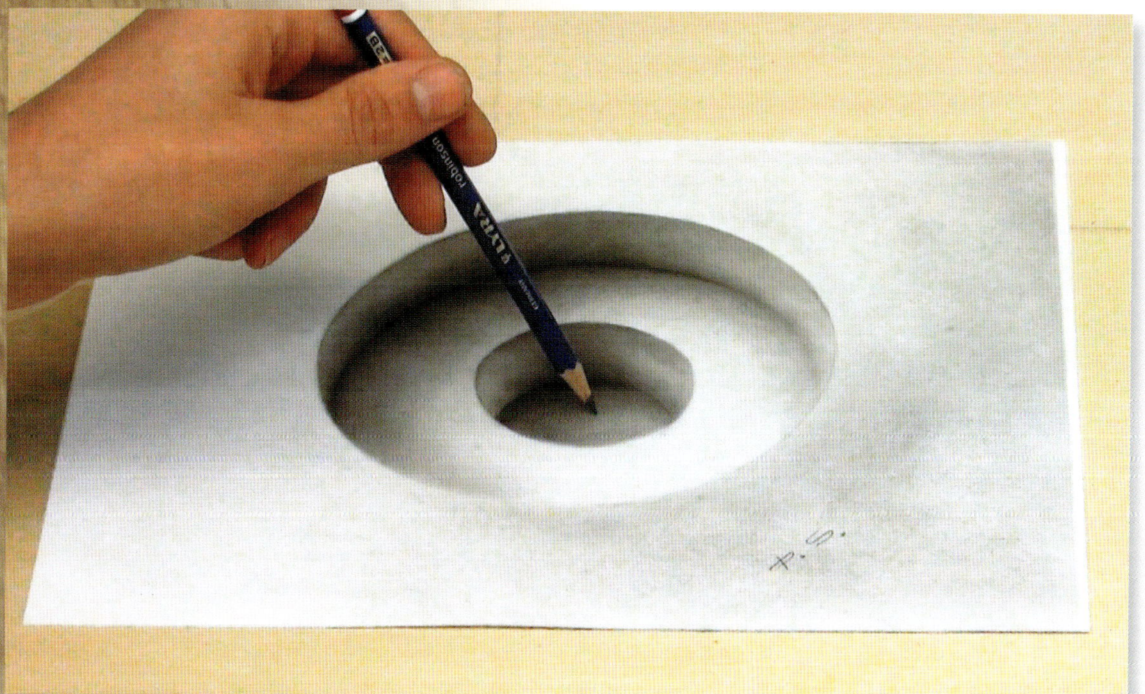

GALERIE

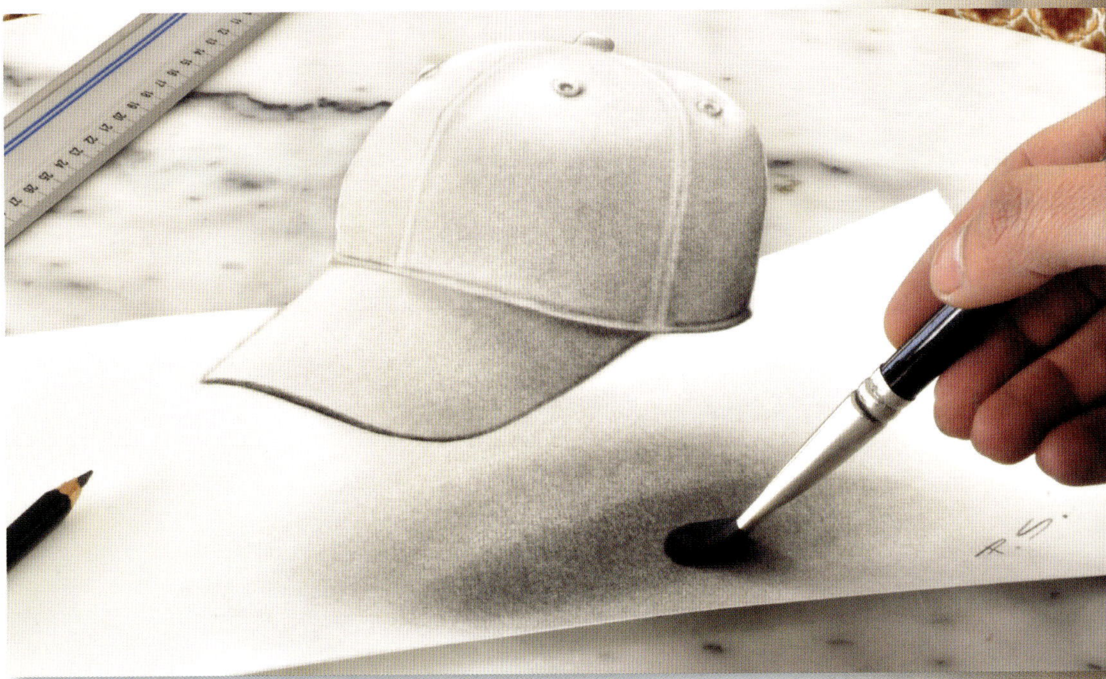

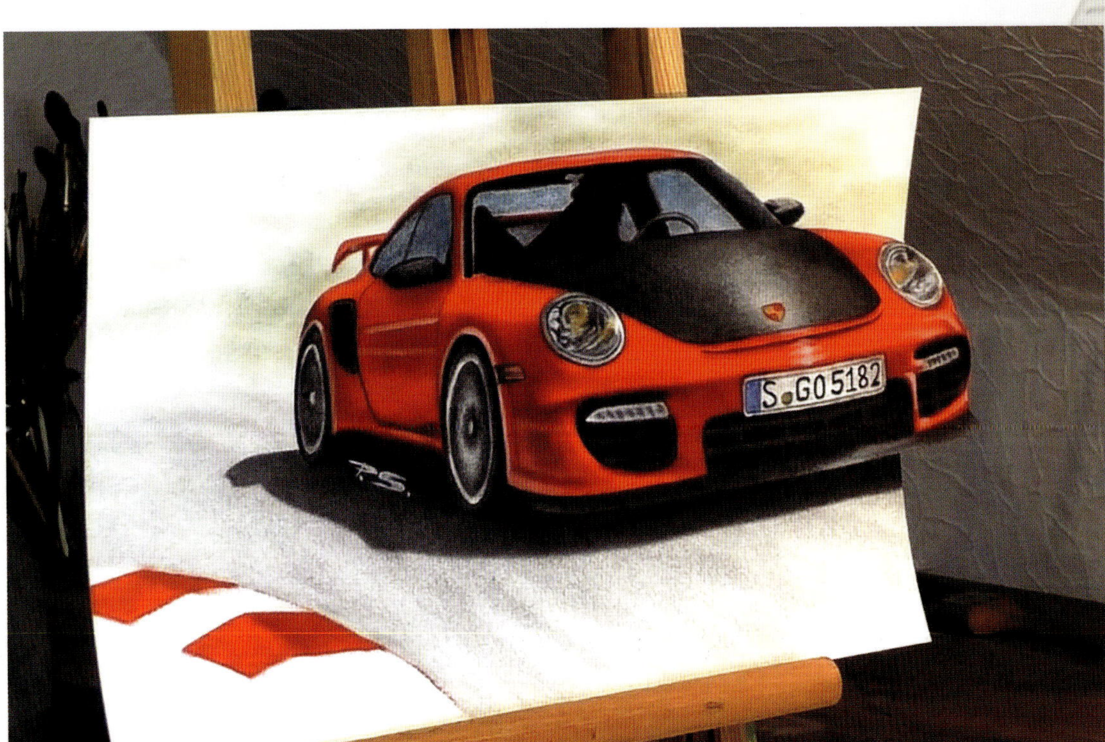

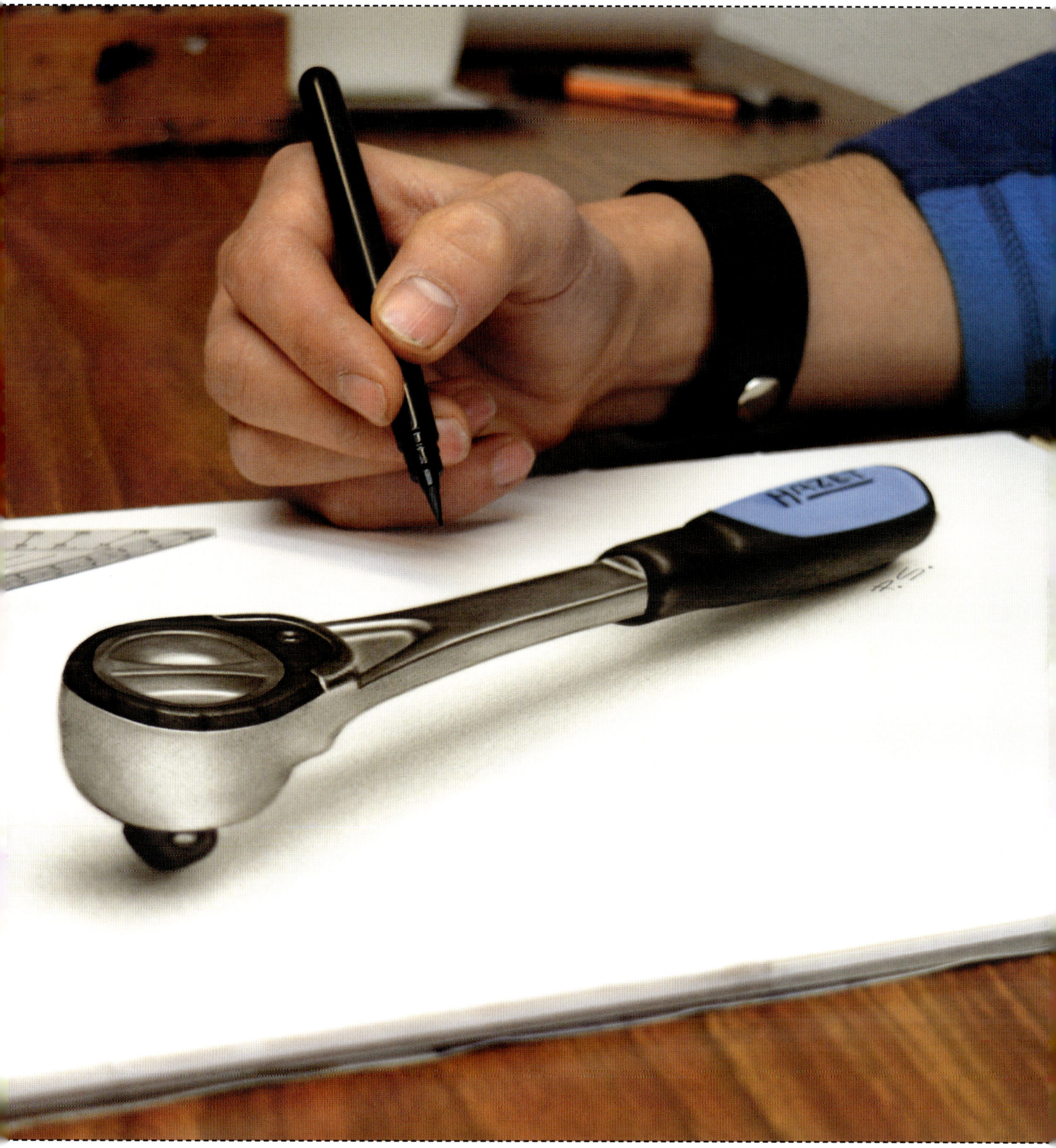
HAZET

GALERIE

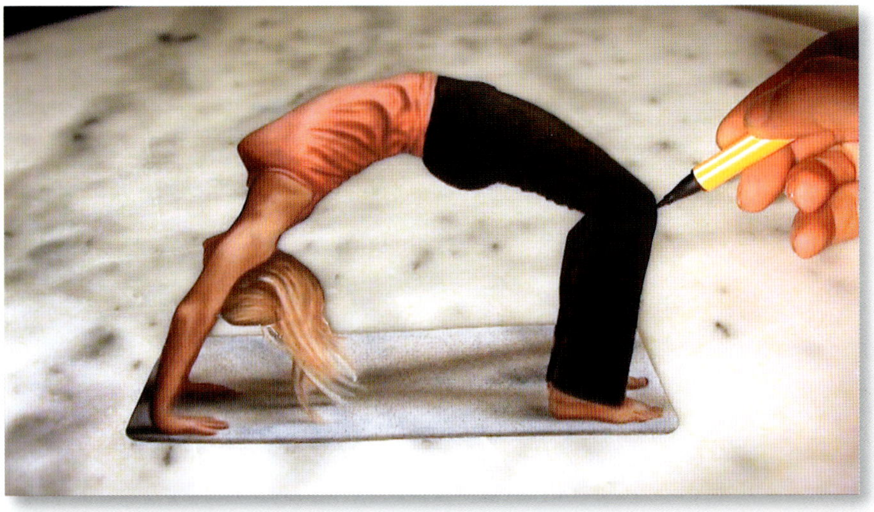

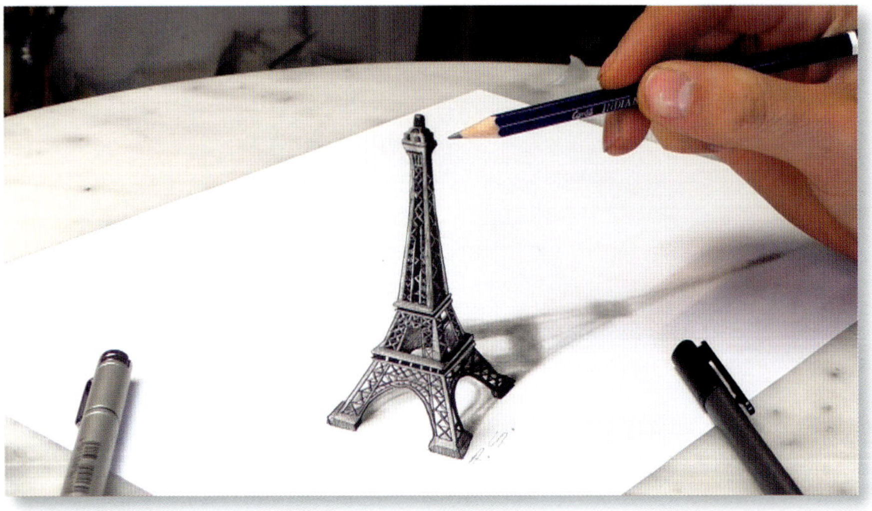

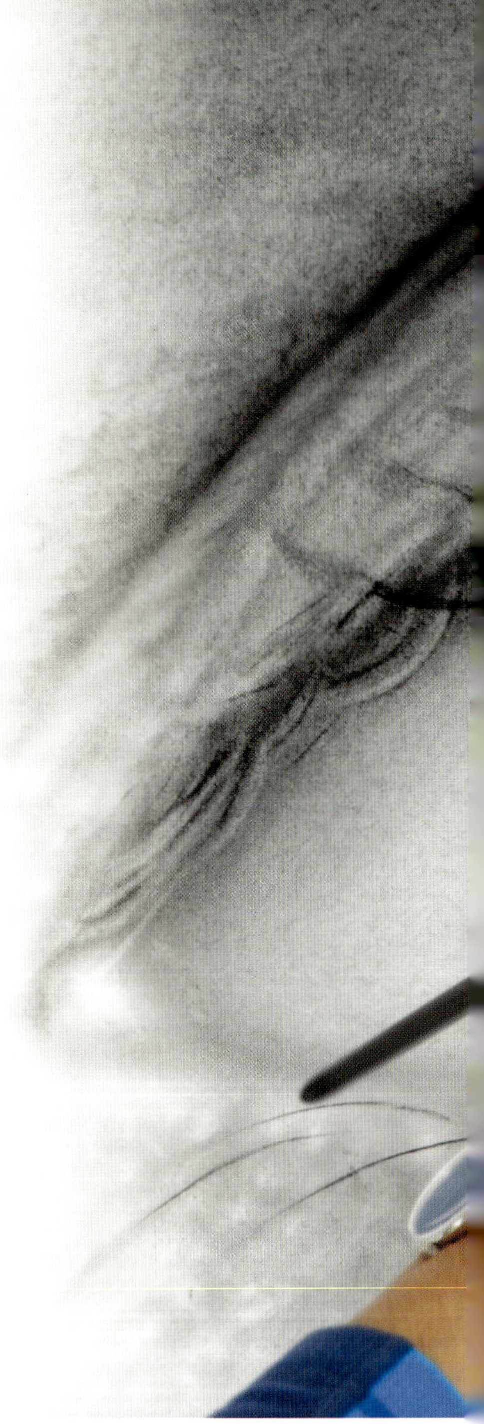

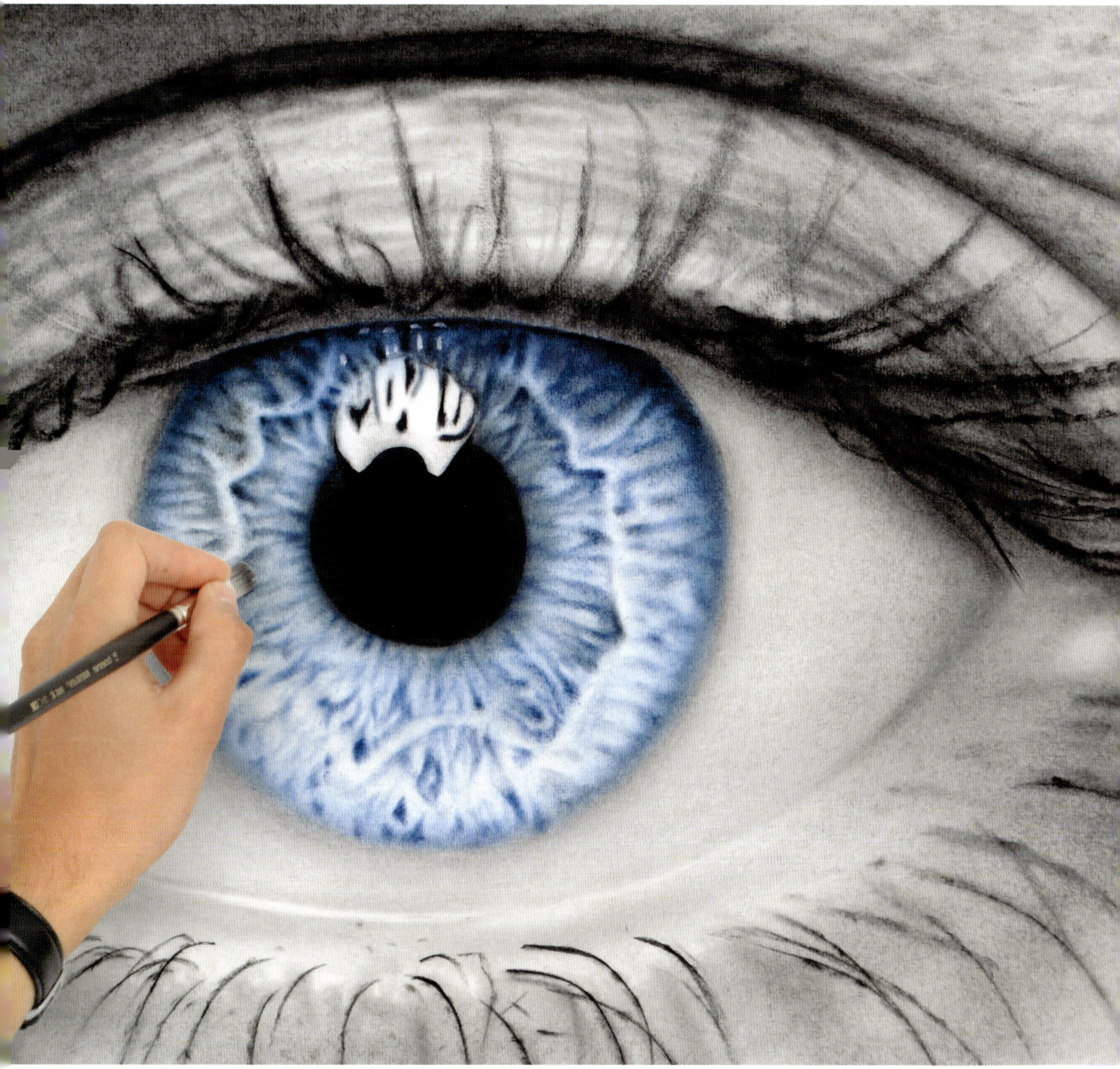

GALERIE

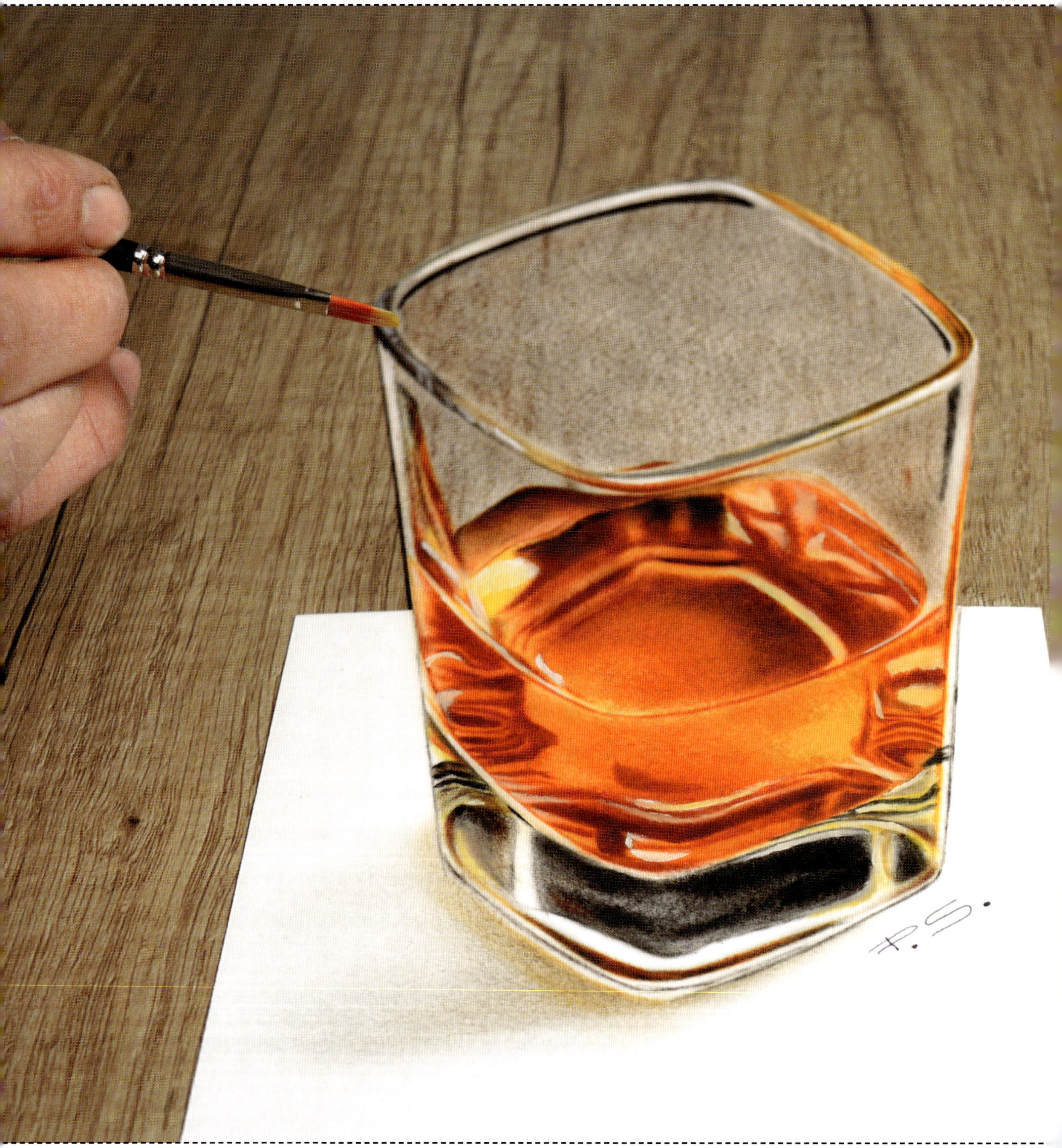

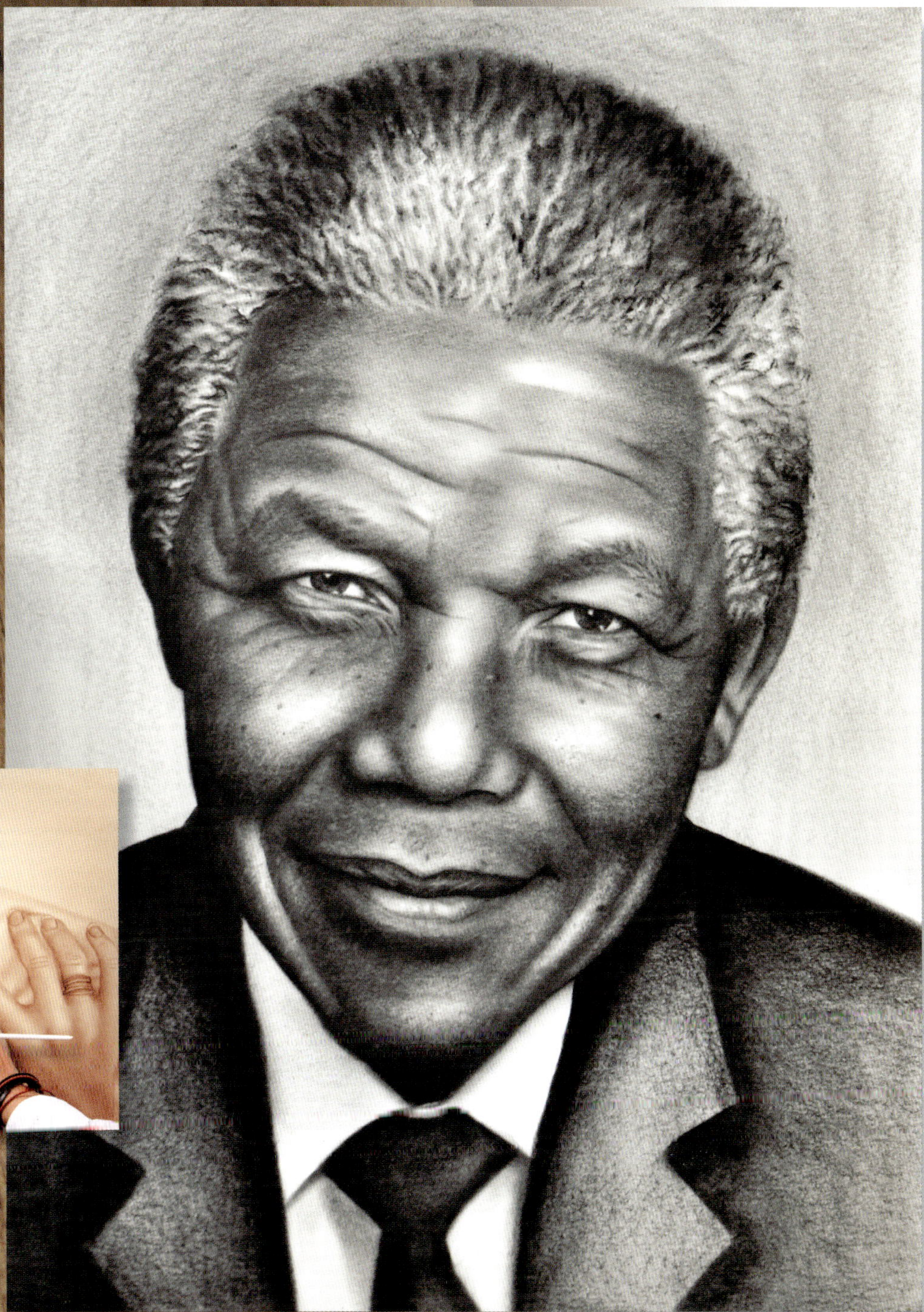

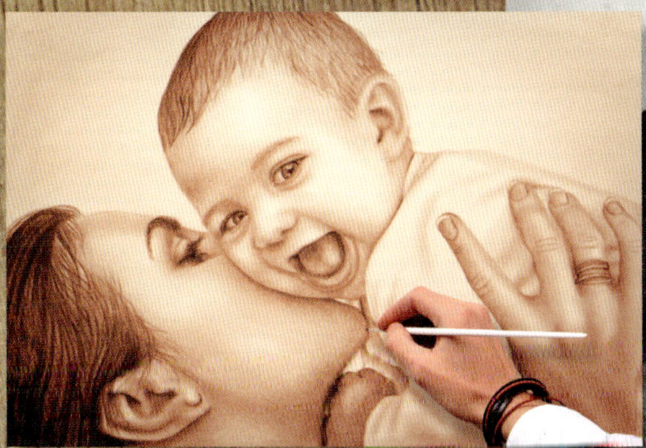

GALERIE

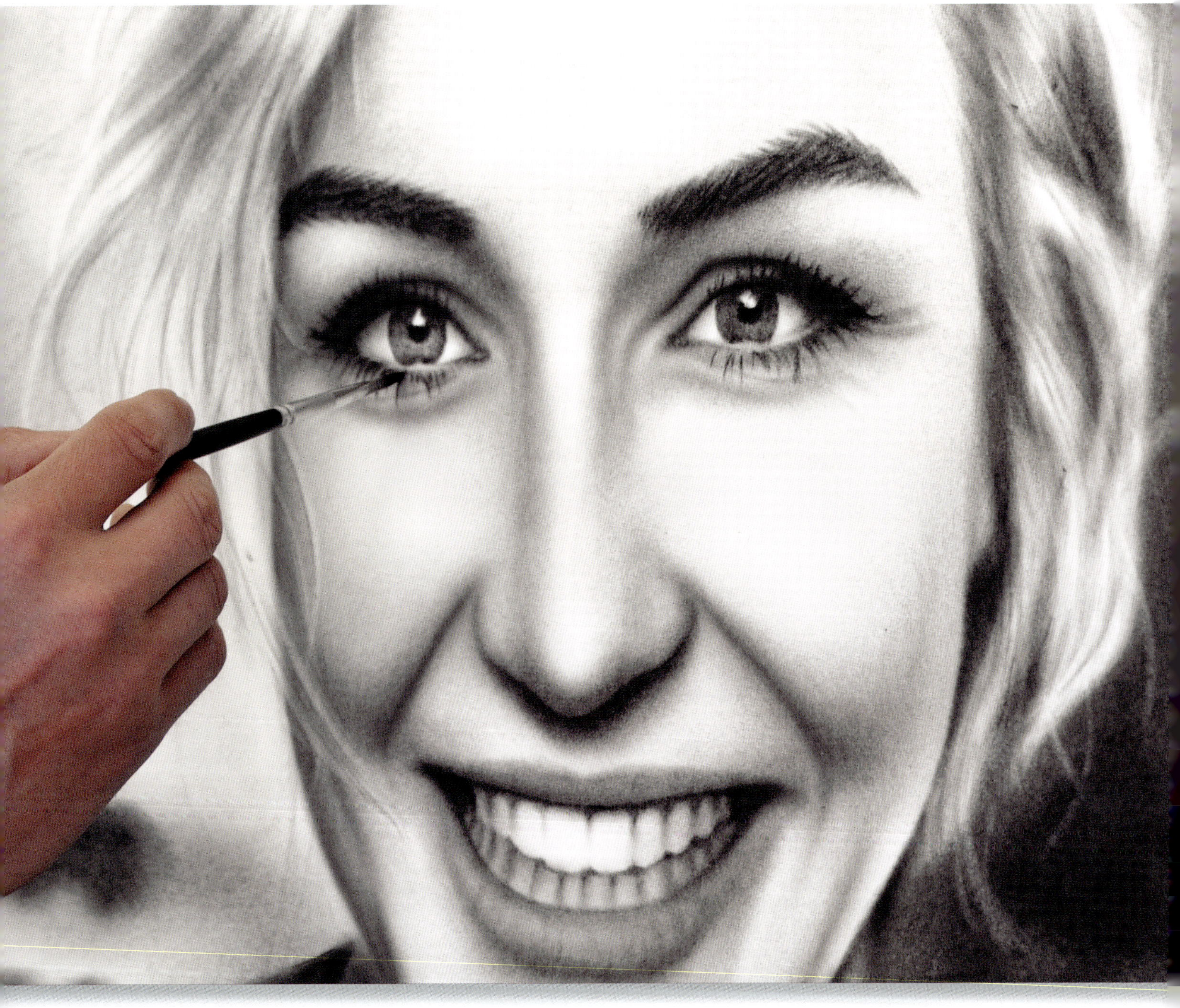

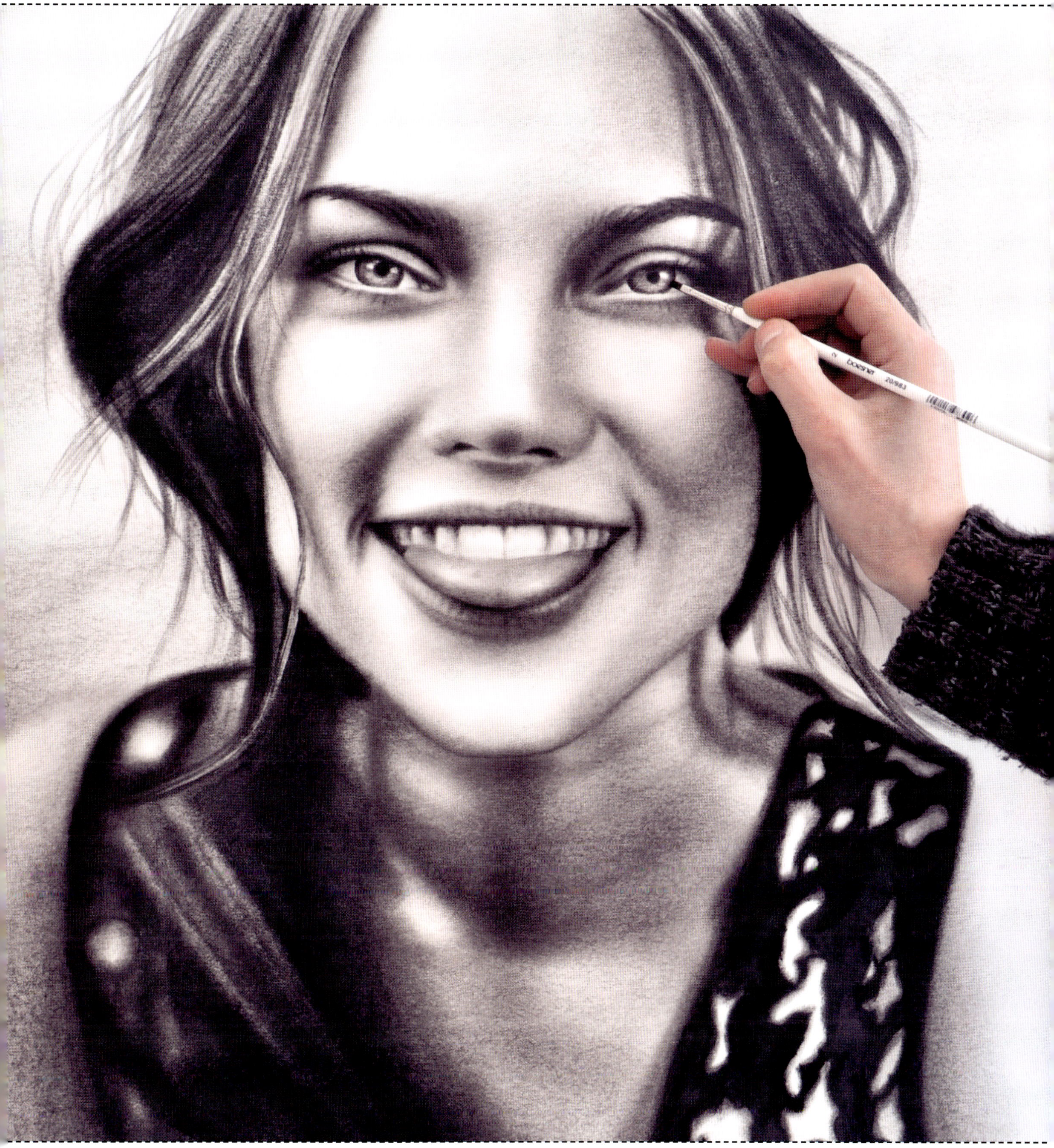

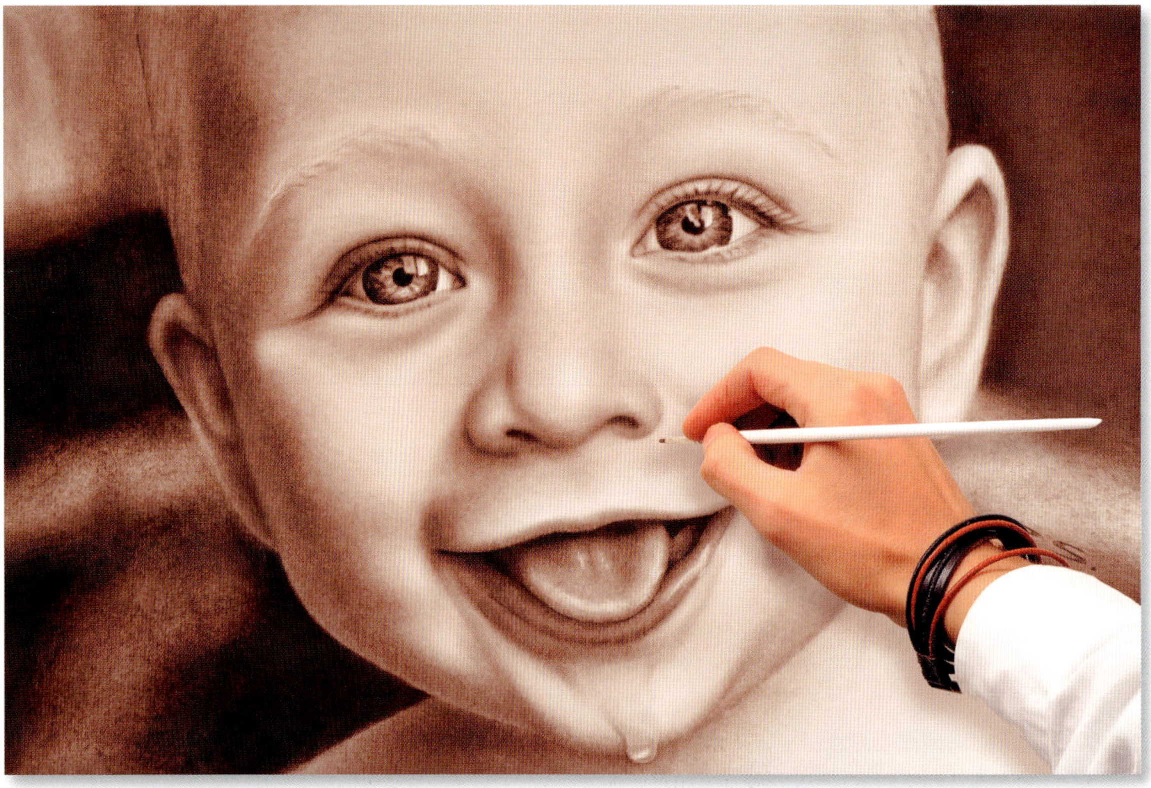

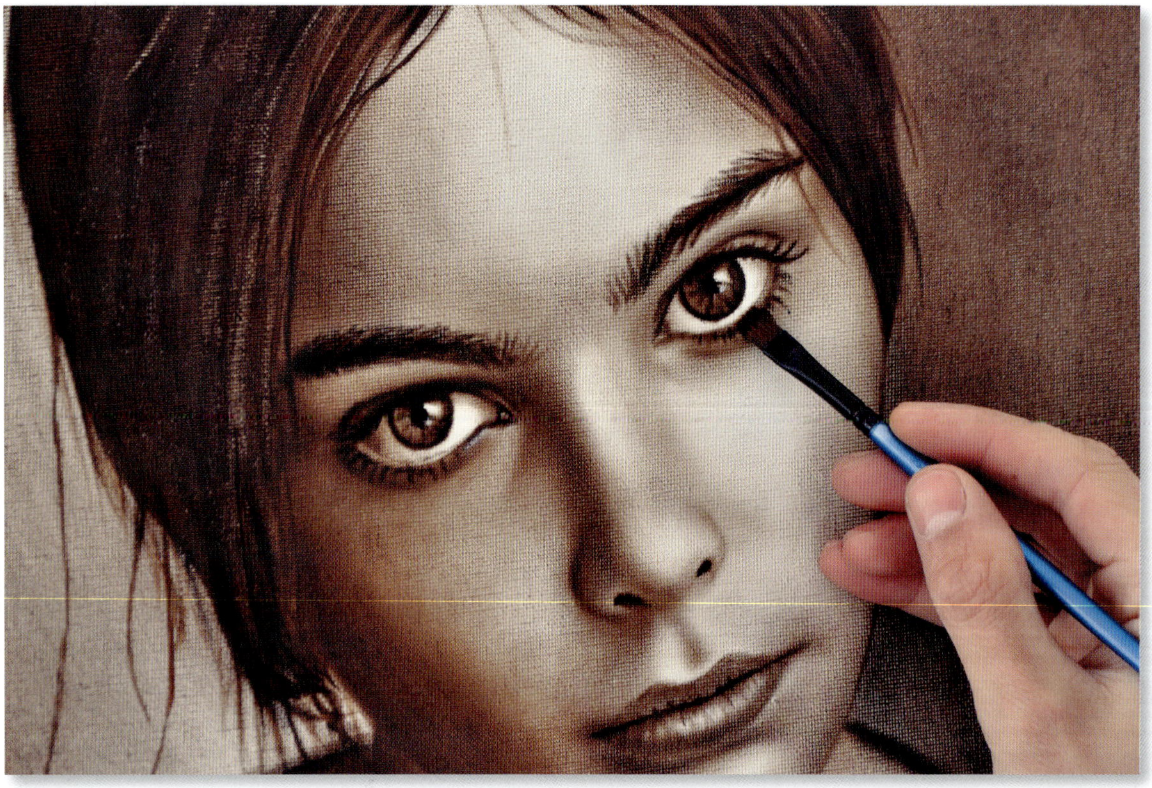

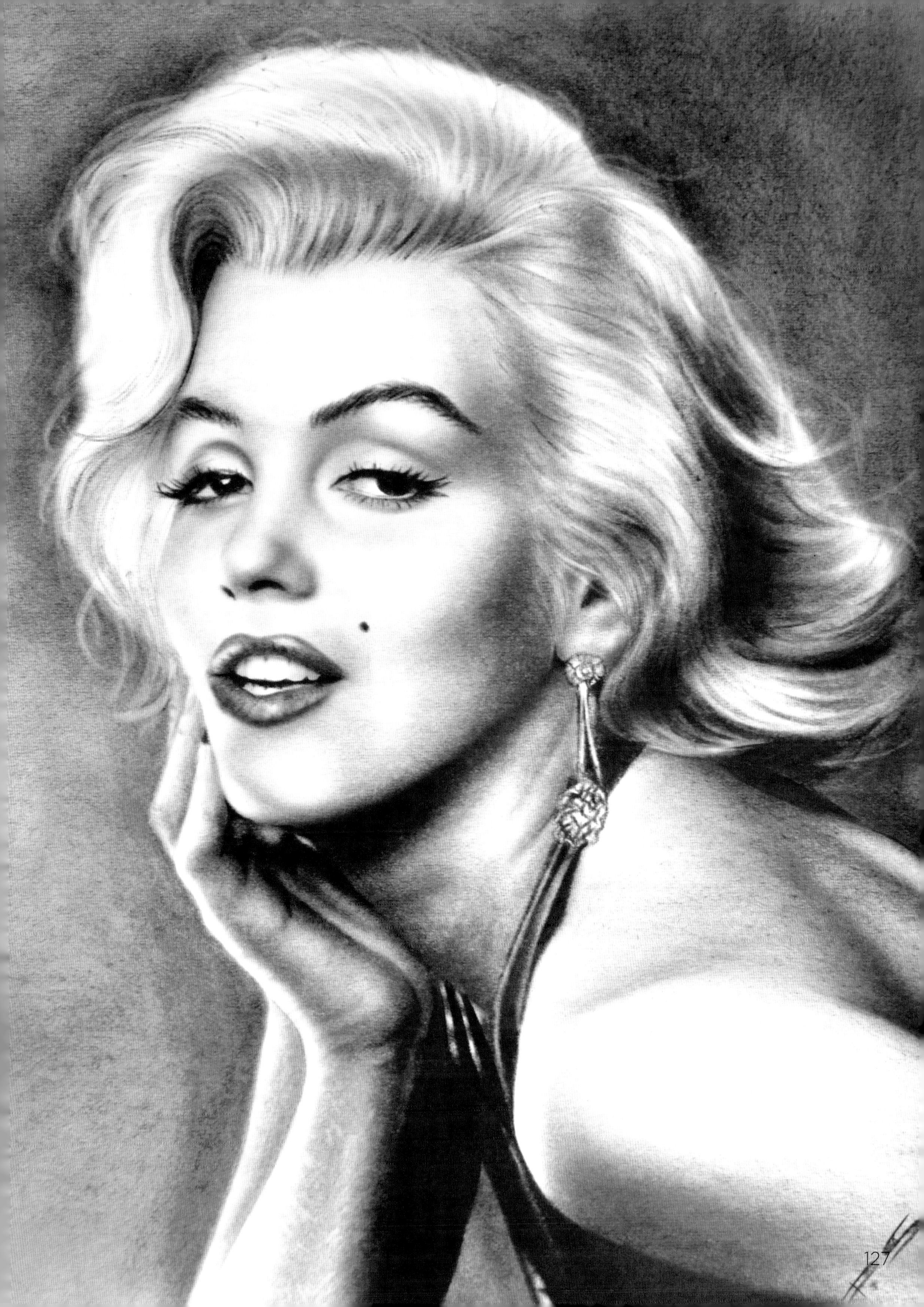

DER KÜNSTLER

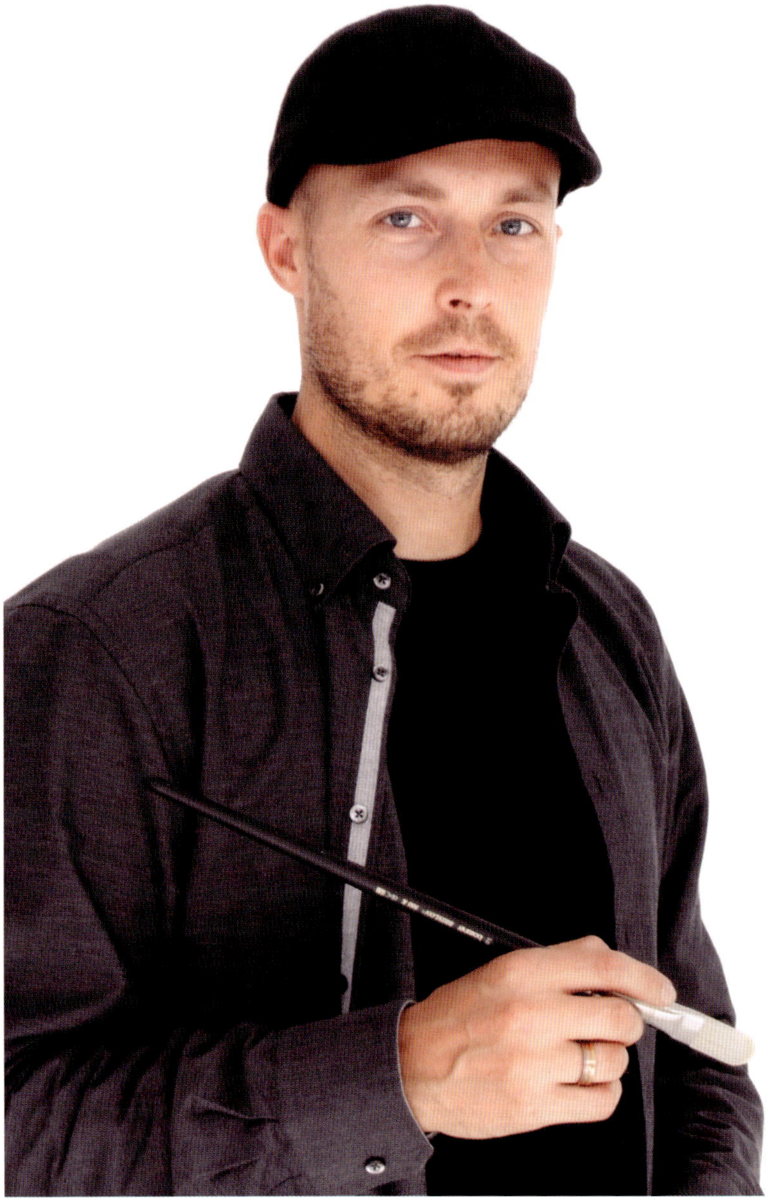

Erfahren Sie mehr über Stefan Pabst:
www.youtube.com/PortraitPainterPabst
www.portrait-gemalt-nach-foto.de
Facebook: fb.me/3DDrawingPabst
Instagram: 3dpainterpabst

Stefan Pabst wurde in Russland geboren. Er malt seit er einen Stift in der Hand halten kann. Als Schüler hielt er in seinen Heften fest, was es vor den Fenstern des Klassenzimmers zu sehen gab. Menschen sind seit jeher sein Lieblingsmotiv.

Nach dem Schulabschluss zog Stefan Pabst nach Deutschland, wo er in einem Jugendzentrum einen gut ausgestatteten Kunstraum entdeckte. In nur einer Stunde malte er einen dreidimensionalen Schädel und entdeckte dabei seine Leidenschaft für die realistische Malerei. Schon bald porträtierte er seine Freunde, die ihm vorschlugen, sein Hobby zum Beruf zu machen. Diese Möglichkeit hatte er bis dahin nicht in Betracht gezogen. Trotzdem schaltete er 2007 eine Anzeige, in der er sich als Porträtzeichner anbot. Die Resonanz war so groß, dass er sich wenig später selbstständig machen konnte.

Heute arbeitet Stefan Pabst als Vollzeit-Künstler in Minden, wo er mit seiner Frau und seinen drei Kindern lebt. Weil er häufig Anfragen in Bezug auf seine Maltechniken bekommt, veröffentlicht er auf seinem YouTube-Kanal Zeitraffer-Videos, die millionenfach geklickt werden. Er wurde in Europa und Asien in den Medien vorgestellt und hat verschiedene Prominente porträtiert. Mit diesem Buch möchte Stefan seinen Lesern Lust machen, sich am Malen zu versuchen.